花祭

早川孝太郎

角川文庫
20611

花祭　目次

早川さんを偲ぶ

渋沢敬三

私が早川《はやかわ》さんに初めて御目にかかったのは、柳田《やなぎた》先生の御紹介で、大正十五年の初頭であったと記憶する。中学時代から、ひそかに生物学に心をよせていたものの、ついにその道へは行けなかった私は、大正の初頭から経済史や民俗学に興味を持ったが、これには穂積陳重《ほづみのぶしげ》・石黒忠篤《いしぐろただあつ》・柳田国男《くにお》等の諸先生の学恩が大きかった。柳田先生には倫敦《ロンドン》でもいろいろ教を受けたが、帰朝の翌春早川さんにめぐりあったのである。当時は未《いま》だ半分画伯で新興大和絵会に出品していたが、画題の多くは三河《みかわ》山村の風物であった。半分は民俗研究家であった。郷里の設楽《したら》、ことに北設楽《きたしたら》郡内に二十ヵ所、他に三ヵ所、合計二十三ヵ所という広範囲にわたって行われている花祭の話を聞くにつれ、その規模基盤の容易ならぬことに気づき、当時これが炉辺叢書《そうしょ》の一冊として世に問うはずであったのを、変更して貰《もら》い、同君に徹底的に調査するようお勧めしたのであった。その内とうとう私も早川さんに連れられ、花祭見物のファンとなり、本郷の中在家《なかんざき》を振り出しに、御園《みその》・足込《あしこめ》・東薗目《ひがしそのめ》・古戸《ふっと》・上黒川《かみくろがわ》等に数年間連続出かけ、終《しま》いには折口信夫《おりくちしのぶ》教授・土屋喬雄《つちやたかお》教授や有賀喜左衛門《あるがきざえもん》教授等の先輩学友、またはアティック同人多くを誘い出すほどになり、そのお陰で花祭の外にも北設楽中心に一円夏冬にかけて隈《くま》なくといってよい程歩きまわり、原田清・佐々木嘉一・夏目《なつめ》一平《かずひら》・窪田五郎・夏目義吉等同地方の人々との親しい交りを結ぶに至り、本郷《ほんごう》町在の振草川《ふりくさがわ》に臨む大崎屋の旧館等、今もってなつかしい想出の場となってしまった。また早川さんと相談して民具を蒐集《しゅうしゅう》し出したのもこの地方が最初である。

こんな機縁から早川さんの花祭研究の熱はますます上昇していった。生来持って生れた観察力・直視力・洞察力・綜合力を画家として練磨された基盤の上に駆使され、それに加えて芸文上のすぐれた表現力（「猪鹿狸」等は芥川龍之介《あくたがわりゅうのすけ》氏が、その方面でもすぐれたものとしていたく賞《ほ》めていた）を発揮され、それにも増して、異常な心身上の精力と健康と兼備して全身を打ち込んだから、出来上って見て吃驚するほどの大作が具現したのであった。

天龍川《てんりゅう》の中程、交通不便な隠れ里にも、似た山村地方の民俗芸能が、かくもエキゾースティヴな形量で世に紹介されたのは、昭和五年の当時としては正に驚異に値し、わが国の民俗学にも至大の影響を与えたのはもっともな次第であった。

如上《じょじょう》の関係から昭和五年この出版慶祝として、小宅改築を機に最も因縁の深かった中在家の花祭を東京に招致し、柳田・折口・石黒諸先輩を初め、多くの知友に見て頂き現地へ出難き方々にも真似事乍《なが》ら花祭を味って頂いたのであった。出席者の御一人泉鏡花《いずみきょうか》老はその後小説に花祭の光景を扱われた。

本著の出現で、早川さんの民俗学における能力は高く評価されたが、いろいろ話し合っている中に花祭の奥に、また基底にある宗教学的または社会学的経済史的、さらには、農村地理学的面についての解明に不充分な点も感じられたので、早川さんは、昭和八年十一月から九大農学部農業経済研究室助手として、小出満二教授の指導を受けるために福岡に留学された。ここで小出博士の外、木村修三・江崎悌三《えさきていぞう》・谷口熊之助（鹿児島）の諸教授方と交友の道が開かれ、また、鹿児島の永井竜一・亀彦兄弟とも親交が結ばれた。こんなことが縁となり、昭和九年の薩南十島研究団が実行に移されたと共に、早川さんの九州農村、および離島の研究は深まり、漸次単なる民俗調査から農民の生活実態研究に方向が強まって行った。また昭和十三年には新渡戸《にとべ》老博士を筆頭に、石黒忠篤・後藤文夫《ごとうふみお》諸先生の指導のもとに、特異な農学者大蔵永常《おおくらながつね》の研究に従事し、私も一度早川さんと三河奥から篠島《しのじま》・伊良湖崎《いらござき》旅行の帰途、田原《たはら》藩に仕えた渡辺崋山《わたなべかざん》が永常を主家に推挙招致した田原町の遺跡を訪れ、わずかに残るハゼの木を共に撫《ぶ》した想出もなつかしい。日本常民文化研究所で民具問答集を編纂《へんさん》した時分、その方法論から早川さんと論争したことも想出のひとつとなった。戦後、前々から因縁深い鯉淵《こいぶち》学園で青年を指導されたが、昭和二十七年から、日清製粉の正田《しょうだ》さんの企画による食生活研究会の各地農村家庭の食料構造の丹念な調査は、早川さんが古く農村更生協会主事として手掛けられた村々なるがゆえに、早川さんの人柄が媒体となって、あの困難な仕事が意想外の成果を収め、普通の手段では得難い資料が土地によっては、未完成ながら集ったのである。宮本常一《みやもとつねいち》さんが「早川さんの六十七年の生涯は民俗調査の開拓者としての苦闘の連続であり、画筆もついに中途で折ってしまったが、たえず新しい問題を見つけ、たえずそれを追求して、青年の意気を失わず、生涯大家の風貌《ふうぼう》を持たなかった。いわば永遠の未完成であった。」と評したのは当っている。年に似合わぬ黒く長い頭髪を手で後にかき上げながら話す早川さんの頑丈な白い歯並はいつまでも見事で若かった。しかし何といっても「花祭」の大著は、質量ともに不朽の名著であり、年をふるに従って、その真価は高まって行くと思われる。もし早川さんの永年にわたり持続せる情熱あふれた研究調査に続いて、この出版がこの世に提出されなかったとしたら、淋しいというだけでは済まされぬ。初版は岡書院主の努力の賜《たまもの》であったが、すでに稀観書に属していたものを、このたび、岩崎書店が抄縮してまた世に提供して下さることになったことは、最初に多少の縁を持った私として心から喜ばしく思うが、それにも増して後に残った夫人ならびに幼き遺児達にとって、どれだけ故人を偲《しの》びつつ力づけられることだろうと思わざるを得ない。

(昭和三十二年十二月十五日)

花祭概説

問題の地域

天龍川

昭和二年の夏のある日、八月の午後の太陽をあびて、自分は遠江《とおとうみ》の秋葉山《あきはさん》の麓《ふもと》にいた。その日は朝浜松をたって、同じ遠江の二俣《ふたまた》まで行き、ここから船で天龍《てんりゅう》をさかのぼったのである。午後に至ってたどりついたのは、天龍川の左岸の戸倉《とくら》という村であった。ここから二俣へは船路五里余、さらに信濃《しなの》の国境まではまだ二十里近くある。いわゆる信遠三の山地をつらぬく天龍の大谿谷《けいこく》から見ると、中間をやや下方に下った地点であった。真黒く茂った山の裾《すそ》を、大きなカーブを作って、一図に南方に押流してゆく大天龍を眼下に見る位置である。そこの一軒の農家で、老人からいろいろ村の話を聞いている中、たまたま老人の語った言葉が妙に心にこたえた。その話というのはこうである。

天龍という名は、川の名としては珍らしい名で、しかも水上の諏訪湖《すわこ》から海にそそぐ、いく十里の間に、国をことにして流れていたにもかかわらず一様にひとつの名でよばれている。しかも天龍という地名は、沿岸のどこにも見当らぬ、これはただの川ではないと。

こうした土地に、こうした疑問を静かに考えている人があったことにも、またすくなからず心を動かされた。

天龍という名は、老人のふしぎがるのももっともな名であった。自分はそれまでに、なん回となくこの川にそって歩いたが、かってそんなことを考えてみもしなかった。われわれは日本地図をひらいてみて、諏訪湖からあふれ出た水が、一直線に遠州洋《えんしゅう》に走る形状をみて、かんたんに川の名の起原を想像してすましていたが、昔の人がそんな経験から命名することは信じ難い。これが別名の天の中川にしても、一個単純な概念からのみいいだしたものではあるまい。

天龍川についてはじつはもうひとつ問題がある。それはなにもこの川にかぎられたことではないが、この川筋を通じてのいわゆる奥地が、上流でもなければもちろん下流でもない。これをその名の龍にたとえてみれば、ちょうど腹にあたる部分が、全流域を通じて一番山が深く一般世間に遠かったのである。

今なら原始谿谷などと喜ぶところだが、それだけにこの地域は、ひさしい事世に忘られてきた土地であった。しかも一度その地に足跡を印して見れば、土地も古く村もまた多い。これを同じ東海にそそぐ富士川《ふじかわ》における、甲斐《かい》と駿河《するが》の国境にくらべていちだんと特色がある。そこにはいくつもの支流が集り、その支流にそって多くの村々がある、まるっきし人跡の至らぬところではない、奥は思いのほか深かったのである。しかも天龍が余り利用されなかっただけ、交通は北へ出ても南へまわっても極度に不便な土地であった。伝説にいう隠れ里のようなものがあるとすれば、まさにその条件を具備していた、しかも事実そうした伝説の土地であった。

一方これを行政的区劃《くかく》の上から見ると、長野静岡愛知の三県にまたがっていて、長野県下伊那《しもいな》郡、静岡県周智《しゅうち》郡、磐田《いわた》郡、愛知県北設楽《きたしたら》郡が相接触していた。ここを中心にかりに地図の上にコンパスの軸をたてて、図線にかぎられた裡《うち》をのぞくと、山また山の重畳せること、その間を分けて流れる谿流から村里の展在は、ことごとくに天龍に向って集りつつあった。しかも文化を支配するほどの道路の幹線も、鉄道もおよんでいなかったことで、ここにはまだ平野文化中心の法則から孤立して、さながら別個の区劃をなしていた。住民移動の跡が、河川を利用したことの原則が、あきらかに痕跡《こんせき》をとどめていたのである。以下花祭を中心とした各種の祭りをいう前に、地図の説明をかねてこれだけの事実を前程としたい。

各種の祭り

地理的伝播の跡

天龍川の事実上の奥地を中心として行われていた各種の祭りの中で、伝播《でんぱ》のもっともいちじるしかったのは花祭である。花祭は一に花神楽《はなかぐら》ともいって、愛知県北設楽郡を中心に行われつつあった。その形式は一種の冬祭りで、歌舞を基調とするものである。いまこれの分布の状態をみると、まず愛知県北設楽郡内に二十ヵ所をかぞえることができる。これらの土地はいずれも郡を東西にわかった分水山脈を境界として、それより東部すなわち天龍谷に面した地方にかぎられている。さらにこれを天龍川を中心にして、同一形式の祭りの行われていた土地を求めると、名称をも同じくするものが、静岡県地内に三ヵ所、長野県地内に一ヵ所あって、いずれも北設楽郡に地理的に接壌する地方である。よってこれを天龍川を中心にして観察する場合、一本の樹木に仮定して分布図を作って見ると、各支流はひとつの幹からわかれでた枝のような観があって、その枝々にそって祭りの点在していた事実は、あたかも小枝に咲いた花のような観があった。さらに同じ小枝に咲き出《い》でたものの中には、内容の一部分共通する点において、これが蕾《つぼみ》でありまた実であったものもなお多かったのである。そのひとつに御神楽《みかぐら》がある。これは北設楽郡内から、さらに長野県地内に多くおよんでいて、一に「おし祭り」または雪祭りともいい、下伊那郡地内の和知野川《わちのがわ》、遠山川《とおやまがわ》の流域におよんでいた。

御神楽の一方には田楽がある。これは形式も多様であって、近世に亡滅した事実の判明するものを加えると、愛知県では北設楽郡地内から、さらに山を越えて南設楽郡《みなみしたら》、八名郡《やな》、静岡県では周智郡、磐田郡地内に十七ヵ所をかぞえ、さらに長野県地内にもおよんでいた。そのほか操《あやつ》り狂言、地狂言、盆踊りなど、各内容にそれぞれ共通点を持って、おびただしく行われていたのである。しかして花祭の一段奥には、各処を打って一丸となしたと思われるほどの大がかりな神楽《かぐら》の存在した事実がある。

それで説明の便宜から、まず花祭についてのべることとする。

すべて二十三ヵ所

祭りの中心地

花祭の現在の中心地は、前にもいったように、その行われていた事実からいって、愛知県北設楽郡である。したがってその形式内容も充実して、信仰もまた熾《さかん》であったことはいうまでもない。他の地方のものは、行われていた土地もはるかにすくなかっただけ、ようやく精彩を失って、しだいに形骸《けいがい》のみに化しさろうとする観がある。たとえば静岡県地内の三ヵ所は、一は近年に至ってほとんど亡《ほろ》び、他の二ヵ所も、かろうじて行事は継続されていたが、次第の大部分はすでに失われて、由来を語る古い面形のみが、いたずらに朽《く》ちつつある状態にあった。これに対して長野県地内のものも、前者とほぼ同一の運命をたどっていて、これを北設楽郡内に行われていたものとは比較すべくもない。よってこれが説明は、北設楽郡内のものを根本とし、他地方のものをあわせていうこととする。

現在祭りの行われつつあった土地と、これが日時は左のごとくである。

花祭一覧表

その日時と地名。

十二月二日　御殿《みどの》村大字中設楽《なかしたら》　同　七日　同　大字月《つき》　同　十日　振《ふり》草《くさ》村大字古戸《ふっと》　同　十日　三輪《みわ》村大字奈根《なね》　同　十二日　振草村大字小《こ》林《ばやし》

十二月中期日不整　本郷《ほんごう》町大字中在家《なかんぜき》

一月二日　豊根《とよね》村大字大立《おおたて》　同　二日　園村大字御園《みその》　同　二日　御殿村大字布川《ふかわ》　同　三日　振草村大字下粟代《しもあわしろ》　同　三日　豊根村大字坂宇《さかう》場《ば》　同　四日　園村大字足込《あしこめ》　同　五日　同　大字東薗目《ひがしそのめ》　同　五

日　豊根村大字上黒川《かみくろがわ》　同　七日　同　大字下黒川《しもくろがわ》　同　十日　同　大字古真立《こまたて》　同　十二日　同　大字三沢《みさわ》　同　十六日　同　字間黒《まくろ》　一月中期日不整　園村大字大入《おおにゅう》　旧暦一月十五日　下津具《しもつぐ》村大字下津具

以上は北設楽郡内のものであるが、さらに他地方のものをあげると、

旧暦十一月八日　静岡、磐田、佐久間《さくま》村大字山室《やんぼろ》　同十一月十四日　同　浦《うら》川《かわ》村大字川合《かわい》　新暦一月五日　長野、下伊那、神原《かみはら》村大字大川内　計二十三ヵ所

註　表中の日附は一般概念をしめしたもので、事実は翌日にかけて行われていたのである。

二つの系統

川の流れにそって

花祭二十三ヵ所の中、北設楽郡内のものをのぞいた他の三ヵ所は、前にもいったように、同一の祭祀とはいいながら、現在ははなはだしい衰運におちいって、その次第においても一部分を行っているにすぎぬから、まず北設楽郡内のものについて見ると、

すべて二十ヵ所のものは、信仰においても形式内容の点にも、いずれも甲乙なき状態にあった。そういってこれを観察するに、一をもって他の全部を推察することができるかというとそうかんたんにはかたづけられない。土地ごとに歴史があり伝統があったように、その根本となり基調となったものははじめはひとつであっても、ひさしい歳月を経る間には、各々に特色も変化も生じたのである。この事実から思い合わされるのは、花祭について村の人達の間に行われていたひとつの言葉がある。花祭をたんに「はな」ということで、どこの「はな」何村の「はな」という。実はなんでもないことであるが、この言葉の半面には、ひとつの思想が働いていて、すなわちこの「はな」によって、それぞれの土地の気風なり趣味がそれに現われているとしたのである。いいかえれば、何処此処《どこここ》の「はな」という言葉には、そこの村なり人なりの、特長なり気風をいう意識が陰にあったので、村々の趣味や感情が、この「はな」によって表現される意があったのである。祭りの基調をなすものは、音楽なり舞踊なりのひとつの芸能であったから、いかに信仰に厚く伝統に忠実であっても、いつとなしに、それぞれの土地の個性がでてきたのである。この点は北設楽郡以外のものといえども同一で、かりに衰運に至るとしても、それにはそれぞれの村風と伝統から来た因縁があったといえる。まして祭りの伝統はひさしかったから、忘却と各種の影響がいりまじって今日の状態を形造っていた。

こうした前程の下に、二十ヵ所の事実を比較すると、これが内容形式に、おぼろげではあるが大体において二つの伝統が現われている。その事実については、以下記述にしたがってしぜん諒解《りょうかい》されることと信ずるが、しかもこの二つの伝統が、まず地勢上にはっきりとしめされていたことである。祭りの分布は、天龍川の一支流である大《おお》千瀬《ちせ》川からわかれた大入《おおにゅう》川と、振草川奈根《なね》川の流域にかぎられていて、それによって区別されていたことである。こころみに区分をして見ると、大入川筋に十一ヵ所、振草川奈根川筋に九ヵ所となる。一方この事実は、一面に村々の関係と村人の移動の跡を知るもので、これが川にそって行われていたのはことに興味をそそるものがある。よってこの川による二つの伝統は、さらにこれを祭祀の特徴形式から、いくつかに系統だてることも、ある点までは可能であるが、かくするときは、いたずらに名目を多くして煩雑を加える結果となり、しかも一面から、系統観に束縛されて、かえって観察を不公平に陥らしめる危険がないとはいえない。そこでいまはたんに記述の便宜から二つの伝統、つまり二系統にわけることとして、一を川の名により大入系、一を振草系とし、以下すべてこの称を用いることとする。

行事の概観

行事の次第

そこで実際の行事のいかなるものかを見ることとする。それについてあらかじめことわっておきたいのは、前にあげた二十ヵ所の次第をことごとくあげることは、もちろん必要には違いないが、かくてはいたずらに同一の名目を羅列する結果になってかえって煩雑であるから、これはあとでいうこととして、まず前にいった二系統の中から、各一ヵ所を選ぶとする。よって振草系では御殿《みどの》村大字月《つき》、大入系で豊根村大字下黒川をあげる。

行事の次第

振草系月

一　うちきよめ　二　滝ばらい　三　高嶺《たかね》祭り　四　つじがため　五　神入れ　六　切目《きるめ》の王子　七　天《あま》の祭り　八　しめおろし　九　湯立て　一〇　さうかみむかい　一一　楽《がく》の舞　一二　とうごばやし　一三　しきばやし（以上純儀式と考えられるもの）　一四　御神楽《みかぐら》　一五　一の舞　一六

地固めの舞　一七　花の舞（この時神下しあり）　一八「やまわり」の舞（鬼）
一九　三ッ舞　二〇「さかき」の舞（鬼）　二一　ひのねぎ　二二　みこ
二三　四ッ舞　二四　おきな　二五　湯ばやし　二六　茂吉（朝鬼）
二七　獅子（以上舞い）　二八　ひいなおろし　二九　たなおろし　三〇　し
花そだて　三一　宮渡り　三二　五穀祭り　三三　土公神《どくじん》休め　三四　し
ずめ祭り　三五　外道がり

大入系下黒川

一　竈《かまど》ばらい　二　神渡り　三　しめおろし　四　とうごうばやし　五
座直り　六　楽《がく》の舞　七　しきさんば　八　地固めの舞　九　一の舞
一〇　花の舞　一一「やまみ」の舞（鬼）　一二　三ッ舞　一三「さか
き」の舞（鬼）　一四　ひのねぎ、みこ、おきな　一五　しきばやし　一六
湯立て　一七　湯ばやし　一八　四ッ舞　一九　朝鬼（四ッ鬼）　二〇
獅子　二一　みるめおろし　二二　花そだて　二三　朝のしめおろし
二四　島祭り　二五　山立て　二六「しづめ」祭り

註　以上はいずれも祭りの当日の次第で、これ以外に稽古《けいこ》準備など前後に別に行事があったことをつけくわえておく。なお行事の名称は、いずれも現在の解釈のままに記したものである。

行事の区分と順序

以上の行事について、現在伝承により一通り区分と順序の比較をこころみると、まず月の行事第一番「うちきよめ」から第十三番「しきばやし」までは、神下しを中心とした純儀式と考えられているもので、これを行事全体からいうと、中心行事すなわち舞いにはいる過程ともいうべきものである。下黒川の次第でいうと、第一番から第六番までがこれにあたるのである。つぎに月の第二十八番、下黒川の第二十一番以下は、いずれも行事の殿《しんがり》をなすもので、神上げを中心とした儀式と考えられているものである。その中間にあるものは、祭りの中心をなす舞いであるが、しかしその間にも、別に純儀式も加えられてある。たとえば月の第十七番花の舞の折の神下しと、下黒川の第十五、十六番の「しきばやし」と「湯立て」がそれである。こうして見ると、ごく大ざっぱではあるが、行事を通じてほぼ左のような区分から成立していたといえるのである。

神下し——舞い——神下し——舞い——神上げ

つぎにこの二ヵ所の行事を比較した場合、中心となる舞いをのぞいた前後の行事に、いちじるしい異同のあることで、しかも下黒川が月にくらべて行事が少いのである。もちろんこの中には、名称をことにして内容の同一のものもあるが、いずれにしても差等がある。かりにこれを月の行事によって完全するものとすれば、下黒川はそれだけ不足していたわけである。この事実はやがて振草系大入系の形式において相違する点で、ひいては各所を通じてそれぞれ特色のあった結果となる。これから見ても、いずれも以前の姿をそのままに行っていたとはいいえなかったのである。よってこの前後の行事は、後に至って意義不明におちいり、口伝などを忘れたため、相当取捨が行われたとも解せられるが、たんにそれだけの理由であったとは、にわかに決められぬのである。一方これが順序においてもそうで、各所においていくぶんずつの相違があったことはいうまでもない。

かく行事順序の区々《まちまち》であった一面の理由は、土地ごとに次第書きなどが厳存していて、すべてそれにもとづいて行ったものでなく、多く当事者の記憶によったために、ひさしい歳月の間には、前後の転倒忘却などの事実はとうぜん認められるが、しかも順位に変化をおよぼした事実は、明治の初期にあたって警察署の圧迫などもひとつの理由としてあげることが出来る。たとえば一年二年の短期にしても、行事中絶のやむなきに至った上に、祭りのたびごとに次第のことごとくに本来の意義を書き出せとか、あるいは夜間十二時をかぎって絶対に遂行は相成らぬなどの厳達を受けた。こうした際にせめて重大な神事だけでも時間内にすましたいとは当然の念願である。こうして余儀なく取捨変更を行ったことは、まだ耳新しいのである。その好適の例は大入系上黒川の「しづめ」祭りで、次第の最後に行っていたものを行事の冒頭に差しかえたのである。これなどはたんに結果のみを観察して、村の人の行事に対する無理解を責めるわけにはゆかぬ。しかも一方長い伝統を考えると、たとえば最後を最初に変更するにしても、まるっきりよりどころがなかったわけではなく、あえて行うことの不合理でなかっただけの伝承と根拠があったとも解せられる。これを各所における次第変更の跡に徴しても、ぜんぜん型なしの冒険は行われていなかったようだから、単純に批評などはいえぬわけである。

舞いの種目

舞いすなわち中心行事の種目は、月、下黒川ともにほぼ同一で、ただ順序において一部相違する程度でこの点は他の各地を通じて大した変化はない。次第の中、月の第十八番「やまわり」の舞と、下黒川の第十一番「やまみ」の舞とは、名称はことなっているが、本来同一と考えられているもので、これまた振草系と大入系で相違していたのである。つぎに月の第二十一、二十二、二十四番と下黒川の第十四番は、これまた同一で、ただ種目の取扱方が、前者は「ひのねぎ」「みこ」「おきな」と、おのおの別個のものとしたのに対して、後者はすべて同一の種目に入れていたのである。しかしこれも結果においてはほとんど同一で、月の次第では、「ひのねぎ」「みこ」を一続きとなし、「おきな」を別に行っているが、そのうち前二者は種目こそ別にしていたが同一の場面であって、ただ「おきな」だけが別になっていたのである。したがって前二者の場面を総称して、一に「おつるひや」また「おちらはり」ともいい、別に岩戸明けの舞ともいったのである。しかして岩戸明けの名は下黒川においても行われていたのである。つぎに月の次第では、第二十六番を「茂吉」鬼というに対して、下黒川ではたんにこれを朝鬼といっている。「茂吉」鬼は、朝鬼すなわち四つ鬼とも称した場面の中心と考えられた鬼神の名で、ともに結果においてはかわりはない。

特種の行事

以上の例によって判然するごとく、前後の儀式および舞いを通じて、いずれが正しいか、以前からの形式かは、にわかにきめがたい。ただ問題は二十ヵ所の多きにわたった存在であるから、各所の事実を比較すれば、おのずとある点までは明かになるのであるが、これは後にゆずるとして、つぎに前にあげた二ヵ所にもれたもので、べつに他の土地に行われていた行事をあげると左のごとくである。

一　さるごばやし　振草系古戸をはじめ各所　　一　づん（順）の舞　振草大入系共各所　　一　笛の舞　振草系中設楽　　一　鈴の舞　大入系古真立

一　舞下し　大入系三沢　一　なかとばらい　同　古真立　一　二挺鉾の舞　同　上黒川　一　魚釣り　同　上黒川および古真立

以上のほか、独立した行事と考えられなかったもので、振草系に別に三四の行事があった。その他大入系の三沢には託宣と飯綱立の式があり、ともに各所に行われていた痕跡があるが、現在はいずれも中絶の姿にある。なお振草系の小林は、鬼の舞の次第がはるかに多く、太郎坊次郎坊、中下り、中王、龍王、鳳来寺《ほうらいじ》など、それぞれの称を持った舞いがあったが、これは前記の「やまわり」「さかき」の舞に出る、一般にはお伴の鬼と考えられていたものを、それぞれ独立の舞いと解釈したもので、これはまた別に考えるべきであった。

以上あげた次第が、各所を通じて行われていたものの全部である。しかしてこれをことごとくあわせ行っていた土地は、もちろんなかったのである。

夜を徹して翌朝へ

つぎにはこれら次第の行われた刻限であるが、月の場合では、当日午後一時前後に第一番の「うちきよめ」をおこない午後七時前後までに次第の前段をすまし、舞いにはいって、ことごとく終了するのは、翌日の夕方かあるいは夜にはいることもある、その間いささかの休憩もなかったのである。下黒川では第一番の「竈《かまど》ばらい」が午後四時前後、舞いにはいるのはやはり七時ごろで、翌朝九時前後にはおわったのである。この点も現在振草系と大入系で相違したところであるが、これは近世振草系が、しだいに時間が延長したもので、「暁のひいなおろし」また「みるめおろし」の言葉は共通で、暁に舞いが終って「ひいな」すなわち祭祀の中心である「びやっけ」をおろすのが在来からの慣例であったようである。それにもかかわらずかく振草系が長時間を要したのはじつはここ三十年来の習慣で、行事中でもっとも重要としている「さかき」が出現するのは、本来深夜二時三時の刻限とは、いちように信じているのであるが、とにかくおくれがちになったのである。これは一面に振草系が大入系にくらべ行事の多かったことにもよるが、一般に振草系が舞いの時間が長かったこと、各行事の間に別に立願による特別の番組が多くさしくわえられたためである。すなわち芝居の挿幕のように臨時のものが加わったことと、とくに月においては、「さかき」が別に地内の立願によって、へんべ（反閇）踏みとて、舞いの開始の前にそれぞれの屋敷を訪れるなどのことがあって、その間次第はさらに進行がなかったことも理由のひとつである。しかして行事次第のことなっていたこと、時間に不同のあったことは、やがて振草系大入系が、根本の形式において、おのおのことなった立場から出発していたことにもよるらしい。その事実については、以下順次例をあげてゆくこととする。

冬の夜の祭り

冬の最中

祭りの期節は前掲の表にもある通り、各所を通じて十二月と一月のいずれも冬の最中に行われたのである。ただここに注意しなければならないのは、その日時について、時期としてはたいした変化はないが、現在の日時はいずれも古い昔からのままではなく、以前は多く陰暦霜月ときまっていたのであるが、明治年間暦法の改正から現在のように改めたものである。

一般に花祭といえば、山にはもう雪がふりつもって、寒い寒い雪の夜を連想したのである。この雪の夜のさまざまな印象が、いかに根強く村の人達の胸にしみこんでいたかについては、つい近年まで――今はそれほどでもないが――すべての生活の基調を、この夜を中心に考えていた事実である。現今でも老人ほど過去をいう場合、祭りを基準にして、いつの年の祭りの前とか後という言葉が口をついて出るのでも想像される。そうしてこの祭りを終って新しい年を迎えるということが、ひさしい間の慣習だったのである。

祭りの日の印象を強からしめた理由としては、あの大がかりではなやかな――村の人達には――祭り場の光景が、山深くとざされていた生活にとって、いかに大きな刺激であったかを考えれば、想像にあまるものがある。そしていまひとつ、この祭りの夜の印象をいっそう強くしたものは、若い人びとにとっては忘れがたい楽しいあこがれの日だったのである。花祭を一に「木の根祭り」といったのも――後にはそのことに結びつけて考えるようになった――男も女も、すべて世の中の面倒な垣根をなくして、自由に相逢《あ》うことが出来る、そうした意識が昔からあった。寒い夜を徹して、いささかの休みもなく、つぎつぎに舞いから舞いと展開されてゆく一方に、息づまるような空気を胚胎《はいたい》していたのである。その他拍子につれて踊りかつ狂いながら、男はあるかぎりの悪態をはき通すいわゆる悪態祭り――興奮と憧憬と――すべてに忘れがたい力をきざみこんでいったのである。

霜月の行事

花祭が以前はことごとく陰暦霜月に行われていたことは、前にいった通りであるが今こころみに以前の日時のわかったものをあげてみる。

十一月二日　中設楽　同　五日　中在家　同　十二日　小林
同　十二日　三沢　同　十三日　大立　同　十四日　大入　同
十五日　川合（静岡県地内）　同（同）　古真立　同（同）　古戸　同

（同）足込　同（同）奈根　同　十八日　下粟代

かく十二月中に行われていたものを、現在の日時に改めた動機は、もちろん暦法の改正に順応したものであったが、土地によって、一月と十二月との二様にわかれた動機には、また村の人びとのいかに伝統に忠実で、しかもこれを生かすことを忘れなかった事実を物語っている。その根本となったものは、日時すなわち暦日にとらわれることなく、やはり生活上の基準からきたもので、前にもいったように、祭りをすまして新しい年をむかえることに大きな根拠があった。

これをまず振草系の多くの土地についていうと、申合せたように太陽暦の十二月に改めたのは、暦日はあらたまっても期節を同じくすることに重きをおいたらしい。これに対して一方大入系の各地が、そろって一月に持越したのは、これまた村々の暦法の取扱い方を考えればおのずと氷解するのである。現在これらの土地は新年は太陽暦によっている。そして在来からの陰暦は捨てたかというとそうではない、その間をうまく取りあわせていたのである。すなわち新年は太陽暦でむかえて、門松も建て歳棚も祀ったが、在来からの小正月すなわち村の人に取って忘れることの出来ぬ「もちゐる」の歳取りを、旧正月にあてたのである。こうすると、以前にくらべて、大正月小正月の開きが不整で、年によると一月以上ものへだたりが来るが、その不便さえ忍べばたいした生活様式の破綻《はたん》を見ずにすんだのである。太陽暦の一月は新しい春には違いないが、若木を迎え花を作り「にうぎ」を飾る「もちゐ」の歳取りから見ると、いまだ冬の最中で、いわゆる正月の気持は、よみがえってはこなかったのである。

祭りの根本の意義も理由も考えては見なかったが、年明けの前に、この祭りを行うそのことが、村の人びとにはひさしい前からの生活そのものだったのである。そしていま一段さかのぼると、祭りそのものが、すでに新しい年であったことは、いまも用いている祝詞《のりと》（祭文）を見てもわかる。

祭りの場所

人家と神社と

祭りの行われた場所は、各所を通じて人家をあてたものと、神社との二様の形式がある。振草系をはじめ大入系の大部分は前者で、一部の土地をのぞくほかは（大入系大入）年々あらためてゆく。これに対して大入系の古真立、上黒川、下津具などは後者である。そのうち上黒川は近世に改めたもので、以前はやはり人家を用いたというが、古真立、下津具にはその言伝えはない。この神社で行っていたものは、北設楽郡以外の土地もまたそうで、長野県大川内は土地の氏神池の大明神の境内、静岡県の山室は同じく熊野《くまの》神社であり、同じく川合もまた氏神境内であった。こうして見ると祭りの場所は人家をあてるものが本来か、神社が以前の風かわからぬが、じつはそれぞれに根拠と理由があったと解せられる。それで順序としてまず人家形式のものについて事実を見てゆくこととする。

はなやど（花宿）

ただの人家を祭りの場所にあてた場合は、これを花宿または花屋といい、別に舞屋ともいったのである。花宿はこれをはじめから最後まで屋内にかぎる場合と、時によって屋外の広場――おもて――をあわせ用いるものとあって一定しない。花宿が前にいった大入系の大入のように、年々一定しておればそうでもないが、年ごとに交代する場合は、家によっては、かならずしも祭場たるに適しないことがある。もちろん建築の様式はほぼおなじであっても、屋敷の大小、方位などの関係から間取などがいくぶんずつことなっている。そうした場合、臨機の処置をとって、適当に設備をほどこすのである。屋敷も広く、万事屋内でたりるときは、入口の土間が中心であったことは共通であるが、屋外におよぶ場合は、これをかね用いたので、別に設備をととのえたのである。

花宿の選定

花宿の選定はこれまた土地によって一定でないが、根本の思想はほぼ共通であった。この場合もっとも自然の方法は、宿主の立願に待つもので、あらかじめ花宿たることの申出を受けたのである。その立願の動機となるものはこれまたいちようでないが、大病とか大厄に直面した場合あるいは子供の無事《ぶじ》生長を祈るなどで、花宿たることを条件に大事にのぞんで立願をしたのである。わが屋敷を花宿に提供することは、光栄であり一面神に対する無上の奉仕と考える風が、いまもなおのこっている。

立願によるものについては、地内で普請《ふしん》をした屋敷である、この場合は花宿たることは当然とする風もあった。しかし近年では生活様式の改革から養蚕等のために、新築の屋敷を花宿に提供することをいくぶん躊躇《ちゅうちょ》する傾向もあるが、そうした場合でも、村方としてはしいて頼みこむ場合もあった。

以上ふたつの場合をのぞいては、地内の祭りの関係者青年団などで、土地の地理的状況などを参酌してあらかじめ選定し、宿主の事後承諾をもとめることである。この場合地理的関係を考慮することは重要で、いかに立願があり普請があっても、年々同一の地域にのみかたよることは事情が許さない。それで一般のしきたりとしては、地内を区分した小字（小名または組）を順ぐりにまわる、すなわちその小字内で選定する。かりに大入系の三沢の例でいうと、大字内の小字を六組にわかっていて、これを順次めぐるのである。振草系の土地もほとんどこの方法であった。ちなみにあらかじめ花宿に決定したものでも、忌服はこれを避けねばならぬ、産褥《さんじょく》の穢《けがれ》は一ヵ月ですむとしたが、死人の忌服は一ヵ年であったから、その場合はあらたに選定の必要も生じたのである。

ちょうや（帳屋）

人家を祭場にあてる形式に対して、一方神社を祭場とする土地にはいずれも氏神の社殿前に、別にまいや（舞屋）またはちょうや（帳屋）と称する建物があって、そこを用いていた。したがってこれには選定などの面倒な事実はない。かく神社境内の建物を祭場にあてていたものと、人家のものとの相違は、前いったように単純にいずれかが形式のすたれだと、きめるわけにはゆかぬ、根本の意義はもとは同一であったらしいが、かく二様式にわかれた理由は、祭祀の形式における相違から出発していたと考えられる。

祭りの形式

例祭——臨時祭

祭祀は現在では、いずれも氏神の例祭または臨時祭典として行われている。臨時祭典として行っている土地でも、氏神の御輿《みこし》はかならず花宿へ勧請《かんじょう》したのである。しかして例祭はともかく、一部の土地で、臨時祭典の名目を用いたのは、もちろんごく近世のことで、明治の改革期以降、行政上の関係から、神社合併などによって、春とか秋に行う祭りに対して用いた称呼にすぎない、しかし一面には祭りの本来が、定例と臨時と、二つの様式にわかれていたことによって、かく区分ができたらしい。問題はただ、そのいずれをとったかにあったのである。なんでもない一臨時祭典の文字にもそのよってくる因縁はあった。すなわち定例以外にももっともな理由と条件さえともなえば、あたかも豊年期の地狂言のように、別に行ってもあえて不思議でない根拠はあった。以前から、いちりきばな（一力花）豊年花などの名目があるのがそれである。しかしてこれに対して例祭を「みやならし」ともよんだのである。一力花は立願を待って、一人の力による祭事奉納で、豊年花はこれまた文字通り、豊作の年にかぎり行われたものである。なおこのほかになかもうし（中申）という名目もあったと伝えているが、現今では祭事次第の一部に名を残すのみで、いかな機縁によって行うたものか、あるいははるかに古い時代の祭りの名称であったか、いまはもうわからない。

一力花

一力花またいちやく（一役）花ともいう。この意味は前いったように、一人の奉願による祭りという風に考えられていた一種の臨時祭典で、何月何日と、あらかじめ日を定めて立願をしたのである。祭りの根本の思想からいうと、これ以上の奉仕はないと考えられていた。しかして一力花の半面には、万人供養の意があったから、実際問題としてはじつに容易ならぬ事実であったが、しかしこれが一方には、一力一役などの名目は、延《ひ》いてはいますこし広義にこれを解釈する場合もあった。文字通りたんに一人力にまたずとも、一個の団体として奉納の場合もまた同一に考えられた。たとえばなんら関係のない土地から、村なり一部の有志の名でとくに依頼があった場合などである。かりに東京において、ある種の団体なり個人なりで、立願があって費用の負担をすれば、これを一力花の奉納として応ずることになんの不思議もなかった類である。現にこうした立願で、近在各地方へそれぞれ出張した事実はどこにもあって、かならずしも地内の祭りにかぎるというわけのものでなかった。この事実はこの祭りにあずかる人びとの、本来の意義にもおよぼす問題であった。

一力花の表徴

一力または一役花の意義は、現今でははるかに自由に解釈されている。たとえば振草系大入系の各所で、祭りの場合一力または一役花ととなえているのは、祭場の中心である、まいと（舞戸）の上部中央に飾る「びやっけ」のことである。すなわち「びやっけ」を祭祀の中心とする思想があったところから、これに若干の奉賽《ほうさい》をそえることも考えられたので、「びやっけ」一盞《いちがい》が一個の祭りを代表する意味から、この方法によって定例の祭りを待って立願をはたせば、厳密な意味の一力花と、同一の結果に至ると信じたのである。これはいうまでもなく、一力花が多大の費用を要し、到底たえ難い負担であるところからうまれた一種の簡便法で、振草系などはどこの祭りにも、この種一力の「びやっけ」を十・二十と見かけるのである。その結果祭場には美観をそえ、奉納金も多額にのぼって結構には違いないが、しかもその一方にはわずか三里か四里の地をへだてて、大入系のある村などには、一力の立願はかけたものの費用の捻出《ねんしゅつ》ができないために、しだいに時期を延長して、土地の者からもとかくの噂をうけ、そのためになやんでいた家庭があったなどは、うそのような実際の悲劇である。

こうして一力花を厳格に考えていた土地は、他の土地にくらべて、すべて信仰の強烈な結果かというと、それは別問題で、じつはそこにはその地の伝統または祭祀の形式などから、かく取扱わねばならぬ理由があったのである。こうした土地と、一方「びやっけ」一盞式の土地との、ちょうど中間にあるのが大入系の御園である。同所の一力花の意味は、立願者が定例の祭りと合併して花宿をつとめ、費用は村方と等分に負担する。したがって「びやっけ」も例祭のものと願主の分と、二盞を飾ったのである。しかしこの場合、別に一力花の立願者があれば、さらに「びやっけ」を増すかどうか、これには格別規定はないというが、この思想が一層延長されれば、十盞となり二十蓋となったことも、当然の帰結といわねばならぬ。この「びやっけ」を祭祀の表徴とする思想を根拠として、これを土地々々の実状にあてはめて見ると、人家を祭場とする形式は、例祭と臨時祭すなわち一力花の合体せるものであった事実も考えられる。

みやならし

一力花に対して年一回の定日の祭典は、これを「みやならし」といったことは、すでに述べた通りであるが、現在この「みやならし」と一力花と、劃然と区別して行っている土地は、前いった大入系の古真立だけである。もちろん他の土地にも、「みやならし」という名称はあったが、一力花と対立した祭りの意には考えていなかった。それで同所の「みやならし」と、一力花の関係を、要点だけについていって見ると、「みやならし」はいうまでもなく年一回の定日の祭典で、土地の氏神熊野神社の境内で行われた。祭りの前夜、禰宜《ねぎ》屋敷で準備をととのえ（このことは後に「かたなだて」の条にのべる）当日はそれより神社へ渡り、社殿前面にもうけてある帳屋において、行事が開始されたのである。しかして次第一通りを行うことは、格別他の土地におけるとかわりはないが、ある種の行事においては、大に趣きがことなっている。たとえば他の土地で、行事を通じてもっとも重要とした祭祀後段のしづめ（鎮め）祭りも、一力花の場合には行うが、この「みやならし」の際には行わぬ。たんに面形を面箱の上にならべて祀《まつ》るだけである。その他一力花にのみ行うて「みやならし」には必要としなかった行事が多い。したがって同所の一部の言伝えでは「みやならし」は、一面に定例の繰返し、すなわち一部行事の練習のごとくにも考えていたのである。しかして一方「しづめ」祭りをはじめ、振草系の各所で行っていた花宿の行事中の、「つじがため」、高嶺祭りの天の祭りなどを「みやならし」にかぎって行わぬ理由として、そのいうところをきくと、一力花の場合は、祭場が人家である関係から、そこを神々のより給う浄域と化すために、各種の行事も必要であるが、「みやならし」は神社であるところから、そのために行事が少くなるという。この説は神社を祭場とするものの、本来の意に合致するかどうかはわからぬが当面の理由ではあった。そのほか一力花の場合とことなっていたのは、「みかぐら」の次第があり、一般立願者の舞いの奉納、御神供御神酒奉献の式が厳重に行われていたことである。

この事実から、同じく祭場を神社にあてていたその他の土地は、いずれも古真立の「みやならし」のごとき特徴は見られなかったようである。

以上古真立の事実を通して、現在各所に行われていた形式を通覧すると、「みやならし」と一力花のいずれかの意識を、それぞれ様式の中にのこしていたとも見られる。したがって前後の行事の多い振草系には、一力花の意識を多分にふくんでおり、「つじがため」、高嶺祭り、天の祭りなど、いわゆる花宿を本位とする行事のほとんど行われなかった大入系の形式は、「みやならし」――例祭の影響を多く受けていたとも解せられる。

祭祀説明上の区分

以上で祭祀伝播の区域系統、行事の概略、期節の関係、形式などにわたってほぼ外《がい》廓《かく》的記述をおわったから、ついで祭祀の内容にはいるわけであるが、祭祀全体を構成するものすなわち一個の祭りの内容は、各種機能の集成で、たんに平面的の叙述では、到底これをつくすことは困難である。たとえば祭祀の組織においても、これが基調となるものと、一方複体ともいうべきものとの結合から出発していて、両者同時には説きがたいのである。よって記述の簡易を期する上に、かりに左のごとき区分を設けることとした。

一　行事　二　祭場と祭具　三　祭りにあずかる者　四　その他の事実

さらにこれをこまかに区分すると左のごとくである。

一　行事
- 純儀式
- 音楽
- 歌謡
- 舞踊

二　祭場と祭具
- 祭場
- 祭場に要する祭具
- その他の祭具

三　祭りにあずかる者
- 主体をなす者
- 一般参与の者

四　その他の事実

註　この中、第一の行事の純儀式は、たとえば神下し湯立てなどにともなう呪術《じゅじゅつ》的作法などをはじめ、他の音楽舞踊などにふくまれない、べつに祭文の唱和などもふくんでいるもので、多く特種の動作のともなった一般に口伝とすべきものが多い。第三の祭りにあずかる者は、祭祀に参与する全部の者のことで、その中主体となる者は、内部からこれが中心となり行事にあたる者で、一般に「みやうど」の名でよばれていた場合と、さらに禰宜「みやうど」舞子などに区別された場合とあり、祭りに対する神人ともいうべきもので、一方一般参与の者は、外部から促進する者として見物を指したのである。しかして以上にもれた他の事実は、面形に関するものと、口伝および祭文詞章であるが、これまた煩雑をおそれて別にしたものである。

以上にもとづいて、記述はすべてこの区分にしたがうこととするが、いうまでもなく、このような区分は最初から存在したわけでなく、それぞれ離るべからざる関係にあって、祭りの時間的経過の中にことごとく織込まれていたものであるから、いずれを先、いずれを後ときめがたいのであるが、記述の効果を第一の目的とする上から、まず行事を先にして、これが時間的の順序をしめすこととした。しかし時によって、実際上の前後とは一致せぬ場合があるが、これは別にかかげた次第書について諒解されたい。

すなわち左の順序によることとする。

祭祀の構成　祭場と祭具　儀式的行事　舞踊　音楽と歌謡　祭りにあずかる者

祭祀の構成

二つの次第の対立

祭祀《さいし》はこれを通観して、ほぼふたつの次第の対立から成立している。ひとつは現在の伝承では試演ともいうべきもので、一般に「かたなだて」または役ぞろいなどの名でよばれていたもの、ひとつはこれに対して祭りの根本をなすと考えられているもので、「みやならし」または本楽などの名でよばれていたものである。これが祭祀構成上の大きな区分である。いまこれをそれぞれの内容によってしめすと次頁の表のようになる。

以下は概括的に行事の区分をしめしたにすぎない。しかして「みやならし」は、だいたいにおいて「かたなだて」の繰返しであったから、試演に対する本楽と考えられたのである。よってかりに記述の簡明を期する意味で、ときに「かたなだて」を第一日の祭祀、「みやならし」に第二日の祭祀の称を用うることとする。

なお一方これを日程の上から時間的に観察すると、ほぼつぎのような順序となるのである。

- 花祭り
  - かたなだて（役ぞろい）
    - 予備的行事
      - 準備
      - 稽古《けいこ》
    - 前段行事
      - 神下し
    - 中心行事
      - 舞い
  - みやならし（本楽）
    - 前段行事
      - 準備
      - 神下し
    - 中心行事
      - 舞い
    - 後段行事
      - 神上げ
      - 跡始末

第一日　行事開始の次第一通り。すなわち準備の最初で、関係者（多く舞いに当る者）の役割りおよび稽古開始。

第二日　以下第五日まで毎夜稽古。この間禰宜《ねぎ》をはじめ関係者はすべて潔斎。

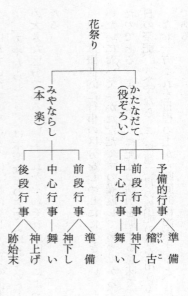

第五日　「かたなだて」すなわち役ぞろい。稽古あげ。神勧請《かんじょう》をはじめ舞いなど行事一通り執行。

第六日　本来休息日なれど、たいていの場合午後より「みやならし」すなわち本楽

第七日　当日の準備をなす。
第八日　「みやならし」当日、午前は準備にて、祭具の調製手入、祭場の設備など前日に引きつづきおこなう。これを「さいかづくり」という。午後準備完了を待って行事にはいる。
第九日　午前中あるいは午後行事終了。
第十日　休息。この日を一に神洗いという。すなわち祭具の清掃手入、後始末。夜にはいり直会《なおらい》の膳につき解散。これを一に御苦労振舞という。

以　上

ほぼこうした過程となる。なおこの日時は土地によりいくぶんの相違はある。

祭場と祭具

祭場

ふたつの場所

祭りの場所すなわち祭場について、祭りの形式によるこれが選定名称などはすでにのべた通りであるが、これにはふたつの場所が考えられている。一は前にいった区分による第一日の祭祀《さいし》「かたなだて」と、第二日の祭祀「みやならし」の場合によってことなっていたのである。振草系《ふりくさ》をはじめ多くの土地は、実際上には第一日第二日の祭祀ともに同一の場所を用いているが、一方祭場の設備などにおいては別である。そしてこれをまったく別の場所とした場合ももちろんあり、たとえば大入系《おおにゅう》の三沢《みさわ》をはじめ、その他「みやならし」を神社の境内でおこなっていた土地は、第一日の祭祀は多く禰宜《ねぎ》屋敷をあてている。これを要するに第一日の祭祀と第二日との、祭場に対する意義は本来別であったともいえる。したがって祭場の区劃《くかく》設備などは、すべて第二日の次第にもとづいて行われたのである。

祭場の区劃

祭場の区劃は前いったように、すべて第二日の祭祀を中心に設けられたので、第一日もほぼこれに準じたものではあるが、いずれかというと、厳密な意味の区劃などの問題とはならぬ。すなわち舞いの場所と神下しなどの位置がほぼ仮定されたにすぎない。これに対して第二日の祭祀「みやならし」の場合は、祭場内の配置を厳密に左の

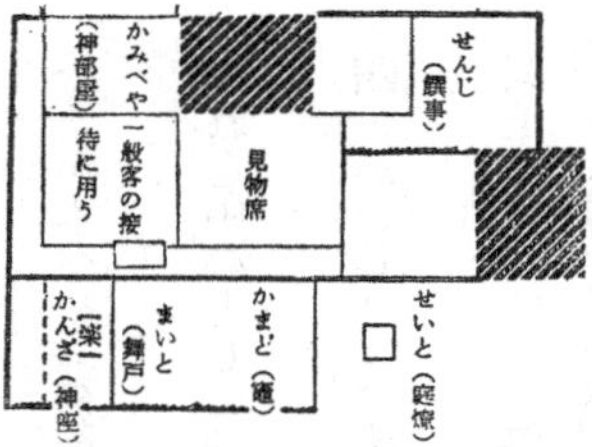

祭場（花宿）区画の一例（振草系月）

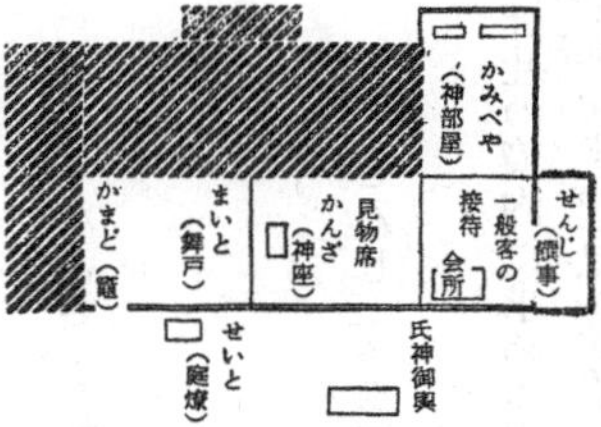

祭場（花宿）区画の一例

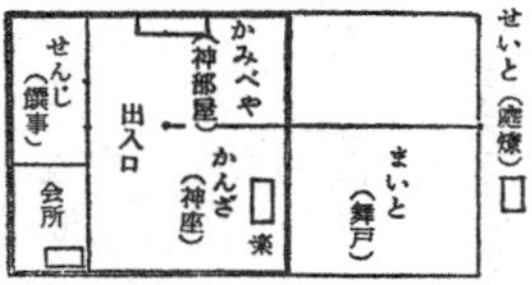

祭場（神社）区画の一例（大入系下津具）

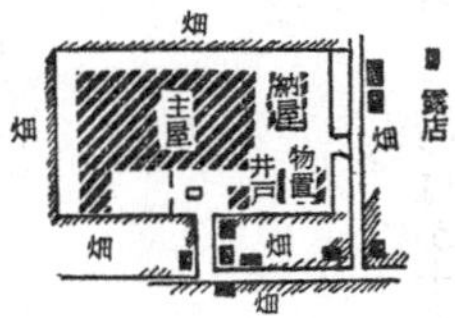

花宿見取図（振草系月にて）

ように区劃して、それぞれ設備がほどこされたのである。

一　かみべや（神部屋）　二　かんざ（神座）　三　まいと（舞戸）

これを中心として別に

四　かいしょ（会所）　五　せんじ（饌事）　六　せいと（庭燎）

以上の区劃は、祭場を神社の境内に求める場合もほぼ同じである。このほか土地によると（振草系）氏神の御輿《みこし》をまつる棚を設けるが、これは神座の状況によって、そこにあわせまつる場合もあっておなじでない。ついでこれらの場所の配置の実際と意義をいってみる。

かみべや（神部屋）

神部屋はべつに部屋、鬼部屋、ちょうや（帳屋）ともいい各種の称がある。第一の神部屋は面形をはじめ祭具などをおく処からいった称呼で、一方最初の神下しがここで行われたことと、土地によっては（多く大入系）氏神の御輿をここに祀《まつ》ったことからも意義がある。部屋は座敷の意で、外部との交渉をことわった場所の意である。鬼部屋は鬼の面形からいった意にも考えられ、帳屋は幕屋などのように仕度部屋の意味があった。もちろんこのように称呼による区別があったわけではないが、だいたいこれだけの意味を持った場所だったのである。

　これを要するに、もっとも神聖たるべき場所で、花宿の中心をなしていたと同時に、舞いの仕度部屋でもあり、したがって舞道具衣裳《いしょう》などもおかれてある。位置は多くその家の奥座敷があてられる関係から、室の広さはこの地方の建築様式にもとづいて八畳敷か、ときには六畳敷位の場合もあり、とくに室があれば、次《つ》ぎの間もあわせ用いる。多く襖《ふすま》なども締切って、出入口だけ暖簾《のれん》などさげることもある。四方に注連《しめ》縄を張渡し、関係者以外の出入はもちろん許さなかった。しかし一面に前いったように仕度部屋でもあったから、行事の進行にともなってその雑沓《ざっとう》混雑は一通りでない。一方に鬼面をはじめ各種の面形がいかめしくまつってあると思えば、衣裳箱がころがっていて、その脇には鉞《まさかり》がならび、草履や草鞋《わらじ》が散らかっている。そうしてその間へ

氏神の御輿棚
（振草系下粟代）

土足のままの舞子や鬼が帰ってくる、一方では次ぎの舞いの仕度をするなどまことに想像のほかである。

かんざ（神座）

勧請《かんじょう》の神がみの座と考えられていて、土地によると祭祀の中心である「もとばな」と称する幣《ぬさ》がおかれる場合もある。神座は舞いの場所に接する必要上、多く土間に面した上り口の座敷があてられる。中央土間に面して新筵《あらむしろ》または蓙《ござ》を敷き、ここに楽（太鼓）を中心にして楽の座が定められる。したがって現今では、一に楽の座の意にも解されている。そして土間――舞いの場所――との間に棚が設けられる。これをゆだな（湯棚）といって、多く天井の鴨居からさがっている。湯棚にはゆおけ（湯桶《ゆとう》また清めの桶）をおき、脇に「湯ござ」、ゆたぶさ（湯束）などがそえおかれる。この湯桶は湯立ての場合湯を移し、祓《はら》いに用うるのであるが、ここに棚を設けるのは湯立てに使用する祭具をおくためであるらしい。土地によると湯立てまでは湯桶にも五色の切草《きりくさ》を入れておく。

湯棚の一種（振草系下粟代）

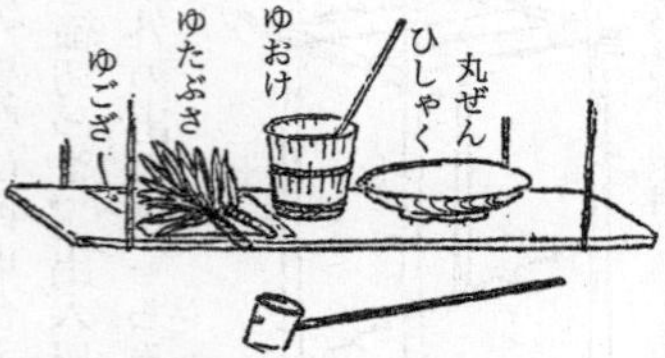

湯棚の一種（振草系古戸）

ちなみに神座は舞いの場所に面していた関係上、見物にもっとも都合のよい位置であるから、行事の進行につれて地内の婦女子をはじめ、一方招待客がわりこんで、楽の座をかこんで身動きもならぬほどの混雑を呈する。しかし屋敷の関係上舞いの場所を屋外にきめる場合は、神座もしぜん屋外にもうけることがある、その場合は見物はいっさい神座に近よることは許されぬ。

なお神座はいわゆる神の座でないとの説もあるが、これは行事を仔細《しさい》に観察すればおのずと判明することで、神部屋から行事の開始と同時に、神々のここへ渡るいわゆる神座渡りの式があり、以後は神下し、すなわち神勧請もすべてここで行うのである。

まいと（舞戸）

これは舞い処の意で、神座に接した土間であったことは、前にいうた通りである。多くの場合、屋敷の戸口をはいったところの土間があてられる。中央に竈《かまど》がきずかれ、それにおおきな端反《はそり》釜あるいはふつうの大釜をかけ、湯をわかす設備になっている。舞戸の広さはその年の花宿によって一定しないが、神座からみて左右二間半深行三間半位は必要である。そして竈は神座前に相当の距離をおいて設けられるから、中央とはいい条大分かたよるのである。これらについては後に図によってしめすこととする。

つぎに舞戸における方位であるが、これは竈を中心にして神座に面した側を正位とし、事実のいかんにかかわらずこれを東とする。これを基準として西南北中央と五つの方位が仮定される、中央は竈の位置にあたるわけである。しかしこの方位は舞戸全体としてのもので、舞いおよび行事によって別の区分が考えられることもあり絶対のものではない。振草系の土地はほぼこれによっていたが、大入系では四隅の柱を基準にする場合がある。それでこの四隅の柱であるが、その方位順は神座から見て、右方の柱を東としこれを正位とする。このほかただ竈《かまど》の前だけを区劃して方位がきめられる場合もあるが、それらについては、舞いのおりにゆずる方が適当であろう。これを要するに現在の方位の定め方は、神座の正面――竈の前――を東とすることはいずれの土地も共通であるが、四隅の柱を基準とする場合もあったので、その結果神座によるかまたは竈中心か、四隅の柱によるかの問題が生ずるのである。なお別につけ加えておきたいのは神部屋から舞戸への通路である。これをはなみち(花道)ともいったが、格別設備などをほどこすわけではなく、舞戸の出にはすべて見物のつめこんだ間をおしわけて通るのである。

つぎに舞戸中央の竈であるが、これは振草系大入系で様式がことなっていて、一は三方土で塗ったもの、一は四方開放しの五徳式である。後者の大入系では、この竈で終夜榾《ほた》(きりかぶ)を焚《た》いていたのであるが、振草系では、竈ばらい、湯立て、湯ばやしの舞以外にはほとんど焚火をしない。その結果ときに舞戸の照明が充分でない場合は、竈の上で松火《たいまつ》をともす。これはせいと（庭燎）が見物に占領されて、庭燎が意味をなさぬ結果もあった。なお言伝えによると、振草系でも中在家等は、竈の様式は以前は大入系と同一であったという。

かいしょ（会所）

祭事に関係する会計事務から、立願者見舞の応待、そのほかいっさいの事務をとる所で、その場の状況によって神座の一隅に屏風《びょうぶ》など立廻《まわ》したり、べつに適当な室でもあればそこをあてる。振草系の土地では、その家の「へや」すなわち寝所の一方の襖をはずして、そこをあてていた場合もある。

「せいと」の一種（振草系月にて）

せんじ（饌事）

これは饌事場で、祭事に必要な供物の調理をはじめ、関係者の食事、および招待客の仕度などをするところで、多くの場合、座敷に続けて臨時に小屋がけをする。神社を祭場とする土地でも、かならず饌事の場所はあるが、その場合は供物の調理と関係者の仕度だけである。ことに振草系の土地では、いわゆる見舞と称する客がおびただしく殺到する。それでこの饌事の混雑多忙は非常なもので、一夜に二百人以上もの仕度をすることがあるので、あらかじめ五十人六十人分と準備してまっている。名前を聞くといかにも見事な料理でもできそうであるが、事実は反対であって、俗にまずい物を花宿の「せんじかけ」などというたのである。

せいと（庭燎）

「さいと」または「せっとう」などともいう。舞戸の一端かあるいはそれに続く土間へ、四隅に石または木を渡し、かんたんな炉を作る。ここで終夜榾《ほた》をもやしていたので、事実上一般見物の中心点であった。

以上で祭場として必要な場所の記述を終ったわけであるが、実際の場合は、これらの場所にあてられた以外に、花宿としてまだ残っている部屋がある。それらは関係者の食事、あるいは客の接待の場所にあて、または花宿の家族親類縁者の詰所である。しかしこれも行事の進行につれて、ことごとく見物がわりこんだのである。

祭場に要する祭具

祭具は祭祀に使用する物品はことごとくふくむわけであるが、その中とくに説明を要するものは、祭場の飾りつけおよび神勧請祓《はら》いなどに要する物と、一方事にあたる者の衣裳舞道具の類など、間接のものとあって、その中祭場の装飾に要するものは、種類も多く製作においても多くの特色があるからこれを主とし、他は特別のものについてだけいうこととする。

祭場の飾りつけ

祭場には前にいったような区劃がきめられたが、これにはそれぞれの場所のもつ意義と、ひとつにはすべて聖なる場所としての外形をそなえる必要がある。これが飾りつけに要する祭具である。飾りつけに要する祭具は、一方これが飾りつけの実際とあわせていうことを便利とするから、まず祭具をのべ、おのおのの使途についてのべることとする。なおこれは大部分祭祀当日（第二日）の祭祀にあたっておこなうものである。この行事があって、はじめて祭場としての外形と意義を生じたともいえる。

「ざぜち」社の一種

注連縄

これは切下げのついた縄で、ふつうの注連縄である。これを神部屋、神座、舞戸、饌事などすべて室の四方にはりわたす。これをはりわたす式が「しめおろし」であるが、現在では行事とはべつに、前もって張ったのである。

ざぜち

白紙半紙に絵型を切りぬいたものである。これは神座と舞戸にかぎって用うるので、四方の注連縄につける場合もあり、また直接鴨居などに貼《は》ることもある。「ざぜち」の型は、土地によりそれぞれ技巧が異っているが通常六種とし、七種または八種の場合もある。そしてこれには型により順位がある。かりに振草系古戸《ふっと》の場合でいうとすべて七種で、第一が駒形、ついで燈籠《とうろう》・鳥居・禰宜巫女《みこ》・社・日光月光・五大尊で、これを四方の一辺に一組ずつ左を基準に貼るのである。六種の場合は、鳥居または五大尊などが欠《か》けている。また土地によると、蕪《かぶ》を現わしたもの、祭典などの文字もあり、さらに鹿、鶺鴒《せきれい》、鶏などかわったものもある。「ざぜち」は土地ごとに原型があり、それにもとづいて切るのであるが、土地ごとに技巧に特色があり、精巧驚くべきものを用うる一方には、稚拙愛すべきものもある。たんにこれだけについて比較をこころみても興味は深い。

おはた（御幡）

一種の幡で、これが形状も土地々々でいくぶん相違するが、多く日月の型を切りぬいたもので、全部白紙のものあり、また五色紙を用うる場合もある。これは舞戸の四方にさげるのである。以下はすべて舞戸の飾りつけである。

笹と榊

笹は花宿の入口または表の端に二本むきあわせて立てるが、これはべつに前々から立てておく。笹といい条立派な竹である。笹は舞戸の四方（または四隅）と、べつに中央の意で、適当な位置におく場合もある。

榊《さかき》は、同じく四方と、前のべたように中央の意味で適当な位置に立てる。この榊については、古くは儀式があり、それが後にいう山立ての行事と関係があったのであるが、現今は飾りつけの場合はすべて行う。前いった御幡は、多くこの榊かまたは笹の枝に結びさげたのである。

ちなみに榊は土地によっては自生の物がなく、容易に得られぬので、椎《しい》を代用するのである。

やつはし（八橋）

白紙をもって梯子《はしご》に似た型を切りぬいたもの、これも四隅の竹あるいは榊に結びさげる。

短冊

短冊は四方の注連（これを四方注連）あるいは四隅の竹にさげる、これも五方位が基準であるからそれぞれの方位により、神名または本地仏の尊号を書いた紙片で、これは土地によっては、神座にもさげる。たとえば東方 金山彦命《かなやまひこのみこと》、南方水速女命など、また本地仏なれば西方阿弥陀如来《あみだにょらい》、北方釈迦如来《しゃかにょらい》とする類である。しかしこれは行わぬ土地もあった。

ゆぶた（湯蓋）

これは舞戸の中央竈の天上に飾られる方形の天蓋《てんがい》様の物で、祭りの中心とも考えられる重要なものである。湯蓋は各種の祭具から集りなったもので、その構成は相当複雑であったが、つぎに述べる「びやっけ」とほぼ同一で、一部をのぞくほかは唯大小精粗の別があるに過ぎぬから「びやっけ」の条に説明する。ちなみに湯蓋《ゆぶた》は、一般の立願により奉納するものもまた多く、それと主格の物との区別は、製作の精粗と飾る位置とである。なお奉納の物についてはべつにいうこととする。

びやっけ

「びやっけえ」また「びやっかい」ともいう。びやっかい（白蓋）が以前の称であるらしい。土地によるときんがさ（衣笠）ともいう。湯蓋が竈《かまど》の正位天井に飾られるに対して、これは多く竈と神座の中間天井に、湯蓋とわずかに間隔をおいて飾られる。また土地によると（大入系三沢、古真立など）方位順による東柱の傍の場合もある。「びやっけ」の製作は一方湯蓋とともに、土地ごとに様式に相違があり、これが構成も複雑であるから、かりに振草系古戸のものについて分解説明をこころみる。次頁の図とあわせ参照されたい。

一　ひいな　四方にやや低く吊りさげられた五色の切りさげで、一種の形代であることは、その形状からも想像せられる。ことに土地によっては、顔面などが明かに現われたものもある。「ひいな」は、五方位に飾る意味で、べつに「びやっけ」の中央にもさげられてある。なお「ひいな」の称呼について、べつに「ひいなごぜ」ともいうから、雛御前の文字も考えられ、この地方の方言で同音のものに産児の産衣《うぶぎ》がある。

二　かいだれ「けえだれ」また「かきだれ」ともいう。かりに「びやっけ」から「ひいな」を除去すると、つぎに現われるのが、五色に色別《わ》けした一種の幣の形である。これも五方位の意味で、それぞれに形が考えられている。すなわち東は青で沓《くつ》形、西は赤で網、南は白で剣、北は黒で扇、中央は黄で幡であるが、実際にこの形は充分現わされていない。しかしこれは土地によって形をそなえていた場合もある。また五

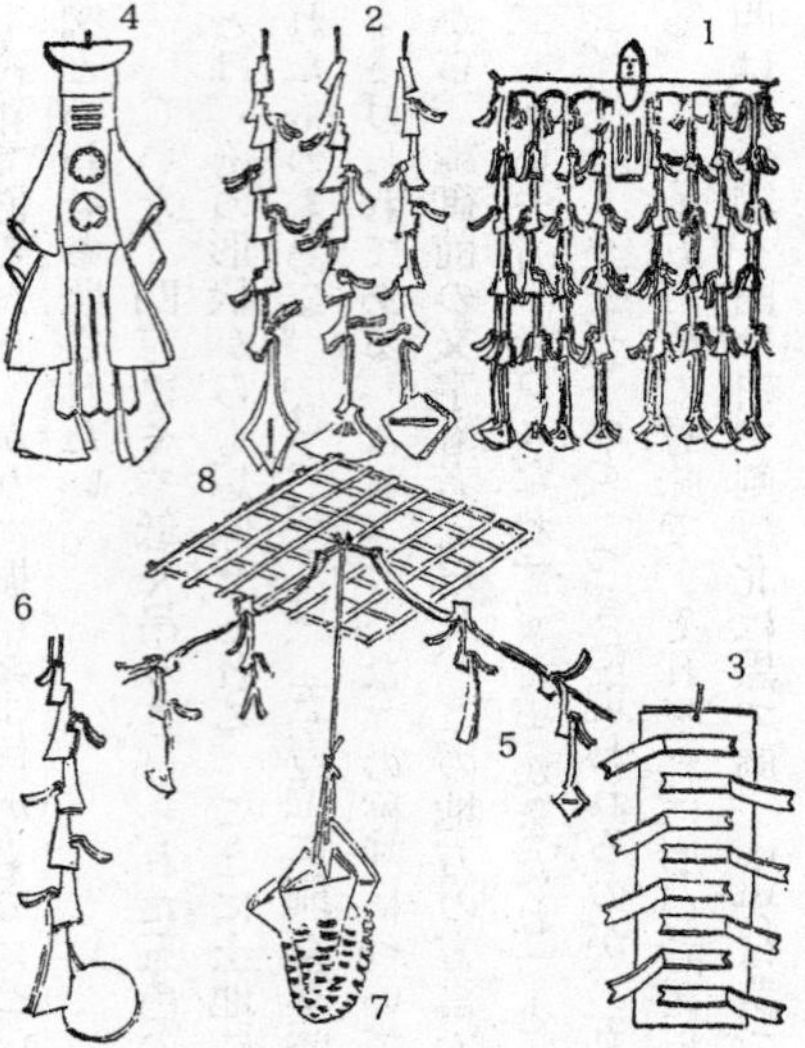

1　ひいな
2　かいだれ
3　やつはし
4　おはた
5　かみみち
6　さんざ
7　はちのす
8　ゆぶた

方位の色においても土地により区々《まちまち》で、たとえば大入系三沢では、東青西黄南赤北紫中央黒として、これが形状は東は沓、南は浪、西は鋸《のこぎり》、北は笹幡《ささばた》、中央を銭幡《ぜにばた》とする類である。

三　八橋「かいだれ」の間、すなわち中央にさげられてある。形は前いうたものと

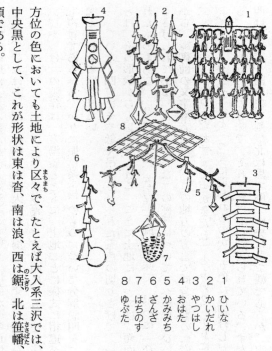

同一である。なお土地によると、これも五方位に対する意味で、四方の「ひいな」の上部に横に貼り、べつに中央にさげる場合もある。

四　御幡　これも前いったものと同一で、やはり結びさげられる。

五　ざんざ　もっとも中心にある五色の幣である。これの製作も土地ごとにことなっていて、末端が単純な幣の形のもの、または扇と枡《ます》、円鏡などで、一に「みるめ」ともいう。

六　蜂の巣　「ざんざ」と同位置にさがっていて、「ざんざ」の一部ともいえる。蜂の巣はかっこうからいったもので、一種網形の袋で、紐《ひも》を附して下からも覗《のぞ》かれるようにできている。「びやっけ」の中心である。袋の中には五色の切草の細片と、銭（これを祓銭という、おおくその年の月の数程紙包にする）とをいれてある。土地によって餅、干柿などをいれる場合もある。風にあおられるたび、網の目から五色の切草がこぼれ落ちる。

以上六種のものを「びやっけ」から取り去ると、四方に白紙を垂《た》れた格子形の枠が残る。これが「びやっけ」の本体である。

七　ゆぶた　「びやっけ」の本体である格子形の枠は多く竹で作られるが、これを「ゆぶた」という。ゆぶた（湯蓋）は「びやっけ」と対立した同型のものの名であると同時に、この格子形の枠の名でもあった。枠の大きさは二尺八寸四方、枠骨は七本宛を十字に組合せてある。土地によって、枠骨の数は五本宛の場合もあり一定せぬが、大きさはほぼ同じである。大入系大入《おおにゅう》などでは、以前は三尺八寸程もあったというから、これまた変遷があったようである。つぎに一方の湯蓋の枠であるが、これは「びやっけ」を簡略したものだけに一般に小形で一尺二寸四方、枠骨は五本宛の組合せであるが、土地によると三本宛の場合もある。

さて前に還《かえ》って「びやっけ」から六種の装飾を取去った後の枠すなわち「ゆぶた」には、まだ白紙の装飾があるからそれをいってみる。

八　みくし　一に「こけ」ともいう。枠の四方にたれた白紙の切型で、枠の角を中心に両辺におよんだものを「両みくし」一辺にのみたれたものを「片みくし」という。土地によってこの位置に八橋をつけたことはすでにいったとおりである。

九　ざぜち　「みくし」を取去って、枠を手に取って見ると、格子目の上に重ねて貼ったいく枚かの紙片がある。これが「ざぜち」で前いったものと同一である。「ざぜち」を作る場合、原型に用いたものをここに貼るのである。

一〇　くもかり　枠を吊《つ》った中心紐の位置に、白紙がべつに貼ってある。これを「くもかり」という。これを基点として、かみみち（神道）ももづな（百綱）などが引かれたのである。

ももづな（百綱）

「びやっけ」中央の「くもかり」から、下に長くたれさがった紐のようなもので、五色紙の切りまぜの場合と、黄色などの単色を用いたものとある。この場合は、つぎにいう神道の中央の意もふくまれていたようである。百綱は一に善の綱ともいい、神界に通ずる道とも考えられていて、その末端は神座前の柱（ここに柱なき場合は竹を立て中央の意）に結びつける。

かみみち（神道）

神道は神々の渡り来る道と考えられているもので、「びやっけ」の枠の中央にある「くもかり」の位置から、四方の笹に引渡される。これも五方に考えられていて、前述の古戸の場合でいうと、東青、西赤、南白、北黒、中央黄（これは百綱）に、それぞれ切り分けられた一種網のような紐である。そして東方の物にかぎって瓢形《ふくべ》が切りだされてある。神道は土地によってこれまた様式がことなっていて、古戸のように、五方位を色分けにしたものの一方には、ことごとく五色紙の切りまぜにしたものもあり、振草系でも小林《こばやし》などはこの様式で、方位により切り方もことなり、東方は扇を切りまぜ、西方は枡、南北は幣である。また大入系は多く扇と剣の形をだしている。

これに対して同じ大入系でも三沢、下黒川《しもくろがわ》は、神道は「びやっけ」より四方に引くことなく、竈上の湯蓋の中心からでて、東柱のそばにある「びやっけ」に通じているだけである。そしてこれには魚形が切りだしてある。なお三沢の場合では、神道はさらに「びやっけ」を通して家の中央の柱に飾ってあるぼでん（梵天）に通じていたのである。

一　天狗幣
二　山神
三　五大尊
四　水神
五　舟幣
六　宮土ぐう
七　鍬形
八　道陸神

ぼでん（梵天）
（大入系三沢）

ぼでん（梵天）

「ぼでん」は現在では、前記三沢に行われているだけである。家の中央俗にいう長者柱の長押《なげし》の位置にかざられる。間扇を三ツあわせて、円形を作り、その中に白紙でたたんだ船をおき、これに十二本の五色の幣がさしてある。幣は天狗《てんぐ》幣一、山神幣二、水神幣二、舟幣一、宮土公二、道陸神二、鍬形《くわがた》幣一、五大尊幣一の割合である。祭りの場合湯立ての行事が終ると同時に、見物が先を争ってこれを奪い取るのである。

舞戸飾りつけの様式

以上をもって祭場の飾りつけとこれが祭具の説明を終ったわけであるが、舞戸の飾りつけについては、振草系大入系によってだいたい二つの様式にわかれていた関係もあり、前の説明が祭具とあわせのべたために、充分意をつくさぬ点もあると思われるので、飾りつけのみについて今一度繰返して見る。

まず振草系でいうと、中央に竈四方に注連を張渡しそれに神名を書いた短冊をさげる。そして「ざぜち」をはりまわす。四方にそれぞれ笹と榊を重ねたて、それには八《や》っ橋《はし》、御幡《おはた》を結びさげる。四方の竹と榊の位置は、すみでなく一辺の中央であった場合もある。なお中央竈の上天には湯蓋がかざられ、それよりやや神座よりに、ほとんど区別のない間隔をもって「びやっけ」がかざられ、これから四方へ神道が引渡される。一方「びやっけ」からさがった百綱は、そのまま垂下した場合もあるが、神座に面した正位の柱に結びつけられる。なおこの位置の榊は、ほかにくらべていくぶん大きかったことである。その他一般信者からの、一力の「びやっけ」と湯蓋がおびただしく天井をおおうまでにかざられ、さらに舞戸に接した神座天井には、「花そだて」の行事に用いる数十あるいは数百本の「花の御串《みくし》」がおかれてある。

以上がだいたいの状景であるが、これに対して大入系の場合でいうと、振草系とたいした変化はないが、短冊がなく、五方位の神名は御幡に記されてあったこと、方位は四隅の柱を基準とする関係上、正位の柱が神座から見て右側に片寄ること、「びやっけ」は湯蓋との間隔が振草系より大きく、神座と竈の中間上にかざられ、ことに三沢、下黒川の神道は、四方におよぶことなく、湯蓋を起点として東柱のそばの「びや

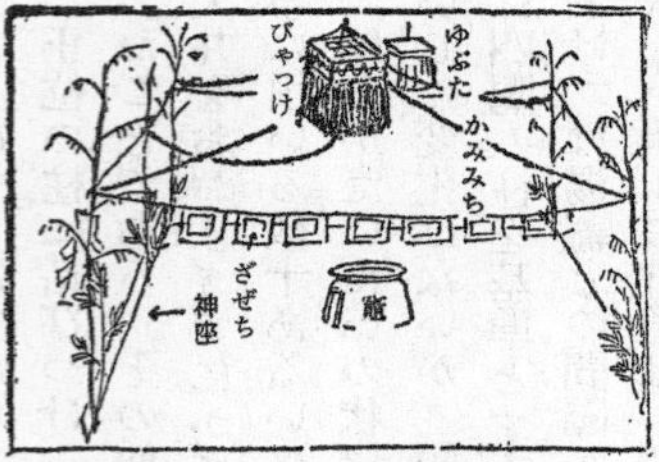

舞戸飾りつけ（振草系）

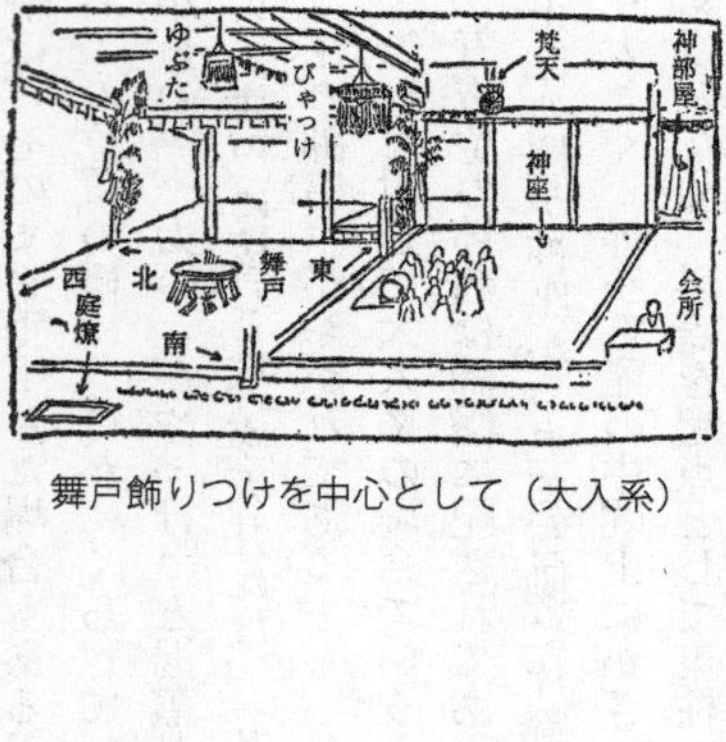

舞戸飾りつけを中心として（大入系）

っけ」に通じ、さらにこれを通過して、家の中心の柱に設けたぼでん（梵天）に通じていたことである。

神社を祭場とする場合

なおこの際、神社を祭場とする土地の、舞戸の概略をいって見ると、前とたいした変化はないが、ただ古真立の場合では、竈の傍にべつに榊のやや大なる幹が一本たっていて、これが中央の意でもあった。そしてこの榊の枝々には五色の幣がさがっている。一方下津具《しもつぐ》では竈はなくてこの榊のみである。それには五色の布が吹流しになって、中央に円鏡がかざってある。この点がことなっていたのである。ちなみに下津具に竈のないのは、明治初年以降のことで、当時代々の禰宜屋敷に世嗣《せいし》がなく、養子をしたために湯立てをおこなうことができず、やむなく廃したといっているが、これは表むきのことで裏面にはべつの理由もあったようである。

衣裳

純儀式と舞い

祭りに用いる装束は、これを純儀式と、舞いの場合とによって区別される。これには各種の形式が混交して一律にはきめがたいが、だいたいの様式は共通である。いま一二についていうこととする。なお舞衣裳については、それぞれ舞いの条にあわせのべることとするから、ここには大略にとめておく。

ゆはぎ

「ゆはぎ」はべつに「うはぎ」ともいい土地によって区別がある。現在は純儀式の場合禰宜「みやうど」が着用し、その他舞いにおいても、儀式と考えられる場合にかぎりこれをつける。祭祀を通じて基本となるべき衣裳である。形式は直垂《ひたたれ》で一種の浄衣

「さかき」着込みの背部
下は裏（振草系足込）

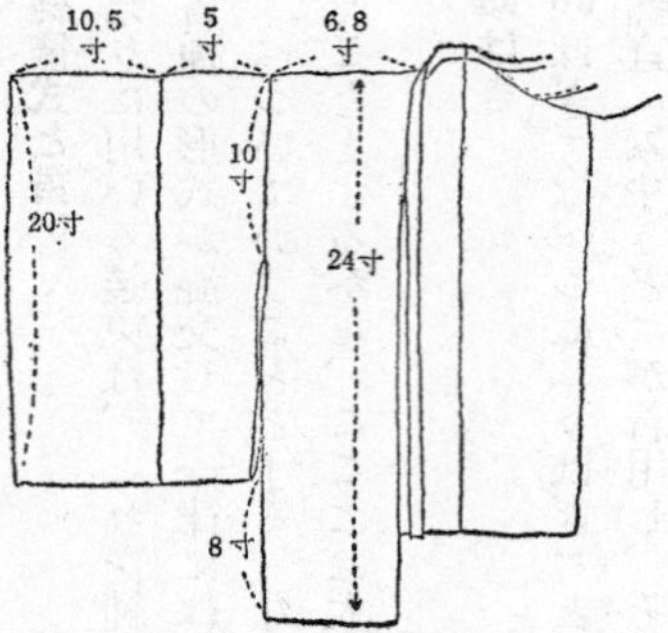

禰宜の「ゆはぎ」の一種
色浅黄無地（振草系足込）

であるから、禰宜「みやうど」の着用する物は、すべて白地木綿または白麻を用いるが、土地によっては染色のかかったものも用いる。大入系の三沢などはすべて小紋染である。または浅黄木綿をつかう土地もあり、同一の土地においてもその製作時の関係からいちようではない場合もある。

その他鬼舞をはじめ青少年の舞にも用いるが、この場合は舞いによってそれぞれ区別があり、鬼舞に着用するものは浅黄紺などの染色であるが、青少年の舞のものは多く紺地または浅黄地で、注連、熨斗《のし》、桐に鳳凰《ほうおう》、松に鶴、波に日の出、鶴亀などを美しく染出したものである。これまた製作の年代によって同一の土地でもいちようでない。

なお現今では、禰宜は多く狩衣《かりぎぬ》などを用

いていて、在来の「ゆはぎ」を使用していたものは、しだいに減少する傾向にある。

ゆかたびら

「ゆかたびら」は青少年の舞に舞子の着用するもので、形式は「ゆはぎ」からきたらしく、かりに「ゆはぎ」を上衣とすれば、「ゆかたびら」はさしずめ肌衣にあたるので、これに裁著《たっつけ》を履くのである。「ゆかたびら」は、これまた多く浅黄地、紺地などに、舞いの種類によって前いうた「ゆはぎ」のような模様を染ぬいたものである。そして舞いにより「ゆかたびら」だけの場合と、これに「ゆはぎ」を重ね着る時とあるのである。

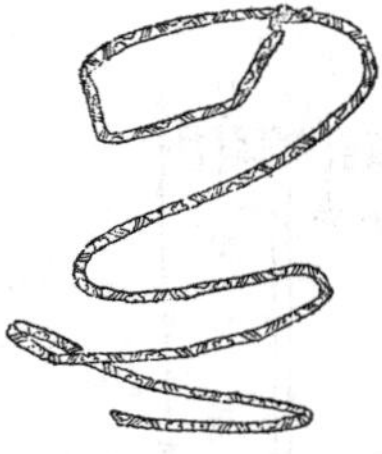
「ゆだすき」の一種
(振草系古戸)

ちはや

「ちはや」は花の舞すなわち少年の舞にかぎって用いるもので「ゆかたびら」の上にこれを着けて野袴《のばかま》をはく。しかしこれは多く振草系の風で、大入系は一二の土地をのぞくほかはすべて「ゆはぎ」と「ゆかたびら」のみである。なお「ちはや」の様式模様などは各地各様である。

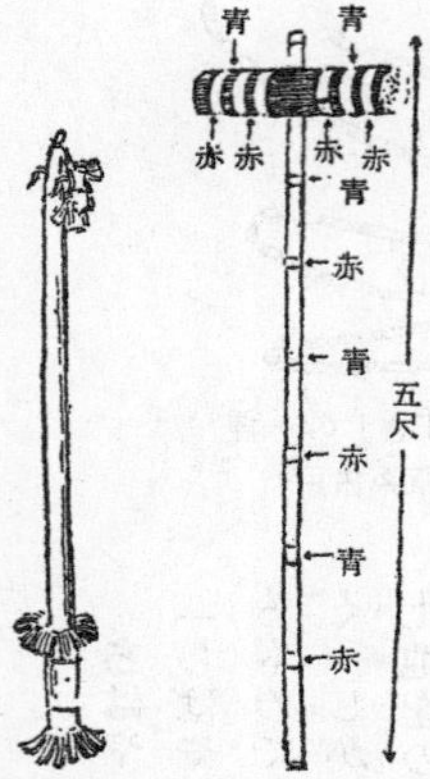

右：茂吉鬼の持つ槌の一種（振草系古戸）
左：「やちごま」の一種（大入系下津具）

襷

襷《たすき》は鬼舞の装束をはじめ、その他の舞いにも用いこれを「ゆだすき」といっている。鬼舞には鬼の着込みの上に、その他青少年の舞にはすべて「ゆかたびら」の上にこれをかける。模様はこれまたいちようでなく、小紋、更紗《さらさ》、紅木綿などきまってはいない。そしてこれの長さは青少年のものは多く八尺で、掛け方はまた土地によりことなっているが、だいたいに片襷である。

その他鉢巻、脛巾《はばき》などこれまた土地ごとにいくぶんずつ特徴がある。

舞道具

まさかり（鉞）

鬼の持物で、木製のいずれも巨大なものである。現在各所において鉞《まさかり》に装飾をほど

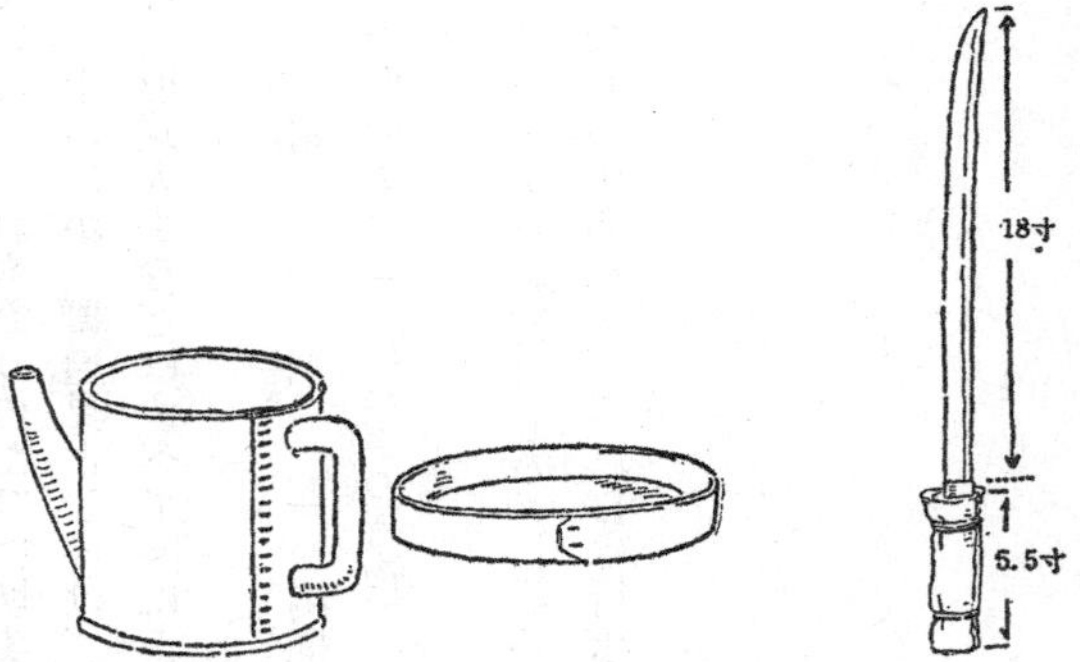

左：花の舞の湯桶と盆　色は朱塗（振草系古戸）　右：「つるぎ」の一種（振草系足込）

こすことはなかったのであるが、ただ大入系の下津具だけがこれをおこなっている。年々新しくする意をのこしたもので、祭りのたびに、五色の紙をもって鉞の柄を巻くのである。その形に各地いずれも特色がある。

槌

これは鬼舞の、俗にいう「茂吉」鬼の持物で、藁《わら》をもって作り、それに竹の柄をつけたもので、これを五色の紙をもってかざることは各所かわりない。

やちごま

青少年の舞に用いるもので、剣に対する木剣と考えられており、べつに「やちご」「ぼうづか」またただ棒ともよばれている。これも祭りのたびに切尖《きっさき》と柄に五色の装飾をする。

以上のほか、舞道具としては、左の品々があるが、いちいち説明するまでもないから、形式大小などはすべて図によることとした。

一　扇　一　剣《つるぎ》　一　湯桶《ゆとう》　一　盆　一　ひいな（おきなの持物）　一　五色の大幣（ひのねぎの持物）　一　花笠　一　鈴

このほか一般的のものとして、楽（太鼓）、笛などをはじめ、神下し祓《はら》いなどに必要なものがあるが、これらは行事説明の項にゆずる。

儀式的行事

記述の順序

儀式的行事は祭祀《さいし》の目的である全部の行事をさすわけであるが、ここでは一般に純儀式すなわち神事と考えているものを中心とする。

第一日の祭祀

行事開始より「かたなだて」まで

第一日の行事開始から「かたなだて」に至る間は、土地により、それぞれ土地風があって、かならずしも一律ではない、しかも行事においてもいくぶんの異同はあるが、だいたいにおいては同じである。

はまみず迎え

禊ぎの料

行事のもっともはじめにくるもので、禰宜《ねぎ》はあらかじめ定められた地内の滝に至り禊《みそ》ぎをなし、用意の桶《おけ》に水を迎えてくる。これをはまみずといい祭りの根本となるものでつまり湯立ての料である。ちなみに花祭のおこなわれていた土地には、地内にかならずこれを迎える場所があったのである。なお大入《おおにゅう》系の古真立《こまたて》などでは年々役がきまっていて、年番となった者二名は、二里余をへだてた天龍《てんりゅう》川に至り、定めの場所でまず水浴をして迎えてくる。また以前は「はまずな」迎えと称し砂をとってくるもあった。

へつい（竈）清め

竈を築く

「はまみず」を迎える一方、花宿の土間、のちに舞戸となる場所に、新しく竈《かまど》を築き釜をおき、これにまず「はまみず」をいれ、それにふつうの水をまし加えて湯をわかし、湯立てをする。湯立ては禰宜の役でこれに関係者一同つきしたがうのである。その作法はまず禰宜以下笹をたばねた「ゆたぶさ」をとり、次第一通りをおこなってから湯の一部を清めの桶に移し、これをもって屋敷の祓《はら》いをする。湯立てはすべて秘法とされていて、呪文《じゅもん》をとなえ九字をきり五印を結ぶなどの次第があるが、根本となるものは「がく」すなわち音楽と歌謡である。音楽は笛と太鼓で、歌謡を「うたぐら」と称している。このときの「うたぐら」は、湯立てに至るまでに材料として選ばれたものの、神聖であることの由縁をといたもので、たとえば竈を築いた石から、土から、焚《た》く榾《ほた》の末に至るまでを残らずかぞえ上げたものである。この「うたぐら」を「こぎ」といい、つぎつぎにかぞえたてるを「ひろふ」という。なお「こぎひろい」の歌詞はべつに歌謡の条にしめす。

しめおろし

花宿の定め

「しめおろし」は湯立てに引続いておこなわれる。屋敷のはらいがすむと同時に、全部の出入口に注連《しめ》縄を張りわたし、門口の両脇に高く笹をたてる。「しめおろし」は、現今ではおおく、神勧請《かんじょう》の意に考えられているが、この場合は、注連縄をはって他の場所――外界――との区劃《くかく》をする意で、花宿たる定めの第一歩である。これより花宿ではいっさいの不浄をさけ、精進にはいったのである。

これまでの行事は、以前はかならず祭祀七日前におこなったのであるが、現今ではいずれの土地も、三日前すなわち行事日程にある第五日の「かたなだて」当日におこなったのである。

稽古はじめ

役割り

「しめおろし」を限界に花宿はもちろん、舞子をはじめ関係者はすべて精進にはいり、その日から舞いの稽古《けいこ》にとりかかったのであるが、その前にまず役割りをする。

役割りは現在各所区々《まちまち》におこなわれているが、古式をのこした土地からいってみると、大入系の三沢《みさわ》では、当日朝幣《ぬさ》取りがまず屋敷裏に祀《まつ》ってある「いづの（飯綱）八天狗《てんぐ》」の祠《ほこら》に参詣《さんけい》して、例年のように祭祀執行の旨を報告し、その夜屋敷に関係者一同を招集し、舞子の役をきめる。この場合面形を著《つ》ける舞いはあらかじめ役がきまっているから、一般青少年の参加する舞いだけである。なお土地によると（大入系上黒川《かみくろがわ》、坂宇場《さかうば》など）稽古のはじめの日に、地内に祀ってあるかうぬし（神主）の祠に参詣して、その夜花宿または禰宜屋敷に集り「かうぬし」祭りをいとなみ、後に振舞の白粥《しろがゆ》を食べ役割りをするのが以前の風であったという。役割りの方法は、以前は指名抽籤《ちゅうせん》などによることもあったというが、現今ではおおく合議制である。それには両親の有無、忌服の関係から前年との比較、これに土地によっては地理的の状況なども考慮にいれたのである。以前は役割りが決定するとそれぞれ役名を書いた紙片を渡し、一方その者の屋敷も祓《はら》いをおこない、門に注連をはって竹を両脇にたてたという。それで花の舞に出る少年などは、役名を書いた紙片をもらうことと、屋敷に竹がたち注連をはられることがなによりたのしみで、胸を躍らせたものというが、ここ二十年来そのことは止《や》んでいる。

稽古順

役割りが決定すると、その夜から稽古をはじめたのであるが、最初の日は花宿または禰宜屋敷でおこない、つぎの夜からは、舞子の屋敷を順次に巡ったのである。もちろん舞子の屋敷数と日限は一致しないから、なるべく地内に行渡るよう考慮を加えたものである。つぎに稽古であるが、これははじめて役にあたる花の舞の扇の手をつとめる者などは、三ツ舞四ツ舞などにあたる青年がもっぱら指導し、その他の盆湯桶《ゆとう》などの役もほぼこれに準じたのである。したがって前後五日間の稽古日の中、一夜一回の稽古として、これを五回くりかえすのは、花の舞にあたる少年位のもので、その他の者はすでに心得もあり、年少の者の振つけの暇を見て、二三回もおこなえばせいぜいである。

以前は稽古もとくに厳重で、舞子は花の舞の者をのぞいては、一切家庭との交渉をたち、一定の屋敷に起居して厳重な精進と監督を受けたもので、これが指導にあたる者を部屋頭と称し、とくに舞いに堪能の者が選ばれたのであるが、現在ではこの風は大分緩和されていたようである。話が余事にわたるが、ここ四五十年前までは、この稽古中の精進潔斎はことに厳重で、振草《ふりくさ》系の某村など、舞子の一人が夜間ひそかに宿を抜出して家庭に帰ったため、たちまち身に不浄を受けて、災難をまねいたなどの話がある。したがって禰宜「みやうど」の潔斎もまた同じで、現今でも律義深い者は朝夕垢離《こり》をとり、ひたすら不浄のかかるをおそれたのである。なお前にいい残したが、稽古の際、各所共通に夜食として、白粥をたいてたべたのである。

かたなだて

役揃い

「かたなだて」すなわち第一日の祭祀を、土地によっては（大入系三沢、古真立）役ぞろいといっている。あるいはこの称呼が「みやならし」すなわち第二日の祭祀に対して、かえってふさわしいかと思う。「かたなだて」は、本来祭りの中心となる「きりくさ」はじめの意であるが、ひいては当日の行事全般をいう意にも考えられたので、したがって「かたなだて」は、役ぞろい当日の一行事であったわけである。

この行事は「みやならし」の三日前、すなわち中一日おいた日で、稽古をはじめてから、五日目の夜にあたるのである。それぞれきめられた場所に関係者一同集り、祭祀に用いる面形をはじめ祭具なども迎えいれ、座敷——神部屋——にならべ祀る。現今では前いった竈清め以下の行事をことごとくこの日にあわせおこなうので、それが終ると一同夕食の膳につき、いよいよ第一の「きりくさ」「かたなだて」の行事にはいるのである。なおこの日禰宜屋敷または花宿の縁者はまねかれて席につらなることがある。

「きりくさ」始め

「きりくさ」はこの場合は祭具ことに幣帛《へいはく》のことである。禰宜の役で、第一に神の依《よ》代《しろ》となる幣を切る。その次第は、部屋の中央に新筵《あらむしろ》をしき、その上に裁板《たちいた》をおく、これを「かきいた」という。「かきいた」に小刀をおき、それに白紙と串《くし》に用いる竹をそえる。禰宜についで「みやうど」以下一同着席すると、禰宜はまず「かきいた」の前に進み、小刀をとりいただき（この前に九字五印を結ぶなどの作法がある）つぎの歌詞をとなえる。

手にとりし剣《つるぎ》をなんといふやらん　文珠の利剣不動倶利伽羅

つぎに白紙をひきよせ

神世をばかみでおさむるものぞかし　幣になりてもかみの姿ぞ

となえおわって第一の刀をいれる。このときまず一片を切り取り、ただちに取って「かきいた」の端にそえ立てて祀る。これを「きりはぎだて」という、それより引きつづいて一個の幣を切りあげ、傍の串を取り

この竹は高天原に生《を》うるたけ　神のもちいに今ぞたちぬる

かくとなえ切りたる幣を串にはさみ、できあがった白幣はただちにこれを座の正面になおし、酒、米、塩を供えて祀るのである。ちなみに最初の「きりはぎだて」は、「きりくさ」の最初の刀をいれた瞬間からできあがる間までをまず祀るとしているが、これを一に切目の王子というている。なお「かたなだて」には、着席の方位なども定っていて、東を正位とするものと、戌亥《いぬい》とするものとある。しかしてとなえる歌詞も、口伝により多少の相違があって、たとえば最初刀をとる前に、まず板に向って、つぎの歌をとなえるもある。

よろこびの黄楊《つげ》の板とはこれをいう　悪魔を払うあくだらの板

これによっても判明するとおり「かたなだて」は刀立てで一種の神おろしである。なおこの場合の白幣は、当夜の依代となるもので、以下これを中心に行事が進められたのである。

神入りから神座渡り

白幣を座の正面に祀ると、禰宜がまずこれにむかって改めて祝詞をあげ、何日祭祀執行の旨を報告し、つづいてつぎの「神入り」の次第に移る。神入りはべつに神おろしとも、また「とのづけ」ともいう。その次第は、鈴と笛太鼓の拍子にてまず神入りの歌詞をとなえ、引続き五方位の「とのづけ」をなし諸神諸仏の名をとなえる、これを一に「神ひろい」というている。「神ひろい」がおわると禰宜の手より、それぞれ舞道具を「みやうど」はじめ舞子一同に渡し、禰宜は中心である白幣を捧《ささ》げて先登にたち、拍子にあわせて神入りの歌詞をくりかえしながら、神部屋から神座へと渡るのである。なお土地によると、神座わたりの際、一旦舞戸にさがり、竈をめぐって神座に落つくこともある。このときくりかえす歌詞はつぎのようなものである。

いりませやいかなる神も入りそめて　入りての後は神やかやさな

ちなみに神いりのしだいは、「みやならし」当日の神いりと同一であるが、この時はまだ祭具舞道具なども、全部ととのわぬため型だけをおこなうのである。なお大入系の御園《みその》、西薗目《にしそのめ》などでは、この場合さかんに押合い揉《もみ》合うことがある。しかして同所ではその間に禰宜が湯立てをおこなうのである。かく揉合うことは、他の土地の神入りにも、いくぶん痕跡《こんせき》は認められる。

舞い

神入りから神座わたりがすむと、引続いてつぎの次第の舞いにはいるのである。舞いの種目は、すべて「みやならし」すなわち第二日の祭祀と同一であるからその条にゆずるとする。ただこの場合の特色としては、「みやならし」には、すべて同一の型を三回宛くりかえすに対して、これはことごとく一回であること、その他一部の土地をのぞくほかは、本格に衣裳《いしょう》をつけまたは面形をもちいるのは、二三の種目にかぎられていて、その他はすべて略している。現在「みやならし」と同一に衣裳面形などを用いているのは、大入系の三沢位のものである。

本格に勤める舞い

三沢をべつにして「かたなだて」のばあいに、本格に衣裳または面形をつけてつとめる種目を比較して見ると、各所共通点もあるが、そういってかならずしも一定せぬ。またその年の状況によってべつにさし加えることもあるから、これらはすべて重要と考えたものをえらんで、他は省略したものと解せられる。これは当日を一に役ぞろいと称した点から考えられるのである。しかして他の多くの舞いは平服のままで、ただ面形をつける役だけが「ゆはぎ」をつける程度である。したがってこれをたんなる稽古あげとも解していたのである。今その種目について三五の土地を比較すると次頁のようである。

地固めの舞

「かたなだて」に本格の衣裳でつとめる舞いは、青少年の舞で、まず各所共通に地固めの舞をえらんでいる。もちろん一二他の種目も加わるが、これだけはかならず出す。このことは前にもいったように、舞いの重要性からみてえらんだものらしいが、一面には本楽に対する役ぞろい、すなわち第二日に対する第一日の祭祀が、地固めの舞に対してとくに重要性をみとめていたとも考えられる。なおその中で、扇の手「つるぎ」の手にわかれていたことは、それぞれの手に対する土地土地の解釈からきたらしい。

地名＼種目	青少年の舞	面形による舞
振草系 中在家	市の舞。地固めの舞扇の手。	さかきの舞
同 粟代	花の舞扇の手。地固めの舞扇の手。	さかきの舞
同 足込	地固めの舞つるぎの手。	やまわりの舞
大入系 御園	地固めの舞つるぎの手。	やまみの舞
同 下津具	花の舞扇の手。地固めの舞つるぎの手。	やまみの舞
同 古真立	花の舞。地固めの舞。三ツ舞。四ツ舞。各一手。	なし

「やまみ」の舞

一方面形を用いる舞で、本格に仕度《したく》をするものでは「やまみ」か「さかき」のいずれかである。これまた重要とした結果であるらしいが、この二者を比較したばあい、一般的に重要としていたのは「さかき」で、「やまみ」はいずれかといえば第二位に考えられていた。太郎坊に対する次郎坊、男性に対する女性、阿《あ》に対する呍《うん》とする思想は各所共通であるが、しかも第二位であるはずの「やまみ」をえらんでいて、むしろ「さかき」をえらんだ土地の方がすくないのである。これはすべて「やまみ」に対するひとつの伝承のあらわれとも思われる。

「かたなだて」の中心は「やまみ」

「かたなだて」に「やまみ」が本格につとめることについてひとつのいいつたえがある。振草系の古戸をはじめ大入系の下黒川、下津具《しもつぐ》などでもっぱらいっていることであるが「みやならし」には「さかき」が主位、「かたなだて」には「やまみ」が主格であるという。問題はただそれだけで、「みやならし」の「さかき」に反閇《へんべ》の式があるように「かたなだて」の「やまみ」が特別の行事があるわけではない。したがって解釈によっては、もともと二者対立のものと考えていた慣習上、たまたま「やまみ」が本格につとめたところから、こうした言いつたえが生じたともいえるが、いずれかというとこれは、「やまみ」と「さかき」の出現の時期を暗示したもので、二者対立的のものではあるが、これが出現にあらかじめ約束があったとする結果になる。このことはひいて両者の持つ本来の意義に関連したかと思われるが、事実「やまみ」は「さかき」よりもかならず前に出るのである。これに対して一方の「さかき」を主格としていた土地は、たんに重要と考えたものをえらぶとする習慣性からきたものと解せられるが、ひいてはそれだけの理由のみでなく、「さかき」を第一位のものと考えるに至った根本の動機も影響したかと思われる。

「かたなだて」対「みやならし」

第一日の祭祀――「かたなだて」――と第二日――「みやならし」――の関係について、現在各所の伝承によると、第一日の祭祀をたんなる稽古あげの意に解していた一方に、第二日の祭祀――「みやならし」――に対して、かくのごとく勤め奉るとの、誓約の意がふくまれているという。かくのごとく、村々の伝承には、かんたんにどうこうとのみは決められない、さまざまな意義を、ひとつの行事なり言葉の上にも考えていたのである。

「かたなだて」当日の依代

「かたなだて」の当日、これが中心となった依代は、行事終了後、その家の奥座敷すなわち神部屋にまつり、「みやならし」当日まで、他の面形などと共に供物を供え祀っておく。一方「かたなだて」をべつの祭場でおこなう場合、すなわち禰宜屋敷などでおこなう土地は「みやならし」当日に、あらためてその場所へわたるのである。

「かたなだて」と高嶺《たかね》祭り

古戸白山の高嶺祭り

第一日の祭祀「かたなだて」の次第は、以上のべたごとくであるが、これには特別の例がある。あるいはこのことが、以前の様式をのこしたものとも考えられる。それは振草系古戸《ふっと》における明治初年期までの慣習である。高嶺祭りは行事次第にもあり、一方振草系の各所には、これをべつに日をきめておこなっていて、青少年の舞の一部と、「やまみ」または「さかき」の舞がある。これが花祭に直接交渉をもつことは、まだじゅうぶん認められぬが、古戸の事実だけでいうと、密接な関係があったようである。

現在同所の花祭は、十二月十日であるが、これは近世あらためたもので、以前は陰暦十一月十五日であった。そうしてこの日に関連して、月の七日から十三日までべつに高嶺祭りがあったのである。

高嶺祭りは現在は花祭とは関係なくなって、たんに閏年《うるうどし》ごとにおこなわれている。一に、「たかねさま」または天狗を祭るともいい、地内七組から代表が出て、村の西北方にそびえた白山《しらやま》の嶺に登り、そこに祀られている、白山妙理大権現社殿内の帳屋に、七日間の参籠《さんろう》をする。しかして、栗、榧《かや》、蕎麦餅《そばもち》、野老《ところ》、御幣餅などをそなえて厳重な潔斎のことがある。なお白山は海抜千米《メートル》近い峻嶮《しゅんけん》な山で、頂上に近く懸崖《けんがい》をようして社殿がある。社殿からさらに一町ほど登った地点に、聖小屋《ひじりごや》または岩小屋というところがあり、そこに奥宮として俗に「ひじりさま」と称する一間四方程の祠《ほこら》がある。

伝説によると、昔この「ひじりさま」が白山権現の像を負い来りこの地に祀ったものといい、今ある御神体は、実見者の説には、高さ三尺程の騎馬木像とのことである。これに対して一方「ひじりさま」の本体は、釘《くぎ》づけの厨子《ずし》におさまっている直径二寸位の玉で、きわめて重い、質は石であろうという。これは同じような玉が祠の中におよそ四五十個程あり、年によりいずれが御本体かきめがたいが、禰宜だけには年ごとにわかるともいう。実をいうと自分はこの玉を一見すべく祠を訪れたが、祭祀以外の折とて、ついに目的をはたさなかった。

玉をはやす

白山社殿の帳屋内に、七日間の参籠がおわって、十三日すなわち満願の日に、前いった玉をささげて禰宜の舞がある。これを一に「玉をはやす」といい、玉は白木の三宝におさめ下に榊《さかき》の葉をしき、上を袱紗《ふくさ》でおおっている。舞いはいわゆる五方の舞で、つぎのような祭文がある。

東方や観音の浄土でめぐり逢《あ》ふ　南方や薬師の浄土でめぐり逢ふ
西方や弥陀の浄土でめぐり逢ふ　北方や釈迦の浄土でめぐり逢ふ
中央や大日浄土でめぐり逢ふ

つぎに

聖《ひじり》はまことのきやう聖　袈裟《けさ》をば肩にかい掛けて
蓮華《れんげ》の花を笠《かさ》に着て　同じ蓮華を杖《つえ》につき
夜は岩屋に只《ただ》一人　朝は日の出の行をする
神の稚児《わかご》を中に置き　めぐりめぐりてせしおとす

なおこれに引続いて以前は花祭の舞いの中の、三ツ舞あるいは四ツ舞の一折りがあったともいう。

一方この参籠には、各地から信者がさっとうする、それでこの人びとに対して地内当番の青年は、すべて炊餐沐浴《すいさんもくよく》など接待の義務があるが、なにぶん水利にとぼしい山頂のことではあり、想像以上の多忙困苦をきわめたといっている。しかも参籠の帳屋は、社殿に接続した建物で、中央に炉をきり、窓もろくろくないもので、その中にあって、七日の間夜間はお互が悪態のあるかぎりを吐く、いわゆる悪態祭りでもあった。

かくして最後の日の玉の舞がおわると、御輿《みこし》を奉じて山をくだり、その夜は花宿に落ちつき、ここで「かたなだて」の次第がおこなわれた。これをようするに、白山の参籠から、玉の舞「かたなだて」と、それぞれ関連があったが、現在では花祭と白山の祭りは、日時の関係などから二者べつになってしまった。しいて関連をもとめれば、花祭の行事間に、一部の者が参詣する位のものである。

第二日の祭祀

さいかづくり

祭具の製作手入

「さいか」はまた「せいかづくり」ともいう。面の彩色、祭具の製作手入に対する呼び名であるらしいが、第二日の祭祀――「みやならし」――に対する、すべての準備の意に解釈されている。「かたなだて」の翌日は、一日休養であるが、各種の雑務があるので、おおくの場合、午後から出て準備にあたる。さていよいよ当日となると、早朝から出そろって祭場の施設をはじめ、いっさいの祭具の調製手入にあたる、これが「さいかづくり」である。この折の祭場の多忙混雑は想像外で、板をけずる者、薪《まき》を運ぶ者、たきだしをするもの、家財を取片づけるものなど、右往左往する中に、一方では座敷の隅で注連を綯《な》い、草履草鞋《わらじ》の類を調える、五色の紙をひろげて「きりくさ」をするもの、串を作るもの、糊《のり》を煮、面形舞道具の手入装飾など、家中をあげて、足の踏場もないほどの混雑さである。一方にはまた祭場を中心に、各種の露店が出るので、それらの店が石垣により軒にそって、酒店、御幣餅、菓子屋、玩具屋と、同じように準備を急ぐのである。こうして一通り準備がととのうと、一方ではもう儀式がはじめられる。

準備すべき祭具

「さいかづくり」に新調せられる祭具は、べつに祭具の条にいった以外に、左のようなものがある。

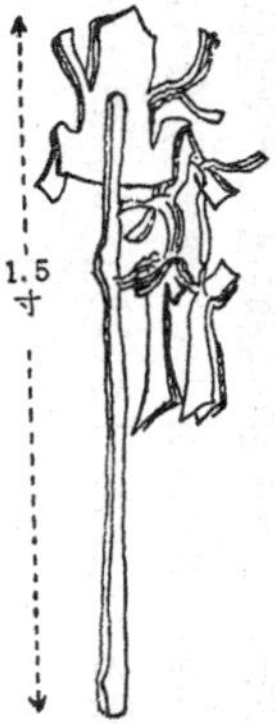

「はらい幣」の一種
（振草系小林）

一　剣鉾一組　木製「天の祭り」に使用　一　五色の幣五本　同

一　さしおんべ二本　竃ばらいに使用　一　鬼門「びうち」の幣

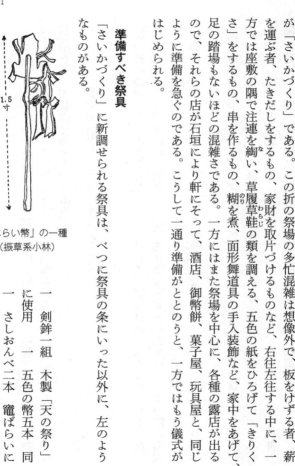

一　白幣五色幣　数本　一　祓幣　数本　一「ゆたぶさ」数個

その他「つじがため」高嶺祭りの幣梵天をはじめ、草履、草鞋、筵《むしろ》の類から供物の「ごす壺《つぼ》」、膳箸《はし》などすべて新調である。なお面形の鬚髪から、舞道具にも、それぞれ五色紙をもって装飾を加えるのである。

儀式開始より舞いにはいるまで

じょうび（上日）

第一日の祭祀――「かたなだて」――に対して、第二日の「みやならし」当日を、べつに「じょうび」といい、祭りの中心であり根本と考えられている。この間の儀式次第は、神勧請を中心としておこなわれるもので、その過程としての祭場の浄化、祭りにあたる人びとの、神人としての最後の階梯《かいてい》をなす式が、まずおこなわれたのである。

以下概略をいって見ると、まず祭場の祓い、かざりつけをなし、振草系ならば「門じめ」の次第があって、一方禰宜をはじめ祭りにあたる者は、地内の滝に行ってみそぎをなし、かえると食膳につく、これを「いりたち」という。つぎに神下しで氏神の御輿を迎える一方、神部屋に一同乗り、禰宜を中心に神下しの次第があり、神座にわたる。神座にわたると、ここで振草系ならば切目の王子勧請のことがあり、その一方天《あま》の祭りがある。つぎに大入系ならば座直りであるが、振草系では「さうかいむかひ」のことがある。これと前後して、神座および舞戸に「しめおろし」があり、山立て、島祭り「なりもの」などの次第があって、つぎに禰宜の竈ばらいに移る。竈ばらいがすむと、「とうごばやし」「しきばやし」など一通り形式的な「うたぐら」の唱和があり、それがおわると竈の前に筵または菰《こも》をしいて楽の舞があり、「しきさんば」「みかぐら」などのことがあって、いよいよ中心行事の最初である地固めの舞にはいる。

以上が舞いにはいるまでの行事の概略である。以下それぞれの次第にはいるのであるが、説明の便宜上、前にいった振草系月《つき》、大入系下黒川の次第中、行事の多い月を主とし、下黒川をあわせ、同時に各所の事実をいうこととする。

うちきよめ

祭場の祓い

祭場すなわち花宿の祓い清めで、禰宜「みやうど」の行事である。たいていは当日朝「さいかづくり」にはいる前におこなうもので、その次第は湯桶に「はまみず」をいれ、これに塩を加え「ゆたぶさ」にて振掛けながら、左の歌詞をとなえて部屋々々をまわる。

七滝や八滝の水をくみあげて　ひごろのけがれ今ぞきよむる　清むとて　やうだの潮でななた清むる

滝ばらい

禊ぎの式

滝ばらいには現在ではほぼふたつの意味がある。一は祭りにあたる者が、滝に行ってみそぎをすること、一はその後でその水をうつし迎えて来る。祭祀はじめの「はまみず」迎えの式をあわせていたのである。その次第は、禰宜はまず滝にむかって滝祭りの祝詞をあげ、供物を献じ祓銭《はらいせん》を投げ、おわって滝を中心に滝壺に注連をはりわたす、そこで「みやうど」はじめ舞子一同が垢離を取るのである。滝の状況と、各人の習慣によって、たんに顔を洗いうがいをするに過ぎぬ場合もある。このことは現在はとかく簡略化された土地が多い。なお振草系の土地では、この場合各人が水を一口宛飲むことがある。

高嶺（たかね）祭り

かどじめ（門〆）の一部行事

高嶺祭りは祭場（花宿）を中心にして、さだめられた地域内に区劃《くかく》をもうける「かどじめ」の一部行事で、これを一に四方門を打つともいう。祭場すなわち花宿の戌亥にあたってなるべく小高い地点をえらんで、そこに棚をもうけ幣をたて（梵天の場合もある）供物をそなえる。この次第を一に天狗《てんぐ》祭、または荒神祭ともいっている。

つじがため

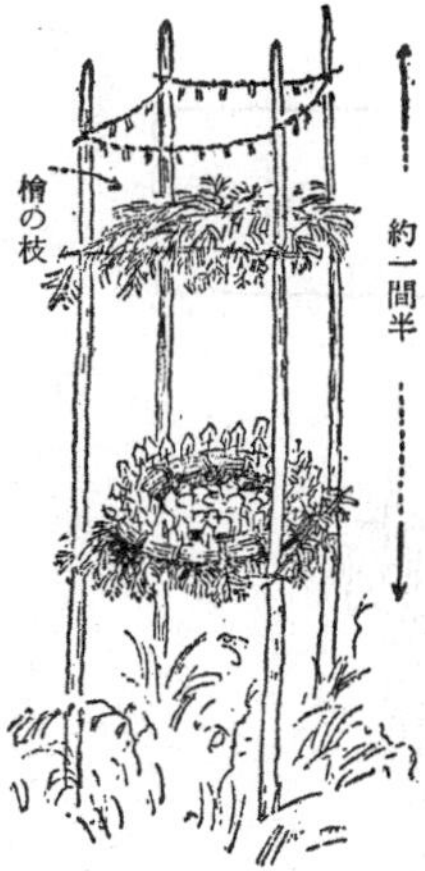

高嶺祭りの一種（振草系足込）

地上の諸霊を防ぎ祀る

つじがため（辻固め）は、高嶺祭りと同時におこなわれるもので、この二者をあわせて「かどじめ」という。よって高嶺祭りを戌亥の方角で行えば、これは辰巳《たつみ》である。しかしこれは祭場の位置と状況によって、逆におこなうばあいもあり、位置は

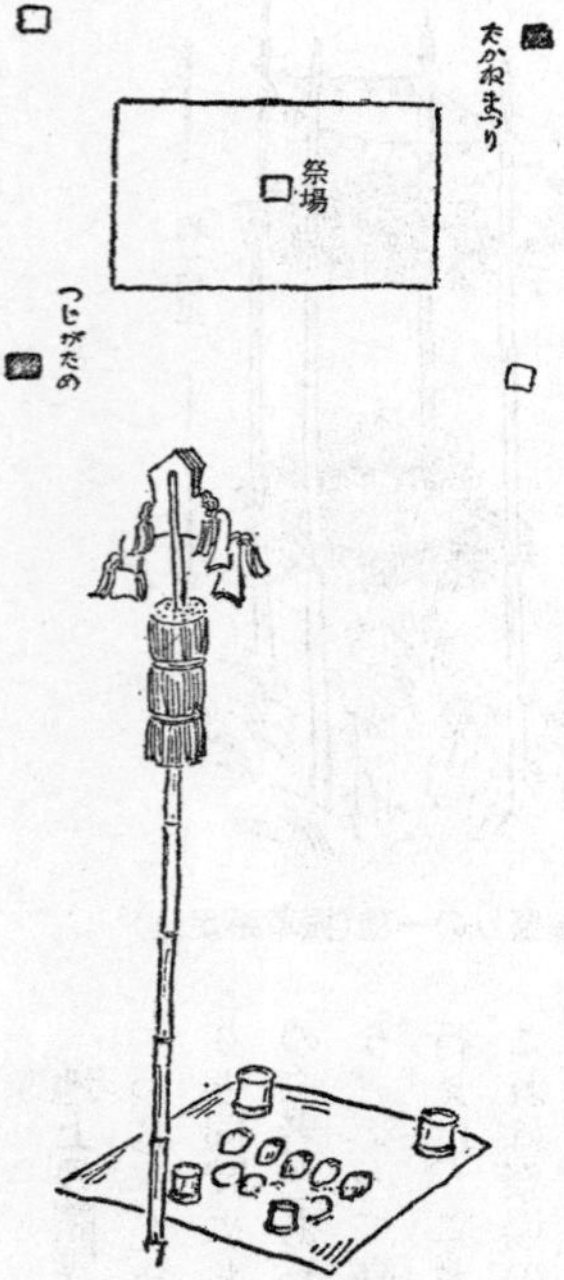

「つじがため」の一形式（振草系下粟代）

確定的のものではない。「つじがため」は、高嶺祭りがすべて上空すなわち中有から来る諸霊をまつると考えていたに対して、これは地上の諸霊をここに防ぎ祀ると考えられていて、そこに幣をたて、同じく供物をそなえる。なお最後に二者ともに五方位にむかって投餅のことがある。

神入り

神入りの基調

神入りの次第は前いった「かたなだて」のばあいと同一で、神々を請《しょう》じいれる式であるが、これが根本であり基調となるものは、やはり楽すなわち音楽と歌謡であり、これに酒が加わったのである。この三者によって神々の来臨をうながすのが神いりの式であった。

各種の称呼

神入りの次第は、各所でいくぶんずつ形式がことなっていただけに、それに対するよびかたもまた区々である。たとえば神いりの語は一般的であるが、べつに神下し、神渡り「とのいり」「とのづけ」「しめおろし」ともいい、さらに儀式の部分的内容から来た、神迎え、神ひろいなどの称もまた同一意義と考えられていた。しかして一方には、行事の順序からいって、この時をべつに花を開くともいったのである。

神入りの対照神

神いりの対照となる神は、いわゆる八百萬《やおよろず》の神であって、あらゆる神仏と考えられているが、これには元は中心となる神があったもので、諸神諸仏はそれに随従せるものであったらしい。よって儀式の次第から判断すると、みるめ（見目）と称する神である。見目は祭りの中心と考えられた神で、引続いて勧請されるきるめ（切目）神と対立するものであった。しかし現在では、土地によって（おもに大入系）神入りの対照となる神の中心は氏神で、これに諸神諸仏を考えていたようである。しかして神入りの称はあまり用いず「しめおろし」または神下しといっている。

また振草系の古戸などでは、神いりは祭りの面形を迎えいれる式と考えていたようで、べつに「とのいり」ともいい、他の土地で神下しまたは「しめおろし」の称を用いる式は、「とのづけ」といっている。そうかと思うと、神入りは、神下しの一方に祭りに関与する者の、神人の資格をもってはじめて式に参列する場合の意味にも考えている。これが解釈は土地によって区々で、したがって称呼においてもそれぞれことなっていたのであるが、神下しすなわち神勧請の第一義とすることにはかわりはなかった。

かくのごとく、土地により前後の状況などから、称呼次第においてもことなっていたのである。よって各所におこなわれていた行事の内容と称呼を綜合すると、ほぼつぎのごとき順序と次第が含まれていた結果となる。

一　神迎え　　二　神入りまたは神渡り（しめおろし）　　三　とのづけ（殿附）

四　神ひろい　　五　神座渡り

ほぼこれだけの内容を、一括して神いりまたは神わたりなど、その他前にいった各種の称でよんでいたわけである。しかしてこれに参与するのは、禰宜「みやうど」をはじめ舞子の全部である。

榊をもって迎え出す

第一にまず神迎えの式からいうこととして、これを厳密におこなっている大入系の三沢の例で見ると、神迎えはすべて幣取りがあずかって、鍵《かぎ》取り屋敷に参向する、鍵取り屋敷にはすでに「かたなだて」（役揃い）がおこなわれた後で、面形をはじめ祭具なども準備されてあった。それで当日朝幣取りはまず自分の屋敷の裏山に祀ってある「いづの八天狗」（飯綱共）の祠に参詣し、ここにかねて神木として立っている榊から、恵方にむかった一枝を選定して伐《き》りとると、それをもって負役の者をともない鍵取り屋敷に出むく、これが第一の式である。鍵取りから面形をはじめ衣裳などを受取り、これをおのおの役の者にせおわせて祭場（花宿）へわたるのである。そうして一方その榊の枝をもって氏神の御輿をも迎え出すのである。氏神の御輿は行列を組み笛太鼓の拍子で花宿へわたる、これを「しめおろし」といっている。この時御輿をかつぐ者は、すべて榊の葉を口にふくんでいるが、この榊の葉は迎えにもっていったものである。いい残したが鍵取り屋敷から、面箱を負うてゆく者も、重要な面形をせおう者はやはり榊の葉をふくんでいたのである。この神迎えの榊は重要なもので、祭事においてもことごとく使用し、役ずみとなった後は、ふたたび元の根元へかえすという。話が余事にわたるが、この神迎えに使用した榊の切口は、後に痕《あと》がないと信じている。

神渡り

三沢の場合でいうと、神迎えに引続いて、神わたり——神いり——があったのであるが、同じ大入系でも古真立では祭りが神社でおこなわれた関係から、祭祀開始の前に「かたなだて」すなわち役ぞろいのおこなわれた禰宜屋敷から、面形をはじめ祭具などをすべて関係者がささげて神社へわたる式がある。よって同所ではこれを神わたりといっているが、神わたりの語はまことに適切だったわけである。したがって同所には当日は神迎えのことはなかった。

これに対して一方神入りの称を用いていた土地は、前にいったように、面形を請じいれ同時に氏神の御輿を迎える式と考えていて、神迎えとしては格別の儀式はなかった。なおこれに対して「しめおろし」の称を用いていたことであるが、これは渡御を迎えると同時に、その場に四方に注連をはりわたして、他との交渉をかぎることから、かくいったものらしい、しかし現今では氏神の社殿から御輿を奉じ下ることを、何物かをおろし来るごとくにも考えていたのである。

とのづけ（殿附）

「とのづけ」は神入りを一に「とのいり」または「へやいり」といったことに関連する語で、神々を勧請して、それぞれ東南西北中央の五方位に位づけることと考え、あるいは五方位の神々をはじめ、諸神諸仏をその位置に位づけるとも考えていた。したがってつぎの「神ひろい」と一続きである。「とのづけ」の祭文を（振草系中在家）口伝欄から一部引用して見る。なお祭文の唱和はすべて楽拍子――音楽――によったのである。

再拝々々とうやまってこの御所で八百萬の御神様を拝み開き殿附け勧請申也（中略）　謹請《きんぜい》東方大神太郎の御神　謹請南方大神次郎の御神　謹請西方大神三郎の御神　謹請北方大神四郎の御神　謹請中央大神五郎の姫宮かみの守護神一社ももらさずかの御所で拝み開き殿づけ勤請申也（下略）

以下諸神諸仏を同様にとなえてゆくのでこれがすなわち「神ひろい」である。これを儀式的に見ると「神ひろい」は神勧請の祭文に附随した神名帳のとなえで、大神か

神部屋より神座へ渡る
（振草系下粟代）

ら小神へとつぎつぎに読あげてゆく。今前の神入りからの次第を、ひととおりいってみる。

神入りから「神ひろい」へ

神入りの前には、禰宜みようどをはじめ舞子一同、滝祓いをなし面形幣帛をはじめ祭具をかざった神部屋に着席、禰宜はたって、それぞれ酒供物をささげ、九字護身法をおこなう。はじめに二拍子の拍子がはいり、それにつれて諸神諸仏勧請の祭文があり、神下しの歌詞をとなえる。つづいて「とのづけ」にはいり「神ひろい」となる。「神ひろい」には、一節ごとに神入りの歌詞をくりかえす。これがひととおりおわると禰宜は立ってかざってある祭具を取って、ひとつひとつみようど舞子一同へ手わたしする。全部わたしおわると、禰宜が中心である大幣《もとばな》をささげ、行列をととのえて神部屋を出て神座へわたるのである。

神座渡り

神座わたりは神部屋から神座へわたる式で、このときの行列の順序《じゅんだて》は当夜の依代たる大幣を禰宜がささげて先登にたち、第二剣鉾、第三五色の大幣、第四さしおんべ、第五鬼門びうちの幣の順で、第六からは舞子一同が、それぞれ舞道具をもってつづくのである。その間各自手にした祭具を、胸と水平にささげ、拍子にあわせて体を左右にゆりながら神いりの歌詞をとなえる。このときの歌詞は「かたなだて」の場合のものと同一で「いりませやいかなる神も云々《うんぬん》」のものである。これをくりかえしながら神座へわたり、右まわりに神座を三回めぐる、これと同時に一方楽の座も共に神座になおるのである。神座を三回めぐりおわると、当夜の依代たる大幣を神座に残し（これはおかぬ土地もある）五色の幣と剣鉾は、禰宜が持ってそのまま屋根裏にあがり、天の祭りにとりかかる。他の者は一旦解散して、祭具などはふたたび神部屋にもちかえるもあり、また土地によっては一部を神座の湯棚などにのせておく。これで神々は神座へわたったこととなり、神部屋は事実上仕度部屋となるのである。ちなみにこの神いり神わたりは、午後六時前後におこなわれるので、行事開始前に一同膳につき食事をして着手する、これを「いりたち」といい、土地によっては、また花を開くともいったのである。

きるめ（切目）の王子

酒と銭をもって勧請

神入りの次第がすむと、すぐに切目の王子の勧請である。この間禰宜の一人は、天井裏にあがって、天の祭りをおこなっているのである。切目の王子は前いったように

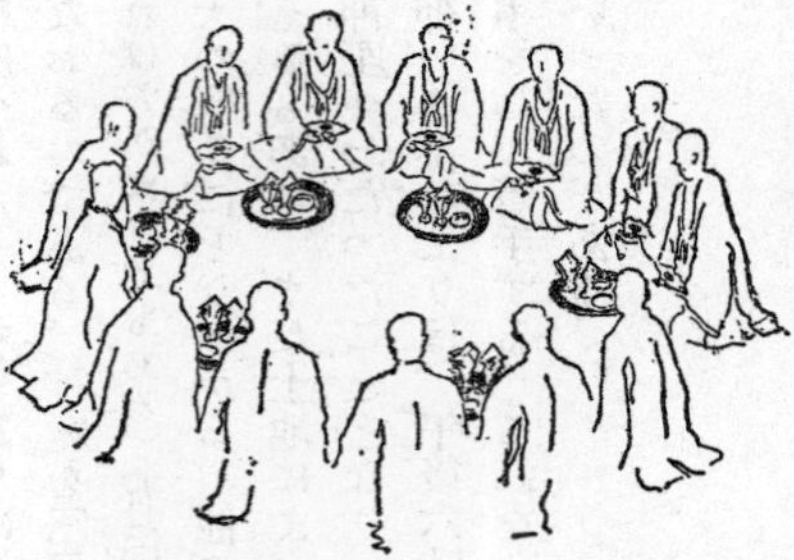

「きるめの王子」勧請（振草系下粟代）

同　膳

みるめ（見目）と対立してもっとも重要な神と考えられているもので、土地によると（振草系小林《こばやし》）短冊に切目の王子見目の王子と書いて、神座に祀っておくのである。いかなる由来によってこれを重要とするか、共にいい伝えもはっきりせぬが、切目の王子はただ熊野《くまの》三社に関係の深い、紀伊日高郡切目の荘の祭神と関係することは、想像されるのである。さてこれが勧請の次第は、まず神座に禰宜「みやうど」舞子全部円形に座につき、各人の前に盆をおき、それに盃《さかずき》と、べつに祓銭として、各自幾干《いくばく》の銭を白紙に包みそなえ、盃には神酒をそそぐ。かくして拍子《ひょうし》につれて諸神諸仏勧請の祭文をとなえ、神名の一節おわるたびに、つぎの文句を拍子にあわせてとなえながら、手にした紙縒《こより》を盃にひたし、一旦いただいては、体を前後にゆりながら胸にそそぎかける。

おりいで花の　切目の王子　ごすごりやう　　まゐらするには　みいぐちなる
おみきこしめせ　玉の明神

これをとなえのままにいってみると

オリイデハナノ　キルメノオウジ　ゴースゴーリヤウ　　マーイラスルニハ　ミ

ーグチナール　オーミキコシメセ　ターマノミョージン

ちなみにこのとき用いる紙縒は、「かたなだて」の折の「きりくさ」の一部で作るのである。なお拍子《ひょうし》にあわせて酒を体にそそぐ態度は、あたかもオーケストラの指揮棒のごとく、白き紙縒を体とともに前後にふるのである。

あま（天）の祭り

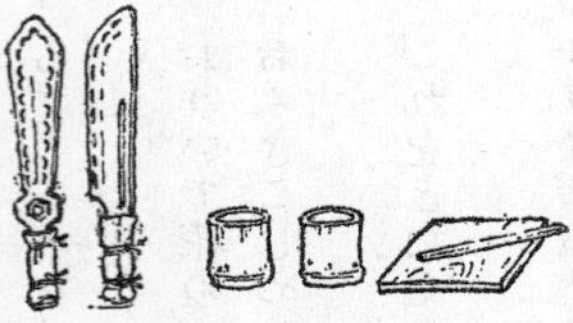

天の祭りの祭具
（右より膳と箸、ごす壺、鉾）

棟祭り

天の祭りは、べつに棟祭りともいう。順序としては神座わたりのつぎで、切目の王子勧請の一方で行われたのである。花宿の天井裏に棚をもうけ、神座わたりにもって来た五色の幣、剣鉾をかざり、七十五の膳をそなえ、燈明をあげ祭る。膳はそぎ板のごく粗末なもので、それに供物として、酒・榧・栗・野老・芋・蕎麦・餅などを盛る。ひととおり儀式がおわると同時に投餅をする。しかして翌日祭事終了まで、二人の者がいて燈明の世話をする、これを天の番という。ちなみにこの場合の幣と剣鉾は、のちに棟木に結びつけておくのである。

しめおろし

注連を張る儀式

このばあいの「しめおろし」は、神座に対する意とも、また舞戸をふくむ意にも考えられているが、行事はおおく神座でおこなわれる。その次第は禰宜「みようど」それぞれ祓幣をもち、まず東方にむかって中央にたつ。このときの各自の位置は、禰宜は一歩離れて立ち、「みようど」は一列ないし二列にそのあとにならぶ。かくして楽拍子につれて足踏みをなし、手にせる幣を体とともに軽く前後にふりながら、つぎの歌詞をとなえる。となえ方はすべて「うたぐら」のちょうしである。

しめおろし（振草系月）

注連おろし　下すさとさに千早振　　ちはふる神
のまへとなるらん　　東方ひがしは薬師の浄土で
注連おろし　　下すさとさに千早振　　ちはふ
る神のまへとなるらん

つぎに南方観音、西方阿弥陀《あみだ》、北方釈迦《しゃか》、中央大日と、一方に三回あて順次くりかえす。この時東から順次南西北と方向をかえて、北方から逆行、東にむかってこれが中央であることは、すべて他の五方位のばあいとおなじである。

註「しめおろし」は一に注連の引栄えともいい、本来はこの行事と同時に、神座舞戸の四方に注連縄を張渡すと考えられるが、事実注連は前もって張られていたのである。なおこの時土地によっては（大入系古真立など）引続いてやまたて（山立て）しままつり（島祭り）の次第がある。山立て、島祭りは、他の場合ことに神楽の次第などからみても、「しめおろし」と一続きの行事である。

山立て

舞戸は山の仮想

「山立て」の行事は舞戸の四方へ榊を立てる儀式で、このことによって舞戸はひとつの山に仮想されたのである。現在各所の舞戸に、四方に榊を立てることは、この儀式によっておこなわれたわけであるが、事実はこれまた前もって立てられていたのである。その次第は、禰宜が榊の枝をたばね持っていて、つぎの唱えごとをしながら、五方位にむかって、東から順次に立てるのである。

さかきとる　おぼろの山が遠ければ　ここに山立て　さかき花立て

この場合たとえば前の句は

サカキントオル　オボロノヤマガトオケレバ

と、唱え、つぎの「ここに山立てさかき花立て」を口早にいって、てばやく榊をさだめの場所に立て、元の位置にかえってつぎの唱えにうつるのである。

なお山立ての唱えごとは、土地によって、いくぶんことなっていて、つぎのような形式もある。

さかきとる　おぼろが山に雪ふりて　　そこに山立て　ここに山立て

島　祭　り

沓形の餅を投げる

山立てに引続いての行事で、禰宜が沓《くつ》形の餅を三宝にもり、舞戸の中央に立っていて、つぎの唱えごとをしながら、一節おわるごとに東方から南方と、順次五方にむかって投げる。これを見物が争ってひろいとる。

島祭る千代よ　島祭る千代よ　何だま取る　柿だま取る　栗だま取る　榧だま取る

飯（いい）だま取る

と続けて、つぎに

この里はいかなる里かあられふる　森か社《やしろ》か神か仏か

このばあいのとなえ方にも特種の調子があって、たとえば

シママツル　チョーヨ　シママツル　チョーヨ　ナニダアマ　トール　カ

キダアマ　トール

のたぐいで、最後の「森か社か神か仏か」を口早にとなえて餅を投げるのである。

なおこの場合のとなえごとにもつぎのように形のことなるものもある。

島祭り候　島祭り候　何だま取る　餅だま取る　桃だま取る　柿だま取る　栗だま取る　栃《とち》だま取る　酒だま取る　この里はいかなる里が森か社

なりもの

註　「島祭り」は前の「しめおろし」山立てと一続きの行事であることは前にもいったが、土地によるとこれを「山立て」とともに舞戸において行うこともある。

四方の注連に柿と餅をならす

山立て島祭りをおこなわぬ土地では、「しめおろし」からすぐに「なりもの」の行事にうつる。これも神座の行事で禰宜を前に「みようど」一同後に横隊をなしてならび、東方よりはじめて、つぎのようにとなえごとがある。

東方東《ひがし》は薬師の浄土で　すずめがつついて　なりものなって　ふうきしてん　くうらうもんの　ほうしよのくすりの　とりてふやまか　ぞんじようなれば　やあまとことばも　ようそへて　いとう　やすきたからなり

となえごとの意味はほとんど解しがたいが、かくとなえおわると、列中の一人がかねて袖《そで》の陰にしのばせていた餅と串柿を、てばやく一方の注連縄にはさむ。それを見物があらそって取るのである。かくしてこれも、東南西北と、四方にくりかえし、さらに逆にかえって東方に今一度くりかえす、これは中央の意である。

「竈ばらい」の一形式
（大入系御園）

ごこく祭

「なりもの」は一に「ごこく祭」ともいって、そのとなえごとも各所ことなっているが「ごこく」はどこう（土公）らしくも考えられる。他の場合から判断して、一種神下しの宝揃えの詞の変形ともとれる。なお前にあげた以外につぎのようなものもある。

東方東は句々廼馳《くくのち》の社で　つるめがつるいで　ほうしのくすりに　なりも
のなつて　ふつきして　天竺《てんじく》のくうらうぼんの　ほしのくらいで　とるて
う山に

以下、南方軻遇突知《かぐつち》、西方金山彦《かなやまびこ》、北方罔象女、中央埴彦と、つぎつぎにとなえるのである。

竈ばらい

竈の祓い

「しめおろし」がおわると、禰宜は「ゆはぎ」の上に「ゆだすき」をかけ、舞戸におりて「竈ばらい」に着手する。「竈ばらい」は文字どおり竈の祓いと考えられていて、すなわち湯立ての一部でもあり、当日竈に火をいれる最初である。その次第は竈の両脇または四方に祓串をたて、前に新筵をしき供物をそなえ、一方竈に火をいれるのである。しかして竈ばらいの祭文をとなえ、おわって火伏せの印を結び、榾《ほた》のひとつをとって、これを釜の上にまわしながら、いちど湯の中にひたし取出してわきにおく、この榾をかまぼこ（釜鉾）という。それより太刀をとり天地中央を祓い、つぎに抜身にしておなじく五方を祓う。おわって「てんをうつ」ことがある。

「てんをうつ」

「てんをうつ」は天をうつとも、また「てんのうをうつ」などともいい、天井にむかって供物を投げつけ気合をかける。これは邪気をふせぐ意ともいう。

湯　立　て

行事の意義

湯立ての次第は、すでに「かたなだて」の条にいったとおりで、しかも禰宜によってそれぞれ口伝秘法があったのであるが、その根本は湯を立て祓いをなし、諸神に献ずると考え、または、まず諸神にけんじ、つぎに祓いをなすとも考えていて、土地によると（振草系中在家など）花宿の主人をはじめ、参会の主なる者に「ゆたぶさ」にて湯をそそぎ、一方これを飲ませることがある。しかしてその次第を、「かたなだて」にいったものより、べつの形式でいうと、禰宜は「みやうど」一同をしたがえて竈にむかい各自「ゆたぶさ」をとり、まず「しきばやし」の「うたぐら」がある。この間禰宜は「ゆたぶさ」を釜の上にかざし湯伏せのことがある。つぎに「ゆたぶさ」をわずかに湯にひたし、五方位に礼拝があり、この時湯殿建設の由来をとく唱えごとがある。つぎに「ゆたぶさ」の拝みと称し、つぎの歌詞をとなえる。

ゆたぶさを双手《もろて》に持ちて東方みかどを拝むには
東方神がうけてよろこぶ

以下南西北中央とくりかえし、地神天王を礼拝のことがある。つぎに「お湯のぞき」と称し、釜にむかってつぎの「うたぐら」がある。

湯の父の湯殿へ御渡る湯衣《ゆごろも》は　たけが七尺袖が六尺
湯の母の湯殿へ御渡る湯衣は　たけが七尺袖が六尺

これで式は一とおりおわって、後に「ゆたぶさ」の祓いがあるのである。なおこのとき「みやうど」は禰宜と同一の型をくりかえしている。

そうかいむかい

諸神の勧請

神いりから切目の王子「しめおろし」「なりもの」とひととおり神座の行事がおわって、つぎの次第にはいる前に、いま一回諸神勧請に似た行事がある、これが「そうかいむかい」である。「そうかいむかい」(振草系古戸《ふっと》)「そうかみむかい」(同月《つき》)「そうけむかい」(同)またはたんに「かいむかい」「けいむかい」(足込《あしこめ》、中在家など)ともいい、称呼は区々で、なんの意か不明であるが、行事次第から判断して、一般に広義の諸神勧請と考えていたようである。行事の次第は前の切目の王子勧請とほとんど同一であるが、ただ祭文の一節ごとのとなえごとに、切目の王子うんぬんの文句だけをはぶいている。これでほとんど同一形の行事が、二回あったわけで、諸神勧請の祭文は前の神入りの場合と共に、三回同一のものをくりかえすわけである。それでこの場合を、前にもれた神々をもふくんだ、総神迎えなどとも考えるようになったのであるが、意義はべつである。なおこの称呼は、現在振草系のみにあって、大入系では座なおりがほぼこれにあたる。

がく（楽）の舞

撥《ばち》の舞

がくの舞は、一にばちの舞ともいう。「がく」は音楽をいう場合と、太鼓をいう意味と、二様あるが、この場合は、そのいずれにも考えられたのである。これが、舞の称呼のつく最初の行事である、まだ純儀式のうちに考えられていたのである。前の「そうかいむかい」がおわると、すぐにこれにはいるのである。舞いびとは一人で手に太鼓のばちをもち、平服のうえに「ゆはぎ」をつけ、紙緒の草履をはく。一方竈の前にむしろまたはござをしきそのうえでつとめる。拍子《ひょうし》は笛だけで「うたぐら」はなく、振草系では、最初三拍子で出て中途から二拍子にかわるが、大入系では、二拍子で出て三拍子で舞いおさめる。役にあたる者は「みようど」の一人で、とくに、舞いにたんのうな者をえらぶので、おおくの場合老人である。この舞いは当日の音楽すなわち拍子を象徴するもので、万一中途で蹉跌《さてつ》でも生ずると、当日の拍子はことごとくその轍《てつ》をふむと考えられている。

舞いの手

舞いの手は村々で多少の相違があるが、これのだいたいをいって見ると、最初竈の前に立ち、撥を揃え「ゆはぎ」の袖にささげもって（直接持つ場合もある）、これをいただきつつ足をふみかえて、三回にくりかえし五方をまわる、つぎに両手にもって五方に舞い、つぎに拍子かわって、いま一度同一の型をくりかえしおわるのである。なお口伝では、舞いの型を最初の五方は礼拝、つぎは天地中央をきりはらうという。舞いおわると、ばちを楽（太鼓）役にわたす。楽役は受とって、つづけざまに三回うって、つぎのしだいの「とうごばやし」にはいる、したがってこれは楽をうつための前提でもある。

とうごばやし

はやし歌

これは舞いはなく、拍子いりのいわゆる「うたぐら」で、歌詞は長編のものである。

べつにどうのはやし（胴の囃《はや》し）またはとうごばやし（当郷囃し）などともいい、さらにうちはやし（打囃し）ともいうようで、各区ところどころである。前のばちの舞の後をうけていたことと、この場合楽（太鼓）に「ゆはぎ」をかけていくぶんこれを人格化するような事実もあるので、太鼓の胴の讃美とも考えられているが、後の「しきばやし」にひきつづいたものとも思われる。前の楽が舞いおわって、つづけて太鼓をうち、すぐにこの次第にはいる。

「うたぐら」の発声は、はじめ楽役（おおく禰宜）が、太鼓をうって上の句をだすと、後を楽座一同がうけとって下の句をつける。その間、太鼓は胴をうって拍子をとり、笛ははいらぬのである。また土地によっては、楽役のみがうたって、囃し詞を一同がつける形式もある。

歌詞は土地ごとで多少相違があり、ことにつぎの「さるごばやし」と混同した場合もあり、いずれが正しいかもきめがたい。一例として振草系月のものをあげて見る。

一　御前《おまえ》まゐりて打つ太鼓　　あやのもんどおりたたみ

二　にしきの御戸帳巻あげて　　御覧じ給へ玉の明神　サンヤサンヤ

三　東の御山《みやま》のつまどより　　十五夜の月こそ出でたまへ

四　三日三夜《さんにちさんや》の月のかげ　　さやかに照すひまもなや

五　弓か真弓かまご弓か　千歳《せんざい》千代のともしびか
六　つると千代とがきよければ　いよいよ光がましまする
七　鶴と亀とがゆはひして　さいはい心にまかせたり　サンヤサンヤ

しきばやし

神下しの歌

「しきばやし」も前の「とうごばやし」とおなじく「うたぐら」の唱和であるが、しかしこれには太鼓のほかに笛がくわわる。発声順は楽役が上の句をだし、後を楽座一同がうけとって下の句をつけ、さらに楽役がうけとってこれをくりかえし「やらおもしろ」の囃し詞があるいわゆる「とりうた」の形式である。歌詞は五七五七七語の短歌で、土地により、十五種とも二十一または二十二種ともいい一定せぬ。「しきばやし」の「しき」については、一般に儀式の式と考えられているが、もともと神下しの歌の形式化したものであることは、歌詞からいっても容易に想像されるところで、土地によっては湯立ての前にこの次第がある。（「音楽と歌謡」欄参照）

さるごばやし

「さるごばやし」は振草系のみにある次第で、べつに「さんごばやし」ともいい、前の「とうごばやし」と形式はほとんど似ていて、歌詞もまたかれこれ混交していた場合がある。しかして順序としても「しきばやし」の前におこなう土地もあり、あるいはさんぐ(参供)囃しの名も考えられる。一例として小林に伝えられたものをあげて見る。

さんごばやし

一　ちざいちざいとわがきみ万歳《ばんざい》ましませば　われらもせいしようさむらうて
二　鶴と亀とがゆはひして　さいはい心にまかせたり
三　春来て秋ゆくつばめどり　たんばのよどろに巣をかけて
四　あれをば何とかゆはふべし　長者のしんともゆはふべし
五　雉子《きぎし》がおん羽よおん羽とよ　笙《しょう》の笛にもさもにたり
六　笹の葉はとよ笹の葉は　けんつるぎにもさもにたり
七　竹の林が高きとて　天竺天までとどくかよ
八　御前のほとりに葭《あし》うゑて　見る人ごとによしとこそいへ

九　つるぎの刃《やよば》がはやきとて　いはうが角をけづるかよ
一〇　南表にはた立てて　いぬひく度にとみぞいります
一一　長生殿につぼななつ　はちじようつぼにさざら波立つ
一二　戌亥の隅につぼななつ　はちじようつぼにさざら波立つ
一三　いのち長柄の玉びしやく　汲めどももれどもつきせざるらな
一四　池の菖蒲《しょうぶ》がたらりらと　根こそしろけれらりうらや
一五　かりやの菖蒲がちらゆらと　葉こそしろけれらりうらや
一六　いちの調子で吹く笛は　ところもよかれとこそふけれ
一七　下《しも》の調子で吹く笛は　世の中よかれとこそふけか
一八　あてにてびやっかい玉の幡　下にて繁昌《はんじょう》のやえだたみ

しきさんば

「しきさんば」は、土地によって形式はいちようでない。舞人も一人ずつ三折りにおこなう場合（小林、古戸、上下黒川、下津具）と一人一折りの場合（三沢）と四人が一度につとめる場合（御園《みその》）とある。また舞いはなくて「うたぐら」のみの土地（古真立）もあり。しかしてこれをおこなわぬ土地（中在家、足込、月など）もある。

この舞いもまだ儀式の中に考えられているもので、衣裳などもすべて楽の舞とおなじであるが、拍子《ひょうし》は笛太鼓で「うたぐら」がはいるのである。舞いの手はきわめてかんたんで、土地ごとでいくぶんの相違はあるが、後にいう地がための舞の前半一部分と思えばたいした相違はない。振草系などでは、全体の感じがつぎにいう「みかぐら」とはなはだ似ていたことである。

みかぐら

立願者の舞

「みかぐら」は現在これを定例のものとしておこなっている土地はわずかに三ヵ所だけである。すなわち振草系では月、大入系では、下津具と古真立である。その他の土地は、この名目を使用する場合もあるが、おおくは願主舞といって、臨時に番組に挿《そう》入《にゅう》している。願主舞はほんらい立願によって、立願者自身がつとめるものであるらしいが、他の者が代理でつとめたのである。しかしてこれは定例のものも、臨時のものも形式はほぼ同一であった。しかし願主舞の場合は、かならずしも舞いの種目はかぎられてはいなかったのである。

さて定例としておこなっている三ヵ所についていうと、いずれも竈の前にござまたは新筵をしき、その上でつとめることと、持物は鈴と扇であることは共通であるが、一部の形式と称呼は、それぞれことなっていたのである。まず月の次第からいうと、同所では一に禰宜舞ともいっていて、禰宜または「みようど」の役と考えられている。そうして一人ずつ五折りにすましたのである。この点は他の土地の順の舞に似ていた。装束は御神楽の文字をそめぬいた浅黄地の「ゆはぎ」をつけ、紙緒の草履をはいている。

これに対して下津具は、以前は一人ずつ二十四折りときまっていたが、現在は番数は一定しておらぬ。それでまず儀式として三人で一折りをすまし、一般立願によるいわゆる願主舞は、地固めの舞直前にこの舞いを多数連続することは、舞戸を単調化する弊があるので、次第全般をとおして、それぞれの舞いの間にはさむことにしている。現在でもことにこの立願はさかんで、一立願一人ですます規定であるが、なお五十六十の数に上ったので、一時に五人位ずつであたっている。しかして舞いの手は比較的かんたんなところから、少しく心えた者であれば、誰でもつとまったので、番数のおおいことはたいした苦痛ではなかったのである。

つぎに古真立の次第は、立願によるものと考えていることは、他の土地とおなじで、舞子は三人の一折りであるが、つぎの次第である「まいあげ」と一つづきのものと考えていた点に特色がある。しかし「舞上げ」は願主自身のつとめるもので、その点はべっこのものだったのである。なお同所の祭祀を、一に笠幡の祭りと称し、立願者は笠と幡をつくり奉納するので、この場合、舞いをつとめる者を一に笠幡の代参にたつともいっている。なおこの笠幡の祭りのことは、同所の氏神である熊野神社のものではなく、諏訪《すわ》神社を勧請した尾山《おやま》神社の祭りであったものが、神社合祀後、こうした説を生じたともいう。

がんぬし　がんぬし（願主）舞

この次第は、立願による舞いであることは「みかぐら」の条にのべたとおりであるが、立願の性質によって「みかぐら」の形式とのみは一定していないので、ときには、三ッ舞四ッ舞などを奉納する場合もあったのである。このことは、やがて一力花、または添花の立願にかんれんしていたので、たとえばすでにいったように例祭に一力花奉納のばあい、三ッ舞ないし四ッ舞を一折り奉納として、それによって、一個のまつりごとをはたしたことになる、その意味もあった。また土地によると（中設楽）、順の舞を一に願主舞として、添花一個について、一人一折りあて舞うこととなっている。なお願主舞の中にはいる「舞上げ」であるが、これは現在では振草系には聞かぬようであるから、大入系の一部の土地のものともいえる。すなわち上黒川と古真立だけにある。そのうち上黒川では、たんなる奉納の舞いとしてとりあつかっているが、古真立の場合は、奉納の舞いとすることにはかわりはないが様式はだいぶことなっている。

古真立の「舞上げ」は、前にもいったとおり「みかぐら」にひきつづいたもので、願主である少年自身の舞いである。その次第をいって見ると、あらかじめ無事成長をいのる意味で、十三歳にたっした暁を期して舞い奉納を誓ったのである。この立願は、現在かならずしも直接氏子にはかぎっていない。他の土地の者もまた自由だったのである。

舞いの次第は、願主たる少年は白の「ゆはぎ」に、手に鈴と榊、それに扇をもち「みかぐら」をひと舞いつとめるのである。これには介添役として大人がつく、これを「へき」といってたとえば願主が三人あれば「へき」もまた三人ついて手をとって舞わせたのである。すなわち図のごとき位置で列のわきに、べつに願主と同様な装束した者が一人つきそう、これを「いち」といって、先達であり中心である。なお舞いの直前に一同を舞戸の竈のまえにたたせて、姓名をよびあげることがある。

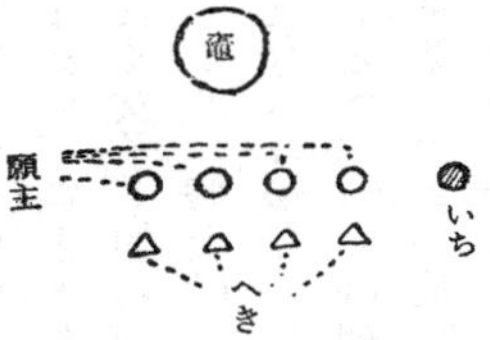

「いち」と願主の位置
（大入系古真立）

舞いがおわると後に「いち」一人のこり、後にいう市の舞の前半のごとき舞いがあっておわるのである。ちなみに願主の少年中には、全然舞いの手をわきまえぬ者もあるので、これらは次第にはいるまえに、ひととおり練習をおこなったのである。この場合、願主は男子にかぎることなく女子も加わったのである。

この「舞上げ」の次第は、この地方の村々でべつにおこなわれていた御神楽の次第ときょうつうのもので、たまたま古真立の祭事にこれがはいっていたのである。このことはべつに御神楽の条にのべる筈《はず》であるが、郡内富山《とみやま》村大谷《おおたに》の熊野神社における御神楽、および長野県地内大川内の池の明神の祭祀には、この次第が一層明瞭にのこっていたのである。

順（じゅん）の舞

ずんの舞

一にずんの舞ともいう。竈のまえで敷物の上でつとめることも、「ゆはぎ」をつけ、扇と鈴で舞うことも、まえの御神楽と似た点がおおい。舞いの手はかんたんで、時間にしても十分間位のものである。舞いびとの資格はべつにきまってはいない、おおく村の中老連があたっているようである。これには「うたぐら」はなく、拍子は二拍子である。これも各所区々であって、おこなっていないところもある。またおこなっている土地でも、およそ、二とおりの区別がある。すなわち、三人あるいは四人が同時である場合と、一人ずつ順々に、三折りないし五折りに舞うものとである。たとえば、振草系の古戸、中在家、大入系の三沢、上黒川などは前者で、振草系の足込、中設楽などは後者である。しかして中設楽では、前述のとおり、この舞いを一に願主舞としていたのである。なおいいつたえを聞くと、以前は振草大入系ともに、一に旦那《だんな》の舞または神座の舞といっていたようである。

以上で純儀式としての舞いはおわるのであるが、なおこれらのほかに鈴の舞（古真立）、笛の舞（中設楽）などがあるが、前者は鈴と扇をもって一人ずつ三折りに舞うものので「みかぐら」とほとんど同一の型であり、後者は笛をもって舞うものであるが、楽の舞に引きつづいての「とうごばやし」のごとき関係を、これまた考えていたのである。なお「しきさんば」をはじめ「みかぐら」舞上げ、順の舞など、土地々々で、存在がはなはだしく区々であるばかりでなく、形式などもほとんど統一がなかった。しかして舞いの手においても、いずれもかんたんな、いわゆる五方の舞で、後に説明する「ふりならし」または悪魔切りと称する型を、五方位にむかっておこなう程度である。よって舞いそのものに対する一般の考え方も、ふかく問題とはしていなかった感じである。したがって舞いにあたる者も「みかぐら」をのぞくほかは、村々のおくが、一般青少年の舞にすでに資格をうしなった、いわゆる中老連が、自慢のかたを見せる程度である。

これで次第前段の儀式がおわって、いよいよ中心行事たる舞いにはいるのである。時刻はおおく夜の七時前後で、この頃には、神座をはじめ舞戸の周囲にも見物がおしかけてまちかねていたのである。一方村方の者は、そうした光景に眼をくばりながら当夜の景気を気にしている。「せいと」の彼方此方《あちこち》からははやくも悪態口が切られる。場内が急にざわめいて、雪がふりだしたりする、祭りは上景気として一層活気づいたのである。

舞いと、これにともなう儀式

行事の中心

舞踊すなわち舞いは、行事のもっとも中心をなすもので、その種目においてもまた時間的経過においてももっとも長かったのである。したがって祭りの根本にはいったわけで、人も神も渾然《こんぜん》一律の渦をなして、舞戸を中心に宛然《えんぜん》神の世界と化したことはけっして誇張ではない。

前段の行事がおわって、地固めの舞から、花の舞三ッ舞とすすんで、時刻はあたかも深夜におよんで、神格の表現とする「やまみ」「さかき」を中心とした鬼の舞が展開される。さらに四ッ舞をはさんで、「ねぎ」「みこ」「おきな」の出現となり、面申しから舞いと運ばれていって、夜のあけるにしたがって、一に釜あらいと称する青年の湯ばやしの舞となって、釜の湯を舞戸から神座、見物にことごとくそそぎかけふりかけてしまい、日の出とともに朝鬼、一に四ツ鬼の出となり、当夜出現した鬼がことごとく顔をそろえて、舞って舞って舞って舞いつくして、行事の大部分をおわり、後は獅子《しし》舞があって舞戸は閉じられたのである。

なかもうし（中申）

鬼の出現をまえにして、花の舞を中心に、べつに今一回神下しの行事がある。次第はまえにいった神いり、切目の王子勧請などと同様の過程で、神ひろいにはいり神名を一節よみあげるごとに左のとなえがある。

おりゐで花の　ごすごりやう　女﨟の瓢《ひさご》で稚児の盃まゐらする　まゐらす
るには　みいぐちなる　おおみきこしめせ　玉の明神

これも切目の王子勧請、「そうかいむかい」とほとんどおなじである。これがおわって祭文の唱和がある。この場合の祭文を「中付花の次第」または「飾りもの中付」ともいい、一種の祝詞でかねて舞戸のかざりつけの由来をことごとく説明したもので、この次第を一になかもうし（中申）といったのである。

なお土地によると（大入系三沢、古真立など）中申のまえに、湯立ての行事があり、引つづき「舞下し」と称する舞いがおこなわれたのである。

舞いおわって後の儀式

後段行事

祭りの中心である舞いの後の行事は、すべて神上げすなわち勧請せる神々を返す式と考えられているが、これには特種の儀式もくわわっていたことと、一方神上げといっても、勧請の反対に、ことごとくその儀式ばかりがあったわけではない。したがって後段の行事は、祭場をとざし神上げを中心とした儀式だったのである。

行事種目

後段行事の種目は、各所をつうじて二三の行事をのぞくほかは、はなはだしく区々である。それで結果から見て各所共通におこなっていたものが、その中の重要のものとも考えられ、また後段行事としての意識の強かったものといえる。種目はわりあいにおおいのであるが、これを振草系と大入系について比較してみると、つぎのように異同がある。もちろんこの中には、すでに意義不明になっていて、当事者自身にもなんのためか見当もつかぬものさえあった。

行事次第

振草系
一　ひいなおろし
二　たなおろし
三　湯立て
四　ごくう祭り
五　おぼろけ
六　げどうがり（御山がり）
七　花そだて
八　宮渡り
九　「しずめ」祭り
一〇　土《ど》公《く》神やすめ

大入系
一　ひいなおろし
二　神かえし
三　しめおろし
四　山立て
五　島祭り
六　「しずめ」祭り
七　げどう（外道）祓い
八　花そだて

以上の中、各所をつうじて、内容はとにかく名目の一致していたものは左の三種である。

ひいなおろし　　「しずめ」祭り　　花そだて

以上の次第は、それぞれ別個の意義をもったもので、後段行事は、神上げを中心に偶然ではあるが、ほぼこれだけの行事を中心とした儀式であったともいえる。そうすると他の種目はいかにということになるが、これはそれぞれの儀式にともない、またひとつづきのもので、いずれかの種目に附随するものである。

よってその次第をひととおりいって見ると、まず舞いがおわると、舞戸の天井にかざった「びやっけ」をおろす、ひきつづいてかざりつけいっさいの祭具をとりはずし、「げどうがり」すなわち「御山がり」のことがあり、おわって神あげの式をおこなう。これが「ごくう祭り」「おぼろけ」の次第で、これがおわると、散乱のままにまかせた座敷をひとたび掃除して、「しずめ」祭りの次第にはいる。「しずめ」祭りにはあらためて山立て、島祭り「しめおろし」をおこない、座敷の中央で、反閇の式があり、つづいて外道祓いにうつる、この間一方では土公神やすめのことがある。それより「花そだて」の次第があり、つづいて宮わたりになり、氏神の御輿とともに氏神へわたり、祭具などもことごとくおさめて式はまったくおわる。なおその間の順序などは土地によりいくぶん前後しまたは相違することはいうまでもない。

以上が振草大入系を綜合した後段行事の概念である。

ひいなおろし

「びやっけ」おろし

「ひいなおろし」はべつに「みるめおろし」ともいうが、舞戸の中央天井にかざった「びやっけ」を下す式である。したがって本来「びやっけ」おろしといった方が意義が明瞭であるが、一般に「ひいな」または「みるめ」といっているところを見ると「びやっけ」につるされた「ひいな」または「みるめ」の重要性が考えられる。これについて一方古い次第書を見ると、「びやっけ」おろしをべつに「山おろし」ともいうから、この場合は以前はただ「ひいな」のみにかぎっていたかもしれぬ。

現在おこなわれている儀式の次第は、格別のことはなく、「うたぐら」の唱和によっておこなわれる。その歌詞はつぎのようなものである。

あかときの　ひいなおろしに　夜がほげて　あけて清めて　福やたもたな

行事がおわるまでは、これを何回もくりかえすのである。

たなおろし

湯棚を下す　この称呼は現在振草系月におこなわれているもので、前の「ひいなおろし」とひとつづきの行事である。たんに「ひいなおろし」といっても、それにともなって舞戸のかざりつけなどもとりはずすのであるから、他の土地には名目はなくても、実際にはおこなわれていたわけである。「たなおろし」は「ひいなおろし」にひきつづいて神座の湯棚を下すことからでたものらしい、したがって前いった「山おろし」にもあてはまるわけである。なおこれにひきつづいて舞戸神座のかざりつけいっさいをとりかたづける。これがおわって「たなおろし」または「ひいなおろし」の酒をのむことがある。

湯立て

特種の場合　湯立ては、行事の前段におこなう土地と、舞いのあいだまたは後段におこなう土地とあった関係から、たまたま後段行事中にかぞえられていたもので、次第はまえにのべたとおりである。

げどうがり

御山狩り

「げどうがり」は「しずめ」祭りにひきつづいた「げどうはらい」とは内容はべつである。これを一に「山がり」または「御山狩り」ともいって、舞戸の榊をはじめ神座神部屋などのかざりつけをとりのぞくことを主とする儀式である。まえの山立ての行事からも想像されるように、舞戸神座を中心にして、祭場は一個の山と仮想されていたことをおもうと、この称呼は当然とも考えられる。しかし現在振草系の各所におこなわれていた次第は、とりかたづけとはべつにして、たんに儀式的部分のみを形式化しておこなっている。その次第は、禰宜「みようど」一同おのおの太刀をぬきつれて、神部屋から各部屋々々をめぐり、つぎの唱えごとをしながら、天井から戸棚の中まで払ってまわる。これには「しずめ」祭りにひきつづいた「げどうはらい」の語の影響もおおいにあるらしい。

おんやまどんどん　かりする時は　のうあしゅげん　のうあしゅげん　た

つまもしゅげん　かえすまもなし

神かえしの式

「ごくう祭り」はべつに「神かえし」ともいう。しかして「ごくう」はなんの意かわからぬが、それだけに各所で名称が区々である。語音の類似から五穀祭とも考えられ、また「げくう」「えぐう」「あくう」祭などともいう。そうかとおもうと一方には「大将軍返りあそび」ともいい、かえりあそびは神返しの別称である。大将軍はもちろん近世の考えかたで、「だいじょうぼん」「だいきょうじ」など古い次第書にはあって、これまたなんのことかわからぬ。

なおこれについてべつの神楽の次第では、前後の関係口伝いいつたえなどが一段と明瞭になっていたようである。

現在おこなわれている次第は、禰宜を先登に「みようど」一同一歩さがって横隊にならび、座敷の四方に棚をもうけ、それに供物（餅、野老）十二包と祓銭十二包をのせ、各自一枚ずつの白紙を手にもつのである。こうして禰宜まず九字をきり、諸神諸仏を唱え拍子に連れて左の唱えごとをなし、白紙のはしを引裂いてとばす。これを東方から南西北とくりかえし、さらに東方にかえってこれを中央とし、五方位におこなうのである。

だいしょうぐんの　かえりあそびの召し物には（引出物共）
さりがみなりとも　さしあげて参らする

最後の「さしあげて参らする」を口早にとなえて、同時に紙を引裂いてとばすので、土地によるとこれを一に「さりがみ祭」ともいう。

註　「ごくう」祭の棚はかんたんなもので、おおくの場合、ひとつをもって間にあわせることもあり、また楽（太鼓）をふせ、その上に板をおく場合もある。

おぼろけ

「ごくう」祭とひとつづき

「おぼろけ」の次第は、前の「ごくう祭」とひとつづきの行事と考えられている。これも五方位にむかってつぎのとなえごとをくりかえし、そのたびに供物の包と祓銭をともになげる。

伊勢や　伊勢の国のおぼろけや　ひぼろけうけてかえり給え
謹請《きんぜい》東方には一万三千宮の　大天狗小天狗大天白小天白《だいてんぱくしょうてんぱく》

おぼろけ　ひぼろけ　　われうけ　なんぢちやうの神達
ここよりあらわれてましまさば　　ここより給え　打ってまします

なお南西北の方位によって、第三句謹請以下をかえることはいうまでもない。このとき土地によると（振草系下粟代《しもあわしろ》）供物と祓銭をなげるかわりに、これをおいた棚も同時に覆えす。よって一に棚かえしともいう。

「おぼろけ」のとなえごとは、土地によって、これまたことなっていて、つぎのようにいう場合もある。

いにしへの　花のおぼろけ　　とこよのこんよの　おぼろけと　　おぼろけう
けて　かえり給え

とあって、つぎの「おぼろけひぼろけ」以下を

ゆはなかからぬ神や　なんじちやう　　ここより立現われましまさば　　ここ
よりかけてまします

「しずめ」祭り

最重要の儀式

「しずめ」祭りは「しずめ」のへんべ（反閇）または龍王の舞ともいい、行事をつうじて、最重要の儀式と考えられ、その次第は禰宜以外にはなにごとも関与できぬとして、厳重な秘伝となっている。

行事の次第は、各所をつうじて様式もいちようでなく、その順次においても、大入系上黒川のように、行事のはじめにおこなう場合もある。もっともこれは明治初年以降の改革であるというが、この改革にもなんらかよりどころがあったかともおもわれるのである。その他の形式からいっても区々で、たとえばおなじ大入系でも三沢、下黒川などは、「ひのう」「みずのう」の二個の面形によって、これを鍵とり幣とりがかぶってつとめたに対して、古真立では、例祭の場合は面箱のうえにかざって、そのまえで太刀をぬいて舞いがある。したがって面形は風をあてるだけである。上黒川は「ひのう」役のみが面形をつけ「みずのう」役はすめんで鳥冠をかぶっている。しかしてこれを鍵とり幣とりが一年交代で交互につとめたのである。これに対して振草系の各所は一人で、したがって面形も一個である。

面形に対する称呼

前いったように、各所形式も区々であったから、これが面形に対する称呼などもいちようでなく、現在ではほぼ三とおりの区別がある。すなわち第一はこれを「しずめ」「おしずめ」などいうもので、これは行事がすべて面形の名となったものである。第二はまえいった「ひのう」「みずのう」とすることで、もちろんこれは二面を必要とした場合であるが、ときには上黒川のように「みずのう」には面形のない場合もある。しかして「ひのう」「みずのう」は陰陽二神を表現したものといい、べつに諸冉《なぎなみ》二尊の象徴とも説明している。第三は龍王または龍神とするもので、これはほとんど全般にわたった別称である。

各所の例

「しずめ」祭りに使用される面形について、各所の例を見ると、これを「しずめ」または「おしずめ」とすることは、行事からいいならわされたとしてなんら不思議はないが、一方「ひのう」と「みずのう」の場合は、これは各所で大分異同がある。たとえば、大入系の三沢《みさわ》の場合では、「ひのう」「みずのう」の二個の面形は、これを陰陽二神とも諸冉二尊の象徴ともいい、面形の製作過程もこれをうらがきしている感があり、陰惨な表現法ではあるが、あきらかに男女が区別されている。下黒川もほとんど三沢と同型で、製作もおそらく同一人とおもわれるほど共通点の多いものである。これに対して古真立、御園《みその》などは、現在所蔵する面形は三個あるが、いずれも男性の表現としか考えられぬものである。また上黒川はまえにいったように一面でこれを「ひのう」といっているのである、一方振草系は前述のようにいわゆる「みずのう」はなくて、「ひのう」だけである。

これをさらに近接する各地の例で見ると、まず「ひのう」「みずのう」の二面を用いているものでは、長野県地内新野《にいの》の雪祭りがある。同所では男女二神といいつたえているが、一方製作上の過程からは男女の区別はできない。つぎに郡内富山《とみやま》村大谷の御神楽があるが、同所はこの面形に対する信仰が強烈で、絶対神聖としていて、七年目ごとにとりだして祀るのがふるくからの例というが、現今はこれもなさぬので、したがってその表情などについても詳細に知ることができぬが、つたえるところでは共に鼻の高い黒色の鬼神面という。いまひとつは、静岡県磐田《いわた》郡山室のものであるが、これも製作過程からは、男女の区別はきめられない、むしろ男性のみを表現したものといった方が近いのである。

いまひとつおなじ静岡県地内の西浦《にしうれ》の田楽の場合である。同所の「しずめ」の儀式は、花祭などの場合とは様式も大分ことなっていたが、一個鬼面の「しずめ」と称する面形があり、それに対立してべつに「ひのう」と、そうして「みずのう」と称するものが、べつに二面あり、ともに女性を表現している。

一方「ひのう」の面一個とする例は、これも相当におおい。第一には郡内および近接地の田楽で、古戸田楽をはじめ、黒倉、河内《こうち》、黒沢なども同一で、さらに静岡県地内の神沢《かんざわ》、寺野《てらの》、渋川《しぶかわ》なども同様であった。長野県地内大川内の「しずめ」もまた「ひのう」面一個であった。これは現在天龍《てんりゅう》川を中心としたこれら数十ヵ所の祭祀圏の中に、一面とするものと、そうでないものが相交錯していたといえるのである。なお面形およびそれにともなういいつたえについては、それぞれの項にのべることとして、つぎに次第についてひととおりいうこととする。

神々の鎮め

「しずめ」祭りは、行事のおわりにあるところから、一に神上げと考えられ、現に静岡県地内西浦の田楽における「しずめ」祭りは、その意識が濃厚にあらわれていたようであるが、一方その他の土地でもこれに近い意味の、神々のしずめと考えている。すなわち祭祀にあつまった興奮せる神々の心をしずめ、それぞれかえるべき位置にかえし、祭場をもとの屋敷なり建物に還元する——そうしたふうにも考えている。

そのことから思いあわされるのは、大入系古真立の「しずめ」祭りで、同所の祭祀では、例祭を「みならし」といって、氏神の境内でおこなうが、この場合は「しずめ」祭りはおこなわぬ。たんに面形をかざって、その前で六人のものが太刀をぬきつれて舞いの型がある。これに対して一力花すなわち立願による祭りの場合は、他の土地とおなじく「しずめ」祭りをおこなうのである。このことはまえにもいったとおり、人家なるゆえにおこない、神社なるゆえに必要ないと――そういうふうにも考えられているが、一面からいうと、この事実はすべてこの行事が、たんなる神々のしずめのみでなかったともいえるのである。

行事の内容

「しずめ」祭りは、現在の事実からみて、ほぼつぎのごとき内容と次第を包含していたのである。

一　しめおろし　　二　山立て　　三　島祭り　　四　へんべ（反閇）

五　げどうはらい

以上は自分が行事の性質からかりに区分したもので、たんに反閇の式のみをさす場合もあり、そうかといって、べつに神かえし、げどうがり、おぼろけ、ごくう祭りなどをふくむと考えている場合もある。以下かりにこの区分にしたがってひととおりのべることとする。

へんべ（反閇）まで

第一をべつに朝の「しめおろし」ともいう。すなわち祭祀の前段にすでに「しめおろし」の行事があったから、この場合を特に朝といって、つまり翌朝の意で、前と区別するためである。「しずめ」祭りは一般行事とはきりはなして、別個としていた関係から、この次第をまず必要としたのである。それで場所は花宿の奥座敷すなわち最初神部屋であったところをえらぶことがおおい。よってこれをべつに奥座敷の行事ともいったのである。すなわち「ひいなおろし」がおわると舞戸はこれで閉じたわけで、つぎに場所をかえて「しずめ」祭りにうつる。神部屋にかざってあった面形をはじめ舞道具なども全部取片づけて、中央に新筵をしき、まず「しめおろし」をおこない四隅に注連縄をはりわたす。ついで山立て、島祭りをおこない、沓形の餅を五方にむかってなげおわると、仕度をととのえて反閇にかかるのである。三沢などでは、このとき一たん散会した見物もあらためて参列するのであるが、その光景は森厳緊張の極で、信仰はまださかんなりの感をしみじみ感じさせられる。反閇にひきつづいて「げどうはらい」があるのである。なおこれにさきだって、山立て、島祭りなどをおこなうことについて、「しずめ」の神は、ふつうの民家には降臨されぬから、あらかじめこの儀式によって、天然の青垣山に還元するためといいつたえている（山立て、島祭りの条参照）。

しずめの反閇

「しずめ」の反閇はすなわち「しずめ」祭りで、これは各所をつうじそれぞれ口伝がありいちようでないが、だいたいの次第は二人でおこなう場合も一人の場合も共通といえる。それで仮に振草系月《つき》の次第を図についてのべ、その他は異同の点をおぎなうこととする。

第一　装束

はじめにむしろのうえで衣裳をつける、これには介添の者がある。衣裳は白の「ゆはぎ」に裁著《たつつけ》草鞋をつけ腰に太刀をさげる。大入系の上下黒川なども「ゆはぎ」に裁著草鞋であるが三沢では「ひのう」は紫「みずのう」は緋《ひ》の袴《はかま》をもちいる。

第二　面形を被る

装束がおわると、むしろの上に東にむかって着席、このとき右足をまえにだしてあぐらをかき、まえに面箱をおく。つぎに面形をとりだし箱のうえにかざり礼拝する。

「さかあし」にて立つ

このとき面形は白布でおおわれている。つぎに頭巾をかぶる。この場合大入系三沢などではこれにかわり白布で頭をつつみ、そのうえに紫の布にて鉢巻をなし、結び目を耳にかけてたれる。なお「しずめ」祭りにかぎって、衣裳面形をつけるには、すべて衆人環視の中でおこなうのである。

これがおわると面形にむかい九字護身法、五大尊の印、五印を結び、静かにこれに手をかけ、おおいのまま三度いただいて顔にもっていく。このとき介添役が進みよって、紐《ひも》を結びつける。その間おおいのうえから面形をおさえている。面形をつけおわると、ゆっくりとおおいをとりのける。ここではじめて面形があらわれ、ただ見る一個の神人ができあがる。

第三　楽拍子にて式にはいる

つぎにわきにひかえた楽の座から笛と太鼓の拍子がはいる。これが二拍子である。最初はまず秘子の印で、両手を後にまわし印を結ぶ。後門の秘子の印である。しかしてエイというかけ声とともにたちあがる。このときは、さかあし（逆足）と称し、左右の足を逆にふんでいる。

第四　逆足を五印に踏む

たちあがると拍子につれて、逆足を五印の順に、東方から順次四方をふんでまわる。五印は第一の足が、盤古《ばんこ》、つぎに大王、乾良《けんろう》、地神、王の順で、東南西北とふみおわると、今度はこれを逆にふんでもどるのである。このときは九字にふむ。すなわち臨《りん》、兵《ひょう》、闘《とう》、者《しゃ》、皆《かい》、陣《じん》、列《れつ》、在《ざい》、前《ぜん》で、最初の位置にもどる。この間すべて拍子にあわせ、体を前後に揺っている。なおこれは二人の場合もほぼおなじで、ならんでいるものと、むかいあった形式とあるが、九字でもどるときは、ともに手をつなぐのである。

第五　印を結び代える

九字で最初の位置、すなわち東方にふんでかえると、ここでうしろにむすんでいた秘子の印をとき、まえで秘子の印をむすぶ。前門秘子の印である。

第六　礼拝十一度

前門秘子の印をとくと、つぎに鬼門にむかって礼拝十一度（三度の場合もある）おこなう。なお礼拝の型は、褄先《つまさき》だちになり両手の掌を肩と水平におき、あたかも何者

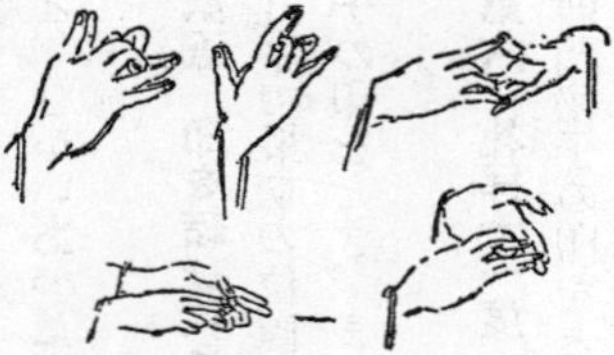

五印
1 太刀
2 格子
3 外獅子
4 内獅子
5 秘子

礼拝の型

体備えの型

かをまねくような形である。

第七　反閇

礼拝がおわると、つぎに体備えをあらため反閇にうつる。この場合の体備えは、肩にかまえ、腰にかまえといい、拍子にあわせ、あたかも羽織の襟をしごくような形をくりかえすのである。反閇は左足からはじめて、五方を各五印にふむのである。はじめ太刀の印で左足からはじめて三回、つぎに右足で三回つぎに左足で三回で、あわせて九回、これを秘子、内獅子《じし》、外獅子、格子とくりかえすから一方に四十五回、五方で二百二十五回ふむのである。なお印をむすぶたびに呪文があるが、すべて*口伝欄にゆずる。

印を結び踏む

舞いの位置に還る

第八　九字を切る

反閇をおわると、つぎに左手で前面におおきく九字をきる。このときは最初太刀の印で、臨、兵、闘ときり、つぎに右手太刀の印で、者、皆、陣ときり、左手にかえって、列、在、前ときるのである。これも東方からはじめ五方におこなうのである。おわって鬼門にむかって前のように十一度の礼拝をする。

第九　五印を結ぶ

九字をおわると、つぎに立膝《ひざ》の姿勢になり、太刀をたて、柄頭を拇指《ぼし》でおさえ五印をむすぶ。これもまた左手からはじめて五方におこなう。

第一〇　阿吽で天地を見る

五印がおわるとたちあがり、後手すなわち後門秘子の印をむすぶ、ア、バ、ウンで天地をみる。つぎに後へ逆にとび、逆足にて三歩前に出ては後にとんで、これを三回くりかえし、最後にどんと尻餅《しりもち》をついたようにすわるのである。これにて面形をとってたちあがる。すなわち拍子《ひょうし》はやみ反閇はおわって、つぎの「げどうはらい」にうつる。

げどうはらい

外道はらいは素面《すめん》で、太刀を両手にささげてまず五方をふんでまわる。この時、さきげた太刀のえを左手にとり、目の高さで心持ち鞘《さや》をはらって、つぎの文句を口中でとなえる。

ほくほくとしたる山の峯《みね》にこそ　仙人と申仏《ほとけ》一人《いちにん》立ってましまず　峯なる小猿《こざる》は花を折り　らい三度《さんど》回向し奉る　谷なる虎は頬をたたいて喜ぶ

これまでで調子をかえ

八幡太郎がさいたる太刀は　千里の内を鳴り響く
ととなえてパチンとつば音をさせる。これも五方にくりかえすのである。
つぎに鞘を腰におさめ、太刀をぬきはなち、まず天をなぎはらうかたをなし
雲の上の天竺で
ととなえて左より右に払い、つぎに
霞《かすみ》が下の鳳凰《ほうおう》で
ととなえて地を払い、つぎに
剣《けん》つるぎをば抜いてこそはらえ　いざはらうやれ外道はらい
で中央を払うのである。これも五方をくりかえす。

つぎは太刀を右手にもちかえ
白銀《しろがね》の身抜きの太刀をさげはえて　かみ
かとねらうは宮のさむらう　つるぎたつ
巌《いはう》が角をやれふめばやれふめば　巌《いはう》が角
は平地《へいち》となる

ととなえて上下にきる、これも五方をくりかえす。

つぎに太刀を両手にもち

「しずめ」の一形式（大入系下黒川）

毘《び》沙門《しゃもん》ぎりに　こびしゃもんぎりに

ととなえて、縦横になぎはらって、これも五方にくりかえし、太刀を鞘におさめて、つぎに空間におおきく九字をきっておわるのである。同時に装束などもその場でぬぎすててあらためる。なお「しずめ」祭りには関係者および地内の者は全部参会するのである。

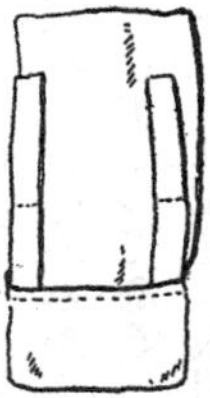

「しずめ」祭りに用いる
頭巾の一種（振草系足込）

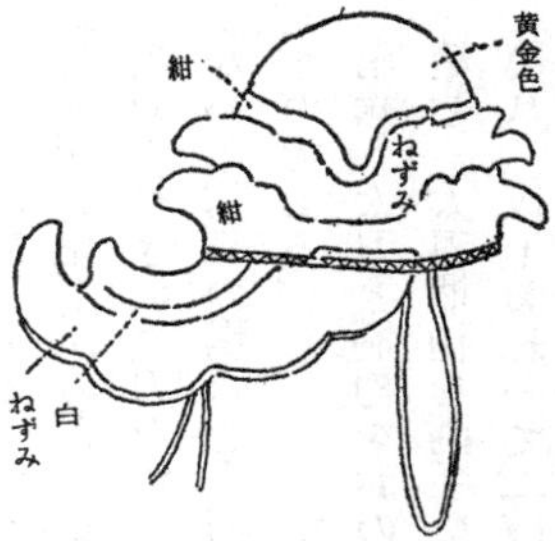

「みずのう」の鳥冠（大入系上黒川）

以上は振草系月の禰宜森下覚太郎氏の作法によったもので、振草系は、他の土地もこれと大同小異である。

これに対して一方大入系では、反閇は二人でおこなうばかりでなく、これが作法などにおいてもいくぶんことなっている。

太刀と柄杓

大入系の「しずめ」の反閇には、「ひのう」役は太刀、「みずのう」役は柄杓《ひしやく》をもつので、これがやがてそれぞれの表徴である。このことは「みずのう」が素面である場合においてもまた同様である。それで反閇の形式も、根本においては、振草系と共通の感がふかいのであるが、かりに上黒川の様式によってひととおり大略をいって見る。

第一　「ひのう」が主位で、正位すなわち東にむかっていて、「みずのう」はこれとならんでいる。たちあがってから、後門秘子の印で、拍子《ひょうし》につれて逆足に五方をふむ。
第二　つぎに前門秘子の印で、左足から三歩ずつ九字をふんで五方をまわる。
第三　つぎに反閇で、五印をむすんで、これを五方にくりかえす。このとき振草系では、左から右にふみかえるまでは印をむすんだままであるが、ここでは一足ごとにといてはむすぶのである。このとくときの形があたかも何物かを掌の中からなげるようである。これまでは太刀と柄杓はそれぞれ腰にさしている。
第四　太刀と柄杓を、各前面にたて片手でおさえていて、太刀の印で左に三回、右三回左三回の順で開く、開くというのは、拍子につれてあたかも何物かをさししめすように、空間にむかって手をのばしてゆくのである。このとき介添の者が、それぞれ太刀と柄杓を下からささえている。
第五　つぎに太刀をたてたまま、腰に両手をあて、かまえては五印をむすんでとく、すなわち第三の場合を太刀を立てていておこなうのである。以上すべて五方にくりかえすのである。
第六　太刀と柄杓をおのおの腰にもちそえて五方をふむ。
第七　太刀柄杓を両手にささげもちて、おなじく五方をふむ。
第八　以上おわって「げどうはらい」にうつる。「ひのう」は面形を「みずのう」は鳥冠をとってべつに四人の者がくわわり、六人にておのおの太刀をぬきつれて場をまわった後、太刀で天井壁などをはらって舞戸から屋外へとはらっていくのである。なお三沢でこの場合六人がたがいに手をつないで円陣をつくり右から左へまわって、最後にかけ声鋭く太刀をぬいて、天地をきりはらい切伏せるのである。ちなみに「しずめ」祭りは、行事開始からおわりまでは、約二時間をようするのである。

土公神やすめ

土公神やすめは、一に「どくやすめ」といっている。「しずめ」祭りの一方、手わけしておこなうので、その一部行事ともいえる。土公神の幣束《へいそく》を中心に、祭文の唱和がある。なお祭文詞章はいく種もおこなわれていたようで、べつに三宝荒神の祭文とするものもあったのである。

花そだて

行事の最後

「花そだて」は一に「花のそうごん」ともいい、まえにもいったとおり、大入系の三沢などでは、舞いの次第中にはさんでいて、かならずしも祭祀後段の儀式とかぎらぬが、その他の大部分の土地は、すべて行事のおわりにおこなっている。ことに振草系の各地では、この行事を最後の宮わたりとひとつづきとしている。

よってまずこれを舞いの次第中にはさんでいる三沢の例でいうと、順序としては湯立てがおわって、「舞おろし」があり、その後にくるのである。いいつたえによると、同地では約四十年前までは、この間に「てんがくのしずめ」（田楽のしずめか）といって、反閇の式があったというから、やはり「しずめ」祭りに順次として関連があったことになり、舞いの順位にはむしろ関係がうすかったといえる。

花の御串を杖に突く

三沢の「花そだて」の次第は、かねて神座の天井にかざってあった「はな」すなわち花の御串を、禰宜またはは「みようど」がもって、それにつづいて舞子をはじめ見物の一部の者もくわわって、これを杖に突きながら、一方「花そだて」の祭文につれて、竈の周囲を右まわりにめぐるのである。花の御串の数はすべて二十四本で、その中に大と称するものが四本ある。この大をもつ者は頭に五色のかうかずら（神鬘）をかぶる。かくして祭文をとなえながら、地につきたててめぐる光景は一種の壮

花そだて（振草系月）

観である。しかしてこれがおわった後の、花の御串は、希望者がいただいて、おもいおもいの神仏などに奉納するもあり、あるいは畑などにたてて、虫よけのまじないにするもあった。これに対して三沢をのぞく他の大入系の各地は、いずれもかくのごとく盛大でなく、花の御串の数も四本程度で、「かうかずら」などもすでに用いなかったようである。

立願者の参加

大入系ごとに三沢の「花そだて」は、行事そのものは壮観であるが、内容としては見物の一部が参加する程度で、他の行事に比較してかくべつの特色はないが、これに対して振草系各所の「花そだて」は、他の行事に比較しておおいに特色がある。すなわち次第に参加する者は、他の行事などとことなって、祭文の唱和と楽にあたる者の他は、すべて一般の立願者である。すなわち当日「びやっけ」を奉納した一力花の願《がん》主《ぬし》をはじめ、湯蓋《ゆぶた》、花の御串の奉納者である。それで式のまえに、それぞれ願主に、奉納の「びやっけ」湯蓋、花の御串をわたす式がある。願主はこれをうけとって「びやっけ」湯蓋はこれを頭にかぶり、花の御串は杖に突いて（びやっけ湯蓋には花の御串附属）花の御串の奉納者はただそれだけを杖にして、先達にしたがって、祭文唱和の間竈をめぐるので、この点は前記三沢とほぼおなじである。「花そだて」の祭文は、一に花をひらくともいい、「びやっけ」を笠にかぶり御串を杖について、花の山すなわち極楽浄土にめぐりあういんねんを説明したもので、口調もまた一種哀愁をはらんだ和讃調である。祭文は相当長編であるから、唱和の間何回となくしずかに竈をめぐり、おわると同時に、つぎの宮わたりにうつるのである。

つぎに「びやっけ」湯蓋、花の御串をわたすときとなえる歌がある。

願主の　額に当るかうかづら　神のわかごに　かけてとらしょう

宮わたり

祭具も共に箱に納めて

みやわたりは「花そだて」がおわると同時に、そのまま行列を組んで氏神へわたるのであるが、このとき氏神の御輿をはじめ、祭具の役ずみとなったものも（すべてかざりつけにもちいたもの）ことごとく「花そだて」の行列にくわわる（土地によると面箱もはいる）のである。現今の次第では、「花そだて」宮わたりの刻限は、あくる日のくれがたあるいは夜にはいるので、松火《たいまつ》または提灯《ちょうちん》をもって、祭具をおった者「びやっけ」湯蓋をもち花の御串を杖にした者などが、夜風に吹かれてねってゆく。引きつづく行事に極端に疲労していた関係もあり、その光景にはなんとなく感傷的な気持をそそられる。

氏神の鎮まる地へ

「花そだて」から宮わたりの行事が、神楽の次第にある白山の浄土いりにつうずるものとすれば、氏神はさしずめ白山にあたるわけである。宮わたりはやはり笛太鼓の拍子でねるのであるが、氏神の境内へ到着すると、御輿は社殿におさめ、その他のやくずみの祭具立願者の「びやっけ」湯蓋などは、境内の清浄な地をえらんでそこにおさめおくのである。

これも、また永久にやすらかなれといった気持である。

なおこのとき厳密にいうと、それぞれの次第にとなえ言、式作法があって、たとえば宮わたりの折の「うたぐら」の最初は

いちいち礼拝　いちの宮洲へまい
らする　　ちとせはここに　ふ
くやたまはな

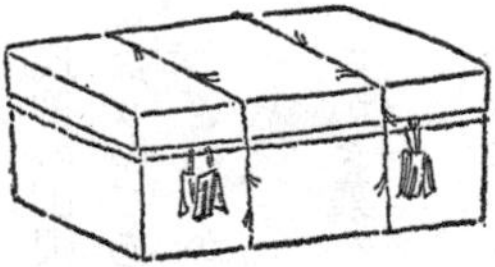

宮わたりにおける面箱
（振草系古戸）

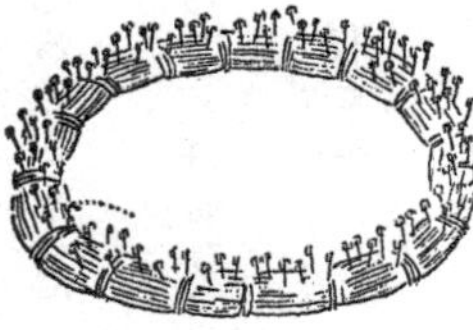

宮わたり最後の神上げの幣
（大入系大入）

氏神の御輿をおさめるときもまたこれであるが、現今は新法による祠宮がべつにおこなうのである。

つぎに「かうかずら」「かけおび」をおさめおくときは

さかき葉の　御前に取そえて　ちとせは此処にふくやたまはな

つぎに「びやっけ」湯蓋、花の御串をおさめるときは

このみきの　ここはすみかはわるき　てんじくこうはずしかはよけれ　あがらせたまえ　てんじくへ

と三度となえ、最後にいっせいにホウとさけんで、いっさいの行事はおわるのである。

舞　踊

舞いの種目

各所不同

祭りの基調をなすものは舞踊すなわち舞いであったから、次第をつうじて種目がもっともおおかったのである。舞踊——一般に「舞い」——の語をもってよばれていたものは、すべて舞いの場所である舞戸でおこなわれていたのであるが、行事全般をつうじていうと、これ以外の場所でおこなわれていたものもある。たとえば「しずめ」の舞いのように、かならず位置をべつにするさだめであったが、ここにいうのはすべて舞戸でおこなわれたものをさすのである。

舞いの種目は各所をつうじてことごとくおなじでなかったが、しかしその中の大部分は共通していたことはすでにいったとおりで、左の十三種目である。

楽《がく》の舞　　市の舞　　地固めの舞　三折り（扇、やちごま、つるぎの手）

花の舞　三折り（扇、盆、湯桶《ゆとう》の手）　やまみ（やまわり）の舞　三ッ舞
三折り（扇、やちごま、つるぎの手）　さかきの舞　ひのねぎ、みこの舞
おきなの舞　四ッ舞　三折り（扇、やちごま、つるぎの手）　湯ばやしの舞
朝鬼（四ッ鬼）の舞　獅子《しし》

以上共通するもののほか、各所区々《まちまち》におこなわれていたものはすべて八種目である。いまこれを各所について比較すると左表のようである。

地名＼種目	鈴の舞	笛の舞	しきさんば	みかぐら	順の舞	舞上げ	舞おろし	二挺鉾
中設楽	ナシ	在	ナシ	ナシ	在	ナシ	ナシ	ナシ
月	〃	ナシ	〃	在	ナシ	〃	〃	〃
古戸	〃	〃	在	ナシ	在	〃	〃	〃
小林	〃	〃	在	〃	在	〃	〃	〃
奈根	〃	〃	ナシ	〃	在	〃	〃	〃
中在家	〃	〃	〃	〃	在	〃	〃	〃
布川	〃	〃	不明	不明	不明	〃	〃	〃

下栗代	足込	大入	大立	御園	坂宇場	東薗目	上黒川	下黒川	古真立	三沢	間黒	下津具	存在個所合計
〃	〃	〃	〃	〃	〃	〃	〃	〃	在	ナシ	〃	〃	一
〃	〃	〃	〃	〃	〃	〃	〃	〃	〃	〃	〃	〃	一
ナシ	〃	在	在	在	不明	在	在	在	ナシ	在	在	在	十一
ナシ	〃	〃	〃	〃	〃	〃	〃	〃	在	ナシ	〃	在	三
ナシ	在	在	在	ナシ	不明	ナシ	在	ナシ	在	在	在	ナシ	十二
〃	〃	〃	〃	〃	〃	〃	〃	〃	在	ナシ	〃	〃	一
〃	〃	〃	〃	〃	不明	ナシ	〃	在	ナシ	在	在	〃	三
〃	〃	〃	〃	〃	〃	〃	在	ナシ	〃	〃	〃	〃	一

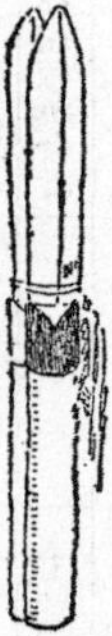

二挺鉾の舞いの鉾
（大入系上黒川）

備考

以上のうち、鈴の舞は四人、笛の舞、二挺鉾は各一人、舞いおろしは四人ないし六人で、その他の舞いは各所不同である。

「みかぐら」は祭事次第としては、別表の三ヵ所であるが、臨時のものとしては各所に存在したのである。

「舞上げ」は現在一ヵ所であるが、これまた臨時の場合には、他の個所にも存在したのである。しかし性質が幾分ことなっていたのである。なおこれ以外に、大入《おおにゅう》系三《み》沢《さわ》の別種の獅子舞、古真立、上黒川の魚釣り、「なかとばらい」の次第があったことをつけくわえておく。

すべて二十ヵ所の中で、八種目の存在に、これだけの不同があるのである。さらにこれを形式の上から通覧すると、不同のよってくる一面の理由は、ある点まで諒解《りょうかい》されるのである。それにはまず、舞いの場所である舞戸の区分について、そこからみていくことが早道と考えられる。

舞戸による区分

二ツの座

舞いの場所である舞戸は、すでにいったように神座《かんざ》に接した土間で、竈《かまど》を中心にした四隅の柱を限界としたうちであるが、これには二つの区分が仮定されている。すなわち竈のまえと、竈の「くろ」（周囲）である。前者を竈のまえまたは本座といって、竈と神座との中間の場所である。これに対して竈の「くろ」は、四隅の柱にかぎられたうちの全部をいうのである。したがって前者における舞いを、竈のまえ、または本座の舞というのに対して、後者を竈の「くろ」または竈の「くろ」の舞いといったのである。なおこの竈の「くろ」の称呼には、一方の本座に対していっそう適切な称呼があったのでないかと考えられるが、まだ聞かぬのである。

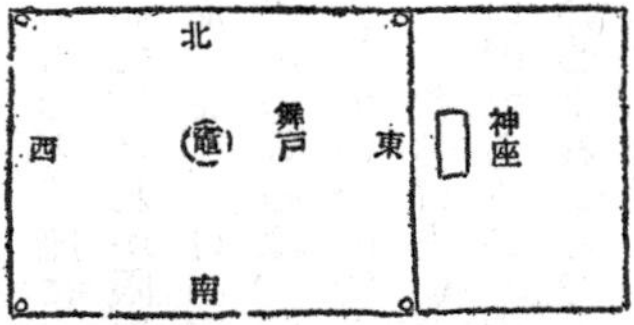

舞戸の方位の一（振草系）

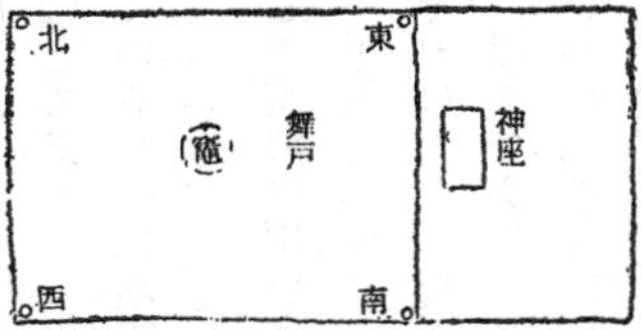

舞戸の方位の二（大入系）

舞いもまた二ツに区分

舞戸における舞いは、現在の形式からほぼ二とおりに区分される。すなわち竈の前だけのものと、竈の前「竈のくろ」との二ヵ所をつうじて、はじめて一個の舞いが完成されるものとで、語をかえていえば、本座のみで完成されるものと二座にわたるものとである。この区分は別に次第の順次の上にもあらわれていて、これが限界をなしているものは地固めの舞である。地固めの舞以前のものは、竈のまえだけの行事で、べつにござ（または新筵《あらむしろ》）を敷いてつとめているに対して、以後のものは、いっさいしきものは用いず、竈の前の行事と「くろ」の行事とから成立していたのである。もっともその中に、同一の種目で、前後の帰属が土地によってことなるばあいがある。それはただ一種、市の舞で、概括的に振草《ふりくさ》系では地固めの舞以前であるが、大入系では以後である。この事実はやがてこの舞いの本来の意義にも影響することであるらしいから、これはひとまず別にしておく。しかしてその他のものは、地固めの舞の前と後とで、形式もぜんぜんことなっていたのである。しかして前者のしきものの上でつとめるものは、楽の舞と、その他は前表にしめした八種目の中の、「舞いおろし」をのぞいた七種目である。

敷物の意義

楽の舞をはじめ、その他の七種目の舞いが、各所を通じてことごとく地固めの舞以前であったことと、共通にしきものを用いていることは、神事として、とくに重要性をもつものと一見考えられもするが、これは事実から推察して、地固めの舞以後のものと区別するためと解する方が、無理のない考え方と思われる。すなわち敷物は、舞いの重要性を表現したものでなく、ひとつの区分をしめしたもので、この事実はこれらの行事がもとは別の場所におこなわれたことを暗示するともいえた、このことはそのとりあつかいにもうかがわれて、地固めの舞以後のものとは同一でない。たとえば役にあたる者を禰宜《ねぎ》または「みようど」とするとか、あるいは神下しなどのように、これを純儀式としていて、舞いの種目に加えぬばあいもある。かりにその中の楽の舞についていえば（これは各所共通に存在）この舞いの意義は、太鼓を打つための一種の過程をなすものと考えている。よってその他の七種目の舞いにおいても、楽の舞の場合のように、はっきりしたる意義は現在ではあたえられぬとしても、地固め以後のものとは、おのずからこれに対する考え方がことなっていたのである。

なお各所不同の種目は、地固めの舞以後にはほとんどなかったことは前にいったとおりで、ただひとつ大入系の三沢の「舞いおろし」が、地固めの後にくるのであるが、これは実は湯立てとひとつづきの行事であったから、湯立ての順次によって、べつに考えらるべきもので、したがって他の地固め以後の舞いとは同一にとりあつかうべきでなかった。以上のような結果から、地固めの舞以後にくる舞いは、各所をつうじてほぼ共通ということができるのである。

地固めの舞以後にも二様式

地固めの舞以後の舞は、これまた様式の上から二とおりに区分される。すなわち一は一般青少年のつとめるもので、役柄は年々不同であるもの、一は面形をつけてつとめるもので、役柄も多くの場合、家系をもってきまっていたものである。しかしてこれを動作すなわち舞いからいっても、前者は舞い——たんなるかたの表現——が主であったに対して、後者は面形のもつ内容の表現が目的であった。したがってこれを一個の技芸として見るときは、前者がはるかに複雑で、人為的に洗煉《せんれん》をへたものといえるのである。かりに面形をつける舞いが先型で、かつ基本であったとすれば、一般青少年の舞は、そこから出発して一種の形式をなしたものともいえたのである。

舞いの区分は四段階

だいたい以上の概念にもとづいて、全体の舞いを通覧すると、ほぼ四ツの段階があって、つぎのようである。

一　地固めの舞以前のもの　　二　市の舞　　三　青少年の舞　　四　面形による舞

なおかく分類の結果、前述した湯立ての一部である舞いおろしの帰属がなくなるのであるが、これは湯立ての性質上かりに地固め以前に加えておくこととする。よって地固めの舞以前の舞いは、純儀式にひきつづいてのべたとおりであるから、以下第二の市の舞と、一般青少年の舞、面形による舞についていうこととする。

市の舞

舞いの番数

市の舞は各所共通の名で、これに対して格別変った称呼はない。形式は一人ずつで、同一のものが土地によって、二折りの場合と、三折りの場合とある。振草系の足込《あしこめ》、中在家などは二折りであるが、その他の土地はすべて三折りである。

舞子の年齢と資格

舞子の年齢には格別規定はないようであるが、舞いの手がはげしいので、いずれも血気さかんな者をえらぶ。なお振草系の一部の土地では、この舞いをつとめた者が、地固めの舞三折りのうちの各一役をつとめる関係もあり、すべて舞い上手の者があたるのである。

市の舞の型（振草系月）

扮装と持物

衣裳《いしょう》は「ゆかたびら」に裁著《たつつけ》、草鞋《わらじ》で、その上に「ゆはぎ」をつける。持物は現在各所をつうじてほぼ四とおりにわかれている。すなわち左手に開扇、右手に鈴をもつことをたてまえとして、左手に榊《さかき》の枝をそえもったもの（振草系中在家、月《つき》、下粟代《しもあわしろ》など、大入系下黒川、御園《みその》など）、榊にかわるに笹のみのもの（振草系足込）、榊と笹をあわせもつもの（振草系古戸《ふっと》、小林《こばやし》）、しかして左右に各笹束をもったもの（大入系三沢、上下黒川）などである。

舞いの手

舞いの手は、各所でいくぶんの相違があることはもちろんであるが、本来きまったかたがあって、その順序を厳密にえらぶ場合はすくなく、猛烈な躍動にともなうからだの「こなし」が主となっていたのである。かりに振草系古戸の型についていうと、まずはじめに竈にむかって、榊と笹をささげおしいただいて礼拝しつつこれを三度くりかえす。つぎに片足立ちになり「ゆはぎ」の袖褄《そでつま》をつかみ、両手をおおきくひろげ、からだを左右にはげしくゆり動かしながら、東南西北中央と五方にむかって踏んでまわる。中央はやはり東と同一の位置である。なおこの時からだの揺動には順序があって、天地中央の型により三回におこなうのである。すなわちはじめは高く、つぎに腰をさげてひくく、最後はその中間である。これを竈の前の五方といっているが、口伝では、鷹《たか》が羽をひろげたような気持でゆするとしてある。それでこのときの型を別に

市の舞跳躍の型
（大入系古真立）

市の舞の型
（上：反り返り　下：屈身）

鶴の舞ともいうのである。この間手にした榊と笹はたえず微動させている。五方式がおわると両手を釜《かま》のうえにかざし礼拝し、さらにたかく手をあげて、片足立ちで十分にそりかえるのである。これをくりかえし三回おわると、つぎに黙禱《もくとう》の型になり、拍子と共にからだをだんだんちぢめていく。榊と笹がしだいにはげしく震動をはじめて、つぎの躍動の準備をしているのである。拍子がかわって太鼓をはげしく打ちだすと同時に、十分な弾力でからだをおこし、たかく跳躍しほとんど笹の葉をもって天井を払うほどになる。これをくりかえして、つぎにおどりたって、竈のまえから舞戸の南方、西方北方と、位置を変ていって、竈の周囲に蝟集《いしゅう》した見物を、用捨なくたたき払ってまわるのである。最後にもとの位置にかえり、ここで跳躍をくりかえし、さらに舞戸をいま一回おどり歩いておわるのである。なおこの場合振草系大入系によって、竈の前から五方への動きが異なっている。

市の舞はどこも共通に人気のある舞いであった。はじめ竈の前で、黙禱の型をつづけている時から、見物がまわりをかこんで、勝手な評定や感想をしている。この舞子はうまくはねあがるか、おもしろくあばれるかなどと、そうした一方には、そらはねあがるぞたたかれるなどと、逃げ仕度をする者もある、それで拍子が舞い拍子にかわると同時にわっとわきたつのである。それを追いかけて払う叩《たた》く、舞子も興奮してきて、おもわず縦横に踊りまわるのである。そうして中途ですべってころんだりするので、一層人気が沸騰する、そんなわけで、三折りの中ならば一折り位は、故意にころがることもあったのである。

舞いに対するいい伝え

市の舞は、大入系などでは、地固めがすんで第一に出る舞いというふうな考えから、第一の舞いであるとする。その一方には、一人ずつの舞いという意味から、一人の舞いという意にも考えられている。しかしそうした意味からきた名称でないことはもちろんで、各所のいいつたえにもべつに巫女の舞といっている。しかして二三の土地では、最初のよびだしすなわち舞戸への出の「うたぐら」を

いちみこのまい出る姿花かとよ

云々《うんぬん》とやっているのである。「いちみこ」はこの地方で一般に用いる巫女の称である。そうして持物においても、一部の土地をおいては、中訳的の榊の枝になったり、榊と笹をあわせ持ったりしている。また大入系の三沢、上黒川のように、両手に笹を大きくたばねてもっていて、飛躍して天井を払うところから、別にすすはらいの名もあったのであるが、舞いを見ていておのずと感得されるのは、はじめ竈の前の黙禱の

型から、からだをゆすったりそったりするうち、だんだん神がかりの状態にはいっていく過程が、十分うけいれられるのである。

なおこの舞いは、前述のように、振草系では地固めの舞の直前、大入系はおおく後で、いずれも竈の前に敷物をしくのであるが、舞い拍子にはいってから舞戸全体にわたっての動きは、舞いというよりもむしろ踊りである。

青少年の舞

舞いを代表するもの

花祭の舞いの種目は、全部をつうじて十数種におよんだのであるが、舞いとして代表されるべきものは一般青少年のものであった。花祭をひとつに青少年の祭りと考えたのもここにあったのである。その種目は全部で五つで、すなわち地固めの舞、花の舞、三ッ舞、四ッ舞、湯ばやしの舞で、そのうち湯ばやしの舞をのぞくほかは、持物によって、各三折りずつにわかれていたから、全部で十三番あったわけである。しかして年齢順によって、それぞれ舞子の選定をしたのである。

舞いと年齢の関係

青少年の舞は、すべて年齢を標準として舞子をふりあてたのであるが、現在では各所をつうじて、これに劃然《かくぜん》たる規定はすでに存在しなかった、ただ不文律としてほぼきまっていたのである。これには各所いくぶんの相違はあったが、だいたい左のようなものであった。

地固めの舞
　扇の手　十三、四歳
　「やちごま」の手　十五、六歳
　「つるぎ」の手　十七、八歳
花の舞
　扇の手　六、七、八歳
　盆の手　八、九、十歳
　湯桶の手　十、十一、十二歳
三ツ舞
　扇の手　十三、四歳
　「やちごま」の手　十五、六歳
　「つるぎ」の手　十七、八歳
四ツ舞

扇の手　二十歳前後
「やちごま」の手　二十二、三歳
「つるぎ」の手　二十五、六歳
湯ばやしの舞　十七、八歳

ほぼこうした標準で、花の舞から三ツ舞四ツ舞としだいに年齢があがっていったのである。しかして地固めの舞は、両親そろったもの、湯ばやしの舞は、舞いに堪能な者からえらぶとするのが一般的のしきたりである。しかし各土地の状況、その年の舞子の多少などによって、かならずしも一律とはいかなかった。四ツ舞の「やちごま」「つるぎ」の手などは、三十歳前後の者があたることは、往々あったのである。なおこれについて、振草系の古戸では、部落が比較的おおきかった関係もあって、明治初年祭祀《さいし》の団体権を一般に開放した際、舞子の整理に困惑して、年齢を二十五歳以下と制限したので、湯ばやしの舞なども、自然十四、五、六歳程度の者からえらぶので、舞道具の藁束子《たわし》をもちあつかいかねるような手の持主が、あたっている現状である。

舞いの基本は脚

花祭の舞いは、面形によるものも青少年の舞も、大地を踏むことすなわち脚の動作が基本である。それで各所のいいつたえにも、舞いはすべて大地を踏みしずめる式で、すなわちへんべ（反閇）であるという。これをようするに踏むということの意義をきわめて有能化するために、全身の精力を一本の脚に集中して、刹那《せつな》のするどさをしめすにあった結果、そこから誘発する運動感が、一個の芸を生んだもののようである。したがって結果からうける感じは、踏むという言葉がもつ、連続性をはらんだ――おさえる意味の――重苦しい気持ではない。きわめて軽妙な、弾力性にとんだ力の表現で、あたかもなにものかが空間に揺動するような感をあたえたのである。たとえばわれわれが考えている神通力というような概念が――鳥のように連続的に飛翔《ひしょう》するとはことなって――一種魔術的の動作――天狗《てんぐ》などを連想する――そうした動作が一方礼拝と空間を払う型をともなっていたのである。

舞いの基準は五方

舞いの基準はすべて五方位によるのである。よっておのおのの座にそれぞれ方位が仮定されたので、すなわち竈のまえの座においては竈を正位の東としてこれに五方位をきめたのである。この場合中央はやはり東をもって兼ねあてる。また竈の「くろ」の場合は、これは土地によって二様の解釈がある。すなわち竈の前の座の延長とするもの（大入系）と一は舞戸本来の方位によるもので、すなわち神座を正位の東とするもの（振草系）である。この仮定によって、おのおの舞の順序がきめられたのである。なお方位のきめかたには、実際上と比較してかなり矛盾があり、絶対のものではないのである。

四角と三角の動き

舞いの基準とするところは五方位であったが、これの形にあらわれた基準は四方と三方の二種類である。すなわち四方を基準として五方位に舞う場合と、三方を基準としつつ、なお五方位である。よってこれを結果からいうときは、五方位はひとつの仮定にすぎぬものである。この矛盾は舞いの手の名称にもいたるところにあらわれていて、たとえばへんべ（反閇）をはじめ、すべて四方の舞いといっているものも実は五方であり、土地によってこれが統一されたものと、劃一《かくいつ》されなかった場合がある。よって一般に四方の称呼にきめたものは、実は五方であるかと解釈してよいわけであるが、土地によっては四方といって事実五方のものと、文字どおり四方基準であった場合とある。これは舞いの実際をみればわかるのである。こうした概念からおのおのの舞いを通観すると、人員および持物などによって、それぞれ特色こそあるが、事実四角と三角の形式以外に出ることはなかった。いまこの区分を各舞いにあてはめるとつぎのようである。

三方を基準とするもの
- 三ツ舞
- 花の舞

四方を基準とするもの
- 四ツ舞
- 地固めの舞
- 湯ばやしの舞

ほぼこうした区分になるのであるが、四ツ舞三ツ舞をのぞくほかは、土地によって、すべてこの律のみにはきめがたい場合もある。たとえば地固めの舞は二人の舞いで、すべて四ツの座を基準として動くのであるが、大入系振草系によって、実際の動きは大分ことなっている。これをたんに感じの上からいえば、振草系の地固めの舞は、三方すなわち三ツ舞の動きに近い点もあるのである。また花の舞は、以前はことごとく三ツ舞の型であったらしいが、現在では、土地によると四ツ舞の型に変化したものが多い、三方すなわち三人の舞いは、基準のとりかたが、四ツ舞のように画然せぬので、少年などには理解が十分でなく、舞いにくいところから、中途で四ツ舞の動きにかえたのである。また湯ばやしの舞は、これは形式からいっても、四ツ舞三ツ舞とはだいぶ異なっているのであるが、人員が四人のところからすべて四ツ舞の型で動いていたのである。これらについては、おのおのの舞の条に細述することとする。

三方の舞いにおける矛盾

三方を基準とする、すなわち三角形にうごく舞いは、振草系と大入系によって、だいぶ異同がある。これは竈の「くろ」の舞いにおいてはやや共通であるが、竈の前——本座の舞——においては、前者は事実円形にうごいて、なお三方基準であるに対して、後者は、四方の一片を欠いた三方に動いている。これをようするに一は三方を基準として事実はまるくうごくに対して、一は四方の座を三人で三角にうごくのである。

個々の型は各舞い共通

各種の舞いは、人員および持物によって、おのおの特徴があり、四方と三方を基準に動いたのであるが、個々の型においてはほとんど共通である。たとえば地固めの舞と花の舞は、動作の変化順序においてもほぼ同一で、一方三ツ舞四ツ舞は、動きの基準こそ相違していたが、個々の動作においては、一部べつの型が加わるだけでその他は同一であった。

以上のようなしだいであるから、これが説明は、ある一個の舞いについて細述すれば、他は相違点をあげるだけで推考されるわけである。よってまず人員の単位のひくい地固めの舞をえらび、これによってうごきの変化における概念を得ることとする。なおことわっておかねばならぬのは、舞の手は分解すると、相当複雑であって、文字によって説明することは到底不可能であり、かつ舞いに対してなにこそ専門の知識をもたぬ者があたることは、冒険というよりむしろ無謀である。舞の手は土地によっていくぶんずつ相違し、かつ振草系大入系でだいぶ特色があらわれていたのであるが、これらはことごとく比較はできないから、かりに振草系をもととし、それに大入系の特徴を附加摘記することとする。

地固めの舞

四方門を開く

地固めの舞は、各所ほとんど共通の名称である。なかに「じがた」舞などと、最後の「め」をはぶいているところ（三沢、古真立）もある。しかして、これをべつに四方門をひらくともいう。

舞いの所要時間

扇、やちごま、つるぎの手共ほとんど同一で、一折りの所要時間は土地々々で一定でないが、三十分ないし三十五分である。しかして大入系が振草系に比していくぶん短縮されていたようである。

舞子の資格

舞子の資格としては、前述のとおり、両親そろった者にかぎられていたが、土地によっては（下粟代、小林など）最初の扇の手にかぎり、家の世嗣となる者からとる。このことは他の花の舞、三ッ舞、四ッ舞にも共通である。なお市の舞をつとめた者が、あわせつとめるとする土地もあることは前にいったとおりである。

装束は裁著ばき

装束は紺または浅黄地に色模様を染めだした「ゆかたびら」に、おなじ裁著脛巾《はばき》をつけ、足袋《たび》わらじばきで、それに色模様または更紗《さらさ》木綿の襷《たすき》をかける。この襷を「ゆだすき」といい、かけかたは片襷である。

白鉢巻をなす

装束はすべて前述のようであるが、土地によっては（中在家、足込など）べつに白木綿の鉢巻をする。あるいはまた（多大入系）「ゆかたびら」の上に、べつに色模様のある「ゆはぎ」をつける場合もある。

持物

舞子の持ちものは、右手に鈴をもつ、これは他の花の舞三ッ舞四ッ舞もともにおなじである。しかして左手には、舞いの手に応じて、扇、やちごま、つるぎのいずれかを持ったのである。扇は多く日の丸の模様であるが、ときには白扇または三蓋松《さんがいまつ》を描いたものもある、「つるぎ」はただの刀剣であるが、「やちごま」は「つるぎ」に対する木剣の意と考えられていて、土地によって（御園、東薗目《ひがしそのめ》）これを「ぼうづか」または棒ともいっている。

地固めの舞の装束（振草系足込）

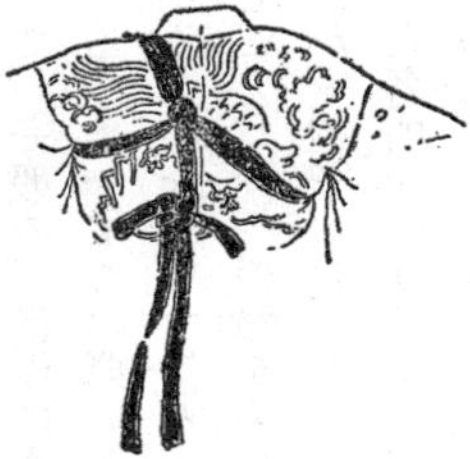

地固めの舞の襷の一種（紅木綿）
（大入系上黒川）

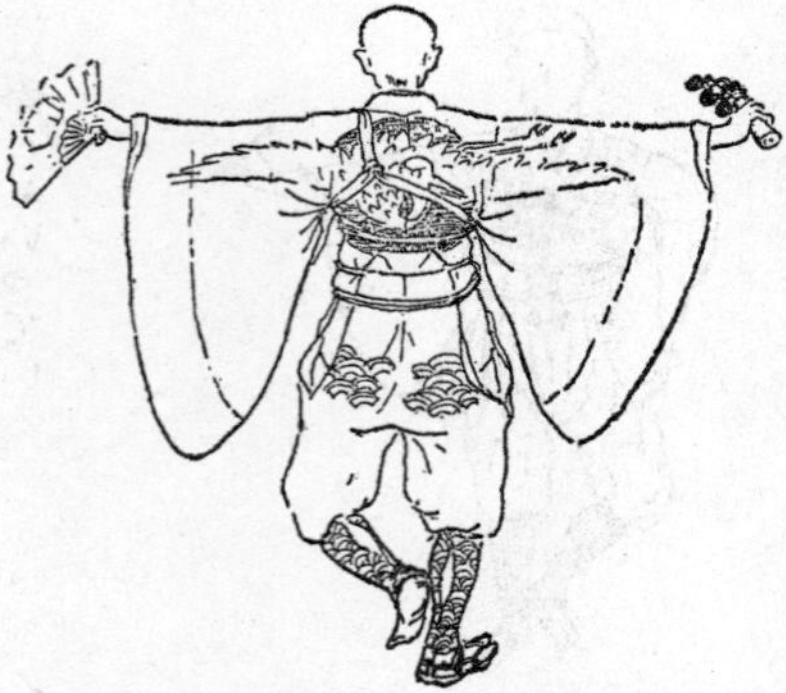

地固めの舞装束の一種（振草系古戸）

舞いの魁《さきがけ》

地固めの舞は、当日の舞いの魁をなすもので、一般の三番《さんば》叟《そう》にあたると考えられている。よってこの舞いにおいて、万一舞子がまごつきでもすると、その日の舞子はことごとく同一の轍《てつ》をふむと信じていて、あたかも拍子における楽の舞と同様である。また各所をつうじて、扇の手を重要とするものと「つるぎ」の手を重しとするものと、二様の解釈がおこなわれていたようである。

舞いは二ツの次第の対立

まず第一の扇の手によっていうこととするが、舞いはすべてふたつの次第の対立である。すなわちまえいったように、第一に竈の前の式で、これがすんで竈の「くろ」の式に移り、このふたつの式で、次第が完成されたのである。しかして竈の前の式は、さらにふたつの次第にわかれていて、一を「ふりならし」一を「みやならし」ともいったのである。すなわちつぎのような区分である。

- 地固めの舞
  - 竃の前の式
    - ふりならし
      - 竃の前の五方式
      - 竃の前の式
    - みやならし
      - 竃の前の五方式
      - 竃の前の式
  - 竃の「くろ」の式
    - へんべまたへんべえ(反閇)
    - 竃を中心としての式

備考　竃の前の式の内「みやならし」は拍子が替るのみで「ふりならし」とほとんど同一くりかえしである。

花の舞

稚児の舞

花の舞はべつに稚児の舞ともいい前にいったように舞子はすべて少年である。扇の手、盆の手、湯桶の手と三折りあり、いずれも花笠《はながさ》（綾笠共）をかぶり、もっとも美しい舞いである。

花の舞の装束の一
（振草系下粟代）

花の舞の装束の二
（大入系上黒川）

四人または三人舞い

一折りの舞子の数は振草系大入系を通じて、四人の土地と三人の土地とあるが、以前は共通に三人が定員であったようである。このように変ってきた動機は種々あるが、第一は見た目が、三人より四人の方が美しかったこと、つぎには三人の動きは、四人の動きにくらべて順序が複雑なため、少年には難解だったことである。いまひとつは、近年一般氏子の役となった結果、舞子の数がふえて制限しきれず、やむなくあらためた場合もある。土地によると、これでもなお制限ができず、振草系の古戸《ふっと》などは、花の舞を十折りも十二折りも出している。もっとも儀式としての三折りは完全にすまし、後は竈の前の式だけにかぎっている。すこし村が大きくなると、こうでもしなければ、少年たちはもちろん親たちが満足できなかった、それだけ半面にこの舞いの人気のあったことがうかがわれるのである。

衣裳は各所各様

舞子の装束はこの舞いにかぎり各所区々《まちまち》である。振草系の土地には、多く陣羽織のように仕立た金糸模様の「ちはや」に、裁著または指貫《さしぬき》ようの袴《はかま》であるが、大入系では、地固めの舞などとおなじ装束で、うえに色模様の「ゆはぎ」をきる、あるいは裁著に代えるに緋《ひ》の袴を用いる土地もある。

舞いの手は地固めに同じ

舞いの手および順序ともに、地固めの舞とおなじであった。ただはじめ五方式の際は、扇の手にかぎり、花笠を左手にささげて舞う。しかして右手に鈴をもつことは他の舞いとおなじである。五方式がおわると花笠をかぶり、その手に日の丸または三蓋松模様の扇を持ったのである。

花の舞の「もこじ」の型
（大入系上黒川）

「ゆはぎ」を持って舞う

盆、湯桶の手にも、すべて花笠をささげて舞う土地もある。また湯桶の手には、はじめ「ゆはぎ」を持って、竃の前の「ふりならし」だけつとめ「みやならし」にはいるとき、はじめて著る土地もある。もちろんこれは伝統として「ゆはぎ」をつける土地である。なおこの「ゆはぎ」の舞は三ッ舞四ッ舞にあると同一形式である。

もっとも清く美しい舞い

花の舞は見ていてもまことに美しく可憐《かれん》である。こんな山ぶかい土地に、こうまでに美しい目鼻だちの子供がいたかしらと、ほとんど自分の眼をうたがうようなことがある。はじめ呼出しの拍子で、神部屋から大人の肩車にのって身振りをしながら出てきたときは、悪態のあるかぎりを吐いている「せいと」の見物衆もしばらくは見惚《みほ》れてしまう。

扇の手を花の舞

この稚児の舞を、花の舞といった意味はわからぬ。花笠をかぶって舞うからとか、あるいは花のように美しいからというのが、現在一般の考え方であるが、古い次第書などをみると、花の舞三折りの中、第一の扇の手だけを、とくに花の舞といって、後の盆の手、湯桶の手は、別に「ごんすごりよう」となっている。「ごんす*」は既述したように「ごす」で、この地方で神前にそなえる酒の意味、「ごりよう」はかんたんに御料とも解釈されるが、なんとも断言はできぬ。しかしこの盆と湯桶は、神供に関係をもつ器具であることだけは想像される。しかし持物としての盆と湯桶は各所称呼なども区々で、たとえば振草系の小林は盆の手を「ちやつこ」の手といっている。「ちやつこ」はこの地方でふつうに用いられている食器で、木地製の皿のようなものである。また大入系の三沢は盆ではあるが、これを「そなえ」の手といっている。おなじ下津具《ぐ》は、盆の手にかぎり五色の幣《ぬさ》、振草系の中設楽《なかしたら》と奈根《なね》では、湯桶の手に代るものは、木製の小さな鍬《くわ》であった。また大入系の古真立では、この舞いにかぎり竈の前に新菰《あらむしろ》をしき、舞い道具の扇盆などをその上にならべおいて、五方式がおわった際に、舞子が舞いながらそれを拾いとるのである。

なおこのとき一方神座において、神勧請《かんじょう》*からひきつづいて祭文の唱和があったことはすでに述べたとおりである。

三ッ舞

三角形が基準

三ッ舞は舞子の数がすべて三人のところから、三ッというのは三人の意に考えられているが、これは四ッ舞が、四方すなわち四角が基準であるに対して、三方すなわち三角形が基準であるところからいった名称らしい。

三ツ舞二様式

三ツ舞は三角形を基準とした舞であるが、これを実際についてみると、かならずしもそうでないばあいがあった。しかしてここにも振草系と大入系の相違がある。たとえば振草系では基準点は六十度の角度をもつ正三角形で、竈にむかって一片が並行しているのであるが、この動きは事実上円形である。これに対して大入系は、四角の一片を除いた三角形にきまっていくのである。

持物と装束

持物は地固めの舞と同一で扇、「やちごま」「つるぎ」の三ツの手で、衣裳はこれまた地固めの舞と同一形式で、模様が異なってくるだけである。しかして竈の前の式では、「ふりならし」に「ゆはぎ」をつければ「みやならし」には「ゆはぎ」はない。またこれと反対の場合もあり、これまた各所区々である。あるいは「ゆはぎ」をささげての舞いもあり、この点もいちようでない。しかし一般に竈の「くろ」の式には「ゆはぎ」は用いぬ場合が多いのである。

「やちごま」「つるぎ」の手

三折りのうち、扇の手は、舞いの順序それぞれの型ともに、地固めの舞と基本においてはほぼおなじで、ただ一部分に変化があるだけである。しかし「やちごま」「つるぎ」の手においては、だいぶ異同点があって、たとえば後段に(扇の手でいえばその後にひきつづいて)、ぜんぜん別個の次第が加わるのである。この後段の舞いについては、各所を通じて適当な名称がないが、振草系の一部ではこれを「てろれ」といい、大入系の一部の土地では「五拍子の舞」とよんでいる。ちなみに「てろれ」は拍子から出た名称である。

三ツ舞「一人へんべ」(振草系月)

五拍子の舞の型は八種

五拍子すなわち「てろれ」の舞の個々の型は八種程ある。この手はすべて個々のもので、かく連絡して一個の型に舞うばあいはない。いまこれを順序によって示すとつぎのようである。

五拍子の舞(てろれ)

一　ためこみ
二　きっさき
三　はんや
四　さげまたは吊《つる》し
五　かぶり
六　巻取り
七　悪魔または天上舞（てんじょうまい）
八　腰取りまたはきんたま切り

もっとも困難な舞い

五拍子の舞は、三ッ舞と四ッ舞のみにある手で、花祭の舞いを通じて、もっとも勇壮なものであると同時に、舞子としてはもっとも困難な技であって、ほとんど足が地につくひまもないほどはげしい動作である。いずれも汗を滝のように流しながら、拍子につれてつぎつぎの動作にうつっていく、血気さかんな時代でなくては、到底たえられないのである。これは一面からいってひとつの試煉《しれん》であって、現に前にいった「きっさき」の手で、指頭を切尖《きっさき》でけずってしまって、鮮血のしたたるままなお舞っていたなどの逸話もあるのである。すでに前段の舞いで、四十分ないし五十分を経過してから、さらにこの困難な技が三十分あるいは三十五分もつづいたのである。もっとも土地によっては(大入系三沢)中休みと称して、次第にはいる前に、竈の前でほんの暫時ではあるが休息するのである。なおこれにかぎって、型は各所ほとんど共通である。

四ツ舞

四角の舞い

四ツ舞は舞子の数は四人で、四隅を基準にした舞で、したがって形としてもっとも型にはまっていて、動きとしてももっとも均正されたものである。三ツ舞がもっとも舞いにくいと考えられているに対して、これは舞いやすいとされている。

竈の前の式は地固めと同じ形式

四ツ舞の竈の前の式は、地固めの舞と形式はおなじである。ただ地固めの舞は、舞子が二人で、四つの座をもつに対して、この方は、四人で四つの座をもつわけであるから、かえって動きはかんたんであるが、しかし人員が多いだけ、動きは複雑になってきたのである。

四ツ舞「五拍子」のさし
(振草系中在家)

「ゆはぎ」の舞

振草系では、四ッ舞の扇の手で、竈の前の「ふりならし」にかぎり「ゆはぎ」をささげての舞いがあり、これを「ゆはぎ」の舞といっているが、これは大入系の場合では、四ッ舞にかぎったものでなく、花の舞三ッ舞などにもあるのである。

竈の「くろ」の式は三ツ舞の型

竈の「くろ」の式においても、前半は地固めの舞と形式においてかわりはないのであるが、後半はむしろ三ッ舞に近いのである。また扇の手と「やちごま」「つるぎ」の手はべつである。

四ツ舞における特別の例

四ツ舞の「つるぎ」の手において、大入系古真立の場合は、他の土地とは異なって、特別の形式がある。それは竈の「くろ」の式にうつってから、舞子が思いおもいに、すきを見て「つるぎ」をもって、四隅と中央に立った榊(この中央の榊は古真立と下津具に特有）の枝を切りおとすのである。また、下黒川においては、舞いにかかる前に「つるぎ」を釜の湯にひたす式がある。

湯ばやしの舞

湯立ての舞

湯ばやしの舞は、舞子の数は四人で、両手に藁《わら》の束子（ゆたぶさ）をもち、舞いの番数は一折りである。装束は三ツ舞四ツ舞におけるとほぼ同様で、ただその模様がちがうだけである。しかしてこの舞いにかぎって、他の舞いのように「ゆはぎ」をつけることはない。どこも共通に「ゆかたびら」だけをつける。土地によると（三沢、大《おお》立《たて》など）襷は縄襷で、これを十文字にかけて、足袋は用いず、素足にわらじである。これは、最後に釜の湯をふりそそぐのにつごうのよいためともみられるが、この舞いを一に釜あらいといっているところからみると、この場合まことに適した装束である。なおこれは、べつに湯立ての舞ともいい、下津具などのいいつたえによると、以前は次第の中間、三ツ舞のつぎに出したものというが、のちに、現在のように最後の出にあらためたという。

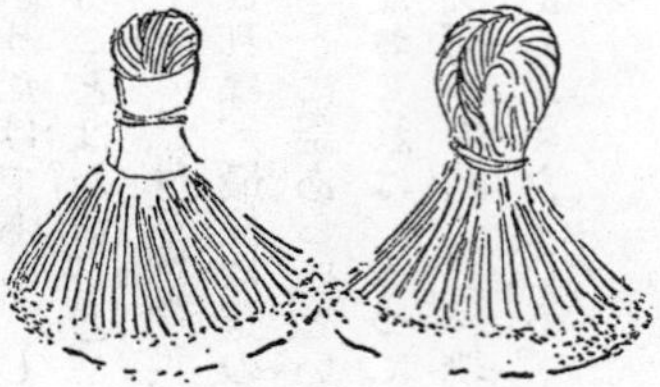

「ゆたぶさ」
右：大入系下津具　左：振草系古戸

舞いの型は特種

この舞いは竈の前の式および「くろ」ともに四ッ舞に準じたものであるが、次第は多少異なっていて、これにはいわゆるへんべ(反閇)のことがなかったのである。したがって「うたぐら」においても、湯ばやし特有のものである。「うたぐら」は全部湯立てにいたる過程を説いたもので「こぎ」と称し、禰宜が湯立ての場合にとなえるものと同一で、竈の前の式だけにこれがあり、おわって「くろ」の式にうつる。したがって竈の「くろ」の式には「うたぐら」はない。最後に熱湯を束子で、舞戸から四辺の見物関係者にむかってことごとくふりそそいだのである。

竈の前の式は四ツ舞と同型

竈の前の式は、前にいったように四ッ舞の「ふりならし」と同一であるが、ただ持物が束子である関係から、個々の型はことなっている。これを四ッ舞に比較すると、第一に足よりも手におもきをおくことで、これは他の舞いに対しても特別である。したがって両手は伸展した場合が多く、下にたれ、または胸のまえにおくような場合はない。しかして手の変化はほぼ三種で、すなわち第一は「ひらき」に該当するもので、両手を左右にのばしたもの、第二は「あほり」に近いもので、頭上で振るもの、第三はこれを目どおりで左右うちあわせるものである。しかしこれも土地によって多少の変化がある。

竈の「くろ」の次第

竈の「くろ」の次第においても、前半は、四ツ舞の扇の手とほとんど同一の動きである。

見物が期待の的

湯ばやしの舞は、舞子の中でも、もっともすぐれたものから採る。しかも舞いそのものがはなやかなところから、見物が期待の的となっている。湯ばやし湯ばやしと前夜からいい暮していた舞いである。湯ばやしによっていま大入系のある土地についてその感想をいってみる。舞いの番数もおわ

「湯ばやし」あおり（振草系）

「湯ばやし」片手湯立て
（振草系中在家）

りに近づいて、夜もどうやら、あけてきた頃である。舞戸のすきからみえる谿《たに》むかいの山が、雪で白く光っているのも、いかにも冬の夜明らしい気持である。夜っぴて、どなりわめきかつ踊りぬいた「せいと」の客達も、さすがに疲労したのか、人影もだいぶまばらになったときだ、長い長い「おきな」のかたりがおわって、これまでとは一種異なった壮快な拍子がおこってくる、湯ばやしの呼出しである。そら湯ばやしだと、人びとは急によみがえったように、近所の家などへもぐりこんで転寝《ごろね》していたらしい連中も、女も子供もわれがちにあつまってくる。だんだん次第もすすんで、竈の前の式がおわり竈の「くろ」へうつる。釜にはあたらしく水がおぎなわれて、竈には薪《まき》がどっしりとくべられている。いまやっているのが袖しぼりだ、もうすぐ烏とびだ、烏とびにかかったら湯をふりかけられるぞ、そら片手湯立てだ、束子《ゆたぶき》を湯へいれたなどと一時にうきあしだった際に、わっとあがる歓声とともに、さっとのぼるまっしろい湯けむり、なまあたたかい湯沫がもう顔へとんできた、われ勝ちに逃げる馳《か》けだす、拍子は一層急になって、太鼓をうつ者は懸命に叩いている、四辺は狂乱の渦中である。もうもうとのぼる湯気の中を、束子をかついで舞子がはしる、逃げた見物がまたひきかえしてくる。歓喜の頂点ともいうべき光景は、こうしたものでないだろうか、一面に湯をあびせられる、あびせられてはたまらぬ、そういってあびたくもあるのだ。この光景は、筆や言葉につくせるものでない。釜一杯の湯ではものたりなくて、後から後から水桶をになってきて釜にいれる。舞子ももう夢中だ、ぐっしょりと重い湯をふくんだ束子を、肩にかついで舞戸から外へ、見物を追いかけてはしる。こうして舞戸から神座へ、ありとあらゆるものが、水だらけになってしまうのである。舞いの開始からおわりまで、時間にして、およそ一時間二十分ほどかかる。舞子としてもこれが最後の精かぎりである。

こうした混雑のために、最後の舞上げの式なども、おこなわずにおわる土地が多い。舞戸は泥田のようになり、神座から座敷中が一面の水になることさえある。振草系のある村など、逃げる見物をおって、座敷から二階までおいかけていくところをみた。

面形による舞

舞いの種類　面形《おもてがた》による舞は、それぞれの面形がもつ内容を具現せるものとして、とくに重要視されている。これに鬼面とただの仮面の舞とあって、その代表的のものは、鬼舞では

「やまみ」（やまわりとも）「さかき」朝鬼（茂吉とも）があり、鬼でなかった面の舞には、ひのねぎ、みこ、おきなとあり、これらすべて役舞といっている。しかしてこれらには、一般にお伴の名でよばれているすなわち眷属《けんぞく》と考えられていたものが、それぞれ附随したので、その数は土地によって一定せぬ。なおこれらの舞いは、持物にも舞いの手にも、各特色があったことはいうまでもない。

役舞と屋敷

役舞には役柄により一定の屋敷があり、その屋敷の者があたっていて、以前はその制が厳重にまもられていたというが、べつに「みようど」の条にものべたとおり、現在その制がことごとくまもられていたとはいい得ない。事実役舞は、一定の年齢に達せぬかぎりつとめられぬから、かりにその制があるとしても、代役をみとめていたわけである。よってあるきまった範囲内の屋敷で交代につとめるか、あるいは一代ごとに適任者をえらんでいたか、その辺は明確でない。あるいは同一屋敷にかぎらず後継者を見立ててこれにゆずったのが、事実に近いかとおもう。これを一方村々の現在の状態からみても「やまみ」屋敷「さかき」屋敷などの名称こそのこっているが、これを世襲的の屋敷というより、むしろある時代のそれぞれの屋敷と解した方が当を得ていたかもしれない。しかしその中で、朝鬼――茂吉鬼――だけは、これは祭場である花宿の主人の役ときまっている。しかしこれとても、祭りを神社でおこなっていた土地には、適用の途がなかったからなんともいわれぬ。

役舞の順序

役舞には、番組すなわち次第のくみあわせにあるきまった順序があって、これにほぼ約束があったといえる。いまこれを全般の次第からみると、その出現の場面は、すべて四回にわたっている。その第一が、まず「やまみ」とこれを中心にした伴鬼の一団で、次第のくみあわせからいうと、三ッ舞の前後である。すなわち三ッ舞の前かまたは後に出るのである。つぎが「さかき」でこれは四ッ舞の前後で、四ッ舞にかんれんをもっていたようである。それにひきつづいて、ひのねぎ、みこ、おきなの出となり、つぎは湯ばやしの舞の後、つまり舞いのほとんど最後に、朝鬼（茂吉鬼）を中心に、前にでた「やまみ」「さかき」をはじめ、伴鬼のことごとくが顔をそろえたのである。

役　鬼

鬼舞の中で「やまみ」「さかき」と、それについで朝鬼（茂吉）は、これをべつに役鬼といってとくに重要としたのである。これらは伴鬼とともに、いずれも異相をあ

松火振り（大入系三沢）

らわしたもので、神または神に近いものと考えられていたが、その他のひのねぎ、みこ、おきなを中心にしたものは、面の表現からも格別異例はみとめられない、これは神とはいい条、鬼の場合とはまったくことなった意識のもとにあって、その舞いぶりもぜん別である。

鬼に対する村の人の考え方は、以上の事実から、畏怖《いふ》というより畏敬の方である。これをよぶ場合にも、共通に「やまみさま」「さかきさま」と尊称を用いている。そうしていずれもわが土地の面形に、愛惜と尊敬をいだいていたことは、*べつに面形の条に例をあげたとおりである。

鬼の出と松火

役鬼はもちろん、ただの伴鬼にしても、神部屋から舞戸への出は、まず呼出しの拍子があり、一方松火《たいまつ》をもって前後をてらすのである。この松火の役は、「やまみ」の舞の場合は三ツ舞の舞子、「さかき」の場合は四ツ舞の舞子で、すべて舞い装束でむかえだすのである。このとき神部屋から舞戸への間——花道——には、見物がつめこんでいるので、その中をおしわけてくるので、多くの場合、べつに一人つきそいがいて、鉞《まさかり》の柄をとって案内する。舞戸の口までくると、ここでいったん立ち止って、鉞を杖《つえ》につき、おおきく見得をきって、それからしずかに舞戸へおりて竈の前にすすむのである。なお松火をもってむかえることは、本来の意義はべつにして、実際的にも必要であった。現今のように、神座には提灯《ちょうちん》がつらなり、電気がともる世の中では、一面無意味の感もあるが、じつはこの松火が鬼役の者にとっては唯一の目標だったのである。それは面形がいちじるしく巨大で、眼はあっても、実際にそとを見得るのは、鼻の穴または口からである。したがって視界はかぎられている。それで舞いにかかってからも、前後からふる松火によって行動しまた位置をきめる。

その他鬼の出の場合、土地によると（振草系古戸）花道にべつに二三人立っていて、はげしく足音をたてている、あたかも芝居のかげ拍子である。

鬼舞と扮装

鬼舞の扮装は、鬼の著《き》こみにわらじばきで、それに面形をつけたことはいうまでもない。それに持ちものとして木製の鉞《まさかり》をもつ、ただ朝鬼（茂吉鬼）が一部の式に槌《つち》をもつのである。面形と著こみの色は、多く赤か柿色であるが、これは役により土地によってことなっている。たとえば鬼の五色であらわしている土地では、著こみもそれ

「さかき」の装束の一種
（振草系月）

に準じていた。また伴鬼の著こみは役鬼にくらべ一段と粗末で、ときには役鬼のきぶるしなども用いる。著こみには帯と襷、それに足結手結いをなし、腰に鈴、前半に扇を帯ぶこともある。また帯襷の様式においても各所特色があり、たとえば帯にしても、大入系は多く前でむすび、振草系は後で花にむすぶ。その他また振草系では、伴鬼の帯襷などは、すべて新縄を用いている。あるいは伴鬼にかぎり白の「ゆはぎ」を用いるもあり（大入系下津具）朝鬼（茂吉鬼）にかぎり「ゆはぎ」をつける（振草系足込）もある。

また役鬼の著こみにおいて、いわゆるはらがけをして背に丸に神、または山、榊などの文字をそめぬき、あるいはこれを金糸で縫いだした様式のものがあり（振草系中在家、足込、大入系古真立、御園、東薗目）これで鉞《まさかり》をもったところは、一見足柄《あしがら》山を連想する。しかして背の紋は、面形の後にたれた布が長くのびてこれをかくしている。そうして舞いの間にその下からときおり文字がのぞくのである。

一般青少年の舞でもそうであるが、鬼舞においては、扮装によるからだのこしらえが十分でないと行動が自由でない。よって腹部にじかに白木綿をまいて腸の動揺をふせぎ、その上から著こみをする。帯はこれまた十分緊縛して、襷足結いなどもかたくする。ことに襷などは、両腕をくくりあげるほどである。かくしてひたいに鉢巻をなし、面形をつけるのであるが、これがまた巨大のところから、顎《あご》にも頭にも数個のまくらをあてて、その上からほとんど気も遠くなるまで緊縛するのである。このようにしないと十分に舞うことはできなかった。一方そうした扮装の結果は、これが精神状態にも影響することはもちろんで、ましておそろしい鬼面をかぶるのである。鬼の面をかぶると、おのずと気があらくなるという一面には、たんに面形をかぶったという信仰感ばかりではなかったのである。

　これは余事であるが、鬼舞の場合疲労すると、心得た者は、ただちに後から腹部をかかえてやる。これが一番安静を得るという、疲労の根本は腸の動揺であった。

「さかき」の装束の一種
（大入系御園）

お伴が前駆

　役舞の出には、おともが前駆としてまず出る。おともはこれを、子供とも弟子ともいっているが、眷属の意もあったことは前にいった通りである。これを舞いについていってみると、伴鬼ははじめ舞戸に立つと、ただちに鉞《まさかり》をふって舞

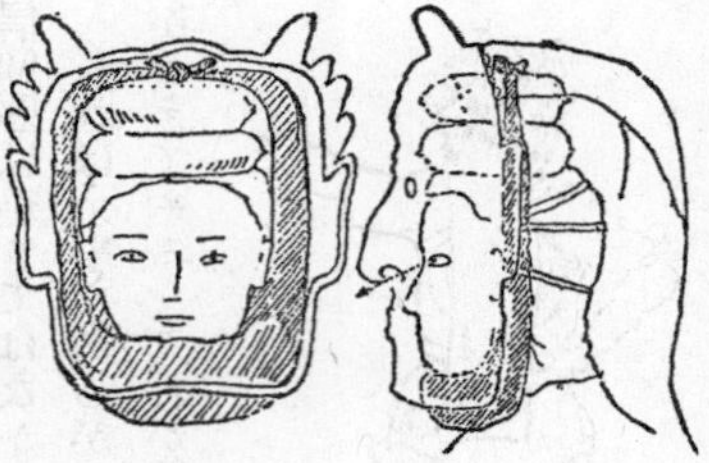
面の著け方の一（大入系下津具）

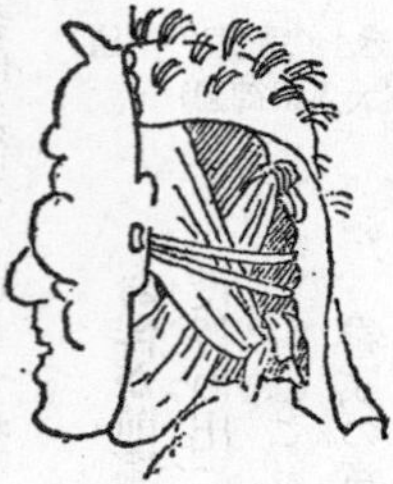
面の著け方の二
（大入系上黒川）

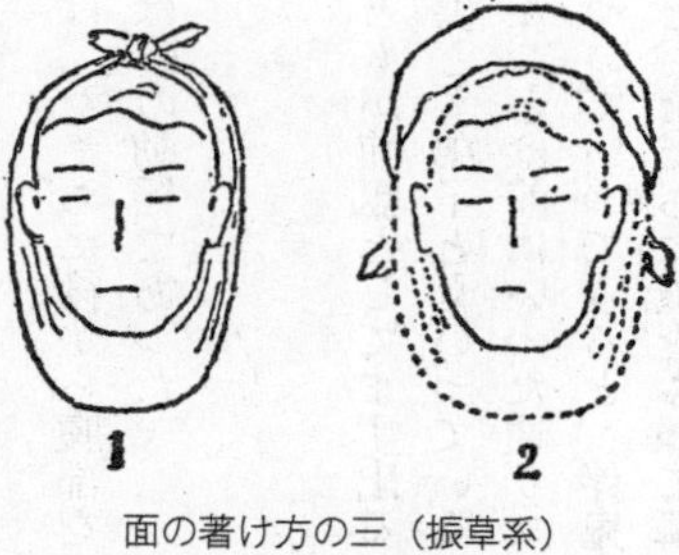

面の著け方の三（振草系）

いにかかる。このときの拍子はもっとも急調な舞拍子で、舞いぶりはみていても目まぐるしいほどである。これには格別きまった作法はなく、いずれも役鬼のいわゆる五方舞の型から出たもので、その手をのべつくりかえすのである。この伴鬼の舞も、「やまみ」「さかき」の舞が土地によりことなるようにまた変っている。こうして時間にして三十分以上も舞いつづけた頃に、はじめて役鬼の出となるのである。役鬼が出てからは、伴鬼はすべてその型をまねて見物を笑わせる。一通り式がおわって役鬼がひっこんでしまうと、伴鬼だけが後にのこって、またもや前のようにはげしく舞いぬくのである。はてはいつまでもつづけて、つぎの次第にさしつかえるまでになる。そこで世話人が二三人で機をみて前後からかかえてひきずりこんでゆくこともある。なお伴鬼の舞にかぎって、「せいと」の見物にも舞わせる、他所村のものである。そうしたばあいにかぎって、拍子はことに意地悪く急調をつづける、あの重い面形をつけ鉞《まさかり》をもって、十五分もつづけざまに舞うと、いかに頑健な者でもへとへとになる。それで舞いがみだれてくると、村方の者がよってあつまって、前後からだきあげても舞わせるのである。そして伴鬼には、べつに数の制限がないので土地ごとであるかぎりの面形を出す、古戸などは発祥も古いといわれるだけ、所蔵のかずも多く「やまみ」「さかき」とそれぞれ伴鬼を区別しているが、それでもひとつの場面には七つ八つは出る、朝鬼のおりなど、二十近い鬼がでて、舞戸は押せ押せの壮観をていするのである。

伴鬼（振草系月）

伴鬼の舞（大入系上黒川）

「やまみ」と「さかき」

対立せる神

「やまみ」と「さかき」は相対立せる神で、威力のもっとも強烈なものと考えられている。たとえば女性に対する男性、次郎坊に対する太郎坊のような関係にあって、「さかき」が後者に擬《ぎ》せられていたことは、すでに「かたなだて」の条に述べたとおりで、「かたなだて」には「やまみ」を主格、本楽には「さかき」を主位としている。したがってこれが役においても、多く甲乙なきものとして、土地によっては（上黒川）鍵《かぎ》とり幣とりの中で交代につとめている。しかし慣習のうえからすべて本楽を根本と考えていたから、一般的には「さかき」を主格となしたことは当然で、舞いの口伝にも、「さかき」役は、出現の神々の最上位すなわち総大将の気持を把持することをおしえている。

舞いにおける比較

「やまみ」対「さかき」は前述のような関係にあったが、一方「やまみ」はすでに「かたなだて」において、出現の意義ははたしていたので、本楽の場合は、たんに舞戸を踏んでひとどおりのかたを示すだけであるから、その舞いは「さかき」にくらべて特異性がないと考えられている。しかし「かたなだて」の場合にも「やまみ」には特別な行事があったわけではない。よってそのことはべつにして、たんに舞いのうえで両者を比較した場合、「さかき」には「さかき」特有の儀式があるが「やまみ」にはこれが十分みとめられぬ、この感は大入系においてことにふかい。しかして振草系には「やまみ」（大入系はやまわり）特有の行事がないでもない。たとえば「かまわり」の式がある。「かまわり」は釜割りと考えられていて、その次第からいっても、釜にむかって鉞《まさかり》を振りおろすのである。しかしこれに対して大入系は、「かまわり」もまた「さかき」のおこなう式となっていて、「やまみ」にはこれもな

「やまみ」のかまわり（振草系古戸）

かったのである。よってまず「やまみ」について、振草系大入系の舞いの順序と型を比較してみる。

「やまみ」の舞

	振草系	大入系
一	竈の前の五方	竈の前の五方
二	竈を一巡	竈を一巡
三	かまわり	
四	五方舞	五方舞
五		四方立《だつ》
六		びやっけ煽《あお》り
七		竈の前後の舞

以上

つぎに「さかき」の舞の順序をみると

振草系　大入系

一 竈の前の五方……………………竈の前の五方
二 竈を一巡………………………竈を一巡
三 神座を覗《のぞ》く……………………
四 問答………………………………問答
五 へんべ……………………………へんべ
六 かまわり…………………………かまわり
七 ……………………………………松火割り
八 片手舞……………………………片手舞
九 五方舞……………………………四方立《だつ》
一〇 …………………………………びやっけ煽り
一一 …………………………………竈の前後の舞

以上

註 以上振草系はかりに古戸の様式、大入系は下黒川によったもので、その他土地によりいくぶん相違のあったことはいうまでもない。また順序に用いた名称は、いいつたえのままに引用したもので、これには、土地ごとで幾多の称呼があったのである。しかして舞いはいずれも竈を巡っておこなわれるので、各地ごとに、巡ることの回数に重点をおいている。振草系は「やまみ」「さかき」をつうじて五回くりかえすに対して、大入系は、「やまみ」は五回「さかき」は七回とし、「さかき」は本来九回のものともいう。しかして七回と称していて実は五回の場合もある。

「やまみ」五方舞の型（振草系古戸）

「さかき」の舞

前表の順序によってもわかるように「やまみ」の舞は、振草系が「かまわり」の次第があるだけで、「さかき」の舞にくらべて一段簡略で、すべての次第は「さかき」の舞におこなわれていたから、まず「さかき」によって説明し、「やまみ」と相違点をおぎなうこととする。

一　竈の前の五方　はじめ舞戸におりて、竈にむかって立ち、右手に鉞《まさかり》を杖につき、左手は腰にかまえて立つ、これが出たときの型である。つぎに相撲の四肢《しこ》をふむように鉞を左右にもちかえ、これを三度くりかえし見得をきる。一にこれを五方を「見る」ともいい、東南西北中央の五方にくりかえす、すなわち「五方見」である。なおこのまえに上り框《かまち》で舞戸を見ることがあったことはすでにいったとおりである。

二　竈を一巡　五方見がおわると、竈にむかって左方、すなわち舞戸の方位でいう南方へ、しずかに一歩ずつ左右上下を見ながら慎重をきわめた足どりで、鉞《まさかり》を突きかえつつすすむ、一にこれを「座敷見」ともいい、南西北のそれぞれきまった座にいたるたび、そこでいったん立ち止まって前後を見、かつふむ。すべてこの型で竈を一巡してくるのである。なお「やまみ」のばあいは、この型を山を見るすなわち山見物といっている。

三　神座を覗く　座敷見の型で、竈を一巡してくると、そのまま神座の（楽の座）まえにすすんで、鉞《まさかり》を杖につき、上り框に片足かけて中をのぞきこみながら、首をかしげる型がある、これも左右にくりかえす。これは口伝では楽（拍子）をきくとしている。この型は大入系にはない。

「さかき」楽を聴く（振草系足込）

四　問答　振草系では楽をきいてから、大入系では竈を一巡してきて、最初の位置すなわち竈の前に立つと、ここで拍子がそれまでのゆるやかな二拍子から、急調な舞拍子にかわる。同時に鉞《まさかり》をとりなおして舞いにかかる、この型を一に「切る」といって、五方をきりにかかるというが、このとき神

「さかき」の問答と榊引き（大入系三沢）

座から「ゆはぎ」をつけた一人が手に榊の小枝をもって出て、後から「さかき」の肩をつづけざまにうちしずめる。この榊の小枝をもつ者を、禰宜またあらため役という。これから両者の間に問答がある。この問答を一に「もどき」といい、これは一方役にあたる者の名ともなっていて、あるいはまたあいもん（相問）ともいう。しかしこの場面を、現在では多く「さかき」あらためといっている。したがって「もどき」相問などの意味は、これにあたる者の役名と場面との両様の意に考えている。

　問答は土地によって詞に多少の相違こそあるが、いずれも厳重の儀式と考えていただけに、だいたいにおいてかわりはない。その次第はつぎのようである。

もどき（榊の枝にて「さかき」の肩をうちながら）
やいやい汝《なんじ》は何たら何者なれば　伊勢《いせ》天照《あまてらす》皇太神宮《こうたいじんぐう》熊野《くまの》権現《ごんげん》富士《ふじ》浅間《せんげん》
所《なり》は当所氏御神《うじおおかみ》の　示す威力は大御霊《おおみたま》の神大御子《おおみこ》の庭を　事ざんもしい
姿をして舞ひあらすは　なんたら何者だやい

さかき（あらあらしく怒りの身振りを見せ、からだをかえし向直り、鉞《まさかり》をつきかえて）
　吾等が事にて候《さんらふ》（いいおわると、またもや荒々しくからだをかえし背をむける）
もどき　なかなか汝が事にて候
さかき（前のように一々からだをかえしていふ）
　愛宕《あたご》山の大天狗《だいてんぐ》比叡《へう》の山の小天狗　山々嶽々をわたる荒霊《あらみさき》荒天狗とは
　吾等が事に候
もどき　三郎《さぶろう》は何万歳を経て候
さかき　八万歳を経たらう者　さういふ汝は何万歳を経たらう者
もどき　王《わう》は九《く》善《ぜん》神は十善十二万歳を経たらう神の位
さかき（これを聞いて驚きの身振りあり）
　四万歳まけて候《さんらふ》
もどき（手にせる榊の枝を「さかき」の肩にあて）
　まこと信行《しんぎよう》の為なら引かれる　信行の為でなくば引かれまい　碌《ろく》を引い
　て帰れ
さかき（右手に鉞《まさかり》を杖突き、左手をのべて榊の枝をつかみこれを扱《しご》く、さらに右手で扱《しご》
　き、左手につかんで扱かんとし、何者かを感知せる身振りあってついに荒々しく）
　此榊と申するは　山の神は三千宮《さんぜんぐう》一本は千本千本は万本　七枝《ななえだ》二十枝《はえだ》ま

でも惜みきしませ給うこの榊　誰《た》が御許《おんゆるし》にてこれまで伐《き》り迎へ取ったるぞ
もどき　伊勢天照皇太神宮熊野権現富士浅間　所は当所氏御神の　神の稚《わか》児《ご》を舞ひ遊ばす千代の御為に　是迄伐り迎へ取った　まことの信行《しんぎょう》の為なら引かれる　信行の為でなくば引かれまい　榊を引いて帰れ

これにて問答おわり二拍子の拍子がはいる。

この問答の間、拍子はときどき相の手に太鼓を打つだけである。拍子とともに「さかき」もどき役ともに両方にたちわかれおよび腰になり、たがいに手をのばして榊の枝をつかみ、これを左右にふりながら左の「うたぐら」となる。

まことの信行《しんぎょう》やありがたや　引いても引かれぬこの榊　神の稚児《わかご》にかけてとらせう

「うたぐら」がおわると同時に、「さかき」が榊の枝をとった手をはなすと、もどき役はその榊を神座になげ、直《じか》にへんべ（反閇）にうつる。なお問答はいわゆる切口上で、「さかき」の猛《たけ》く荒々しいに対して、もどき役は、冷然たる調子である。しかももどき役の明瞭なのに対して「さかき」が、面形をつけた関係からとかくかすれ勝であるが、しかし語尾は故意に微《かす》かにする。なお土地により役の者によって、問答はたんなる形式で、なんの抑揚も感興もなくおこなっているもある。

つぎに問答の詞であるが、これは前にもいったように、各所をつうじて多少の相違がある。前掲の詞は大入系下津具の口伝であるが、他の土地と相違点をあげてみると「もどき」の詞の「三郎は何万歳を経たるや」以後に対して、「さかき」の「四万歳まけて候」は、ほとんどおこなわれていない。また上記の「何万歳を経たるや」以後の「王は九善神は十善――」を

　王は九善神は十善十二万歳を経たるを仏の位

となっていた土地もある。つぎに榊の枝を扱くときの「碌を引いて帰れ」の折、振草系の古戸では

　さあらば碌を引かん　　碌を引いて帰れ

となっていて、ついで

「さかき」へんべの一
（振草系古戸）

「さかき」へんべの二

これより東方ひがしに　くれし山といふ千代の御山《おんやま》が立ってまします　こ
れを褒美にとらす　引いて帰れ

となっている。なお同所では「もどき」のもつ榊の枝は、舞戸の柱に飾ってあるものを折って用いている。

五　へんべ　へんべ（反閇）はべつに「へんべえ」とも発音しているが、古い口伝書などには、「へんばい」と書いている。「ばい」を「べい」と発音することはこの地方の発音上の癖で、口でいう場合は「へんべえ」といい、これを文字にあらわすには「へんばい」と書いたのである。

「へんべ」は問答《もどき》がおわると、すぐひきつづいておこなわれる。このときあらかじめ

「さかき」へんべの三

「さかき」へんべ（振草系古戸）

用意された新菰を竈の前に敷いて、その上でおこなうのが現今一般の作法である。これはいいつたえでは、「へんべ」はあまりに森厳な儀式で、大地の上でそのままおこなっては冒瀆《ぼうとく》となるおそれがあるからであるとしている。この思想が一段延長されたものが、大入系の御園、東薗目などの儀式で、菰《こも》の上にさらに白紙をおき、そのうえでおこなっている。

へんべの場合の拍子は二拍子である。しかしてその形式には、自分の知るかぎりでは各所をつうじてほぼ三通りある。そのひとつは大入系の三沢、下黒川などにおこなわれているもので、これを

青《しょう》　黄《わう》　赤《しゃく》　白《びゃく》　黒《こく》　盤古《ばんこ》　大王《だいおう》

の七字に、鶏足《とりあし》型にふむもので、すなわち

「さかき」へんべの一
（大入系三沢）

「さかき」
へんべの二

鉞《まさかり》を杖につき左手を腰にかまえて、左足から一歩ふみだして、そのまま跟《かかと》は地からはなさず、趾頭で拍子にあわせて青黄赤とふみさげ、白黒と左右にふんで、盤古で中央、大王で一踏踏んで、ドンという楽の音であたかも痕《あと》をふみけすようにしてとびあがり、鉞《まさかり》を右にもちかえ、今度は前のように右足でくりかえす、さらに左足にかえっていま一度くりかえし、これを五方位に順次おこなうのである。第二は上黒川などでおこなうもので、これは形式においては前記とほぼかわりはないが、足の動かし方が一層微細で、鶏足型もほとんど識別しがたいほどで、しかもその前に逆足《さかあし》ともいうべき所作がある、すなわち鉞《まさかり》をふりながら、左右の足をさかさに踏むのである。

いまひとつは振草系におこなわれている形式で、からだのかまえは大入系と変化はないが、一足ごとに、体備えをあらため足を高くあげて、一方に三回ずつ、山形に左右左の順で九回くりかえし、これもやはり五方におこなうのである。これは鶏足型に跟をつけて踏むとちがって、一回ごとに足を高くあげるだけ見た目がはなやかである。

踏みこむ前の体備えから、踏んでもとの位置へ足をもどすまでの間が、単純な所作ではあるが、人によっては立派なひとつの芸術である。すなわち拍子にあわせて、からだからまず振りこんで足をあげると同時に、ドンとくる拍子で、地におろすとほとんど同時に、足はつぎの瞬間同じ道をもとの位置へかえるのである。

六　かまわり　「かまわり」はこれをべつにやまわり（山割）ともいっている。したがって振草系などでは口伝にも山を割ると教えていたのであるが、形式に二者いずれも同一である。「へんべ」がおわると、第二回目に竈の前に立ったとき、ここで竈に片足かけて、鉞をふりあげ、拍子にあわせて三度振って、最後を釜にむかって振りおろす、そうして振りおろした鉞は刃をあらためるといって掬《すく》うようにかえす型があり、これも左右左と三回くりかえす。なおこの「かまわり」は一ヵ所ですます場合と、土地によって、四方にくりかえす場合とある。振草系各所における「かまわり」は、はじめ南方でわり、つぎに西方、北方の順序におこなっている。「かまわり」の型の口伝で、振草系の月《つき》に伝えられるものは、釜の湯に映る妖怪《ようかい》を膺懲《ようちよう》する気持で鉞を振りおろせと教え、またおなじ古戸の口伝では、腕でわるな、からだでわれと教え、一方足込の口伝では、そびえたった山を想像して、これに対し緊張をわすれぬことを説いている。ともに芸道の口伝であって、とかく腕先の芸におわることをいましめたものである。

松火割り（大入系三沢）

七　松火割り　これは大入系だけにある式で振草系にはない。ただ振草系の「さかき」にこれが類例をもとめると、「さかき」の舞のおりに、伴鬼が庭燎の、火のままの榾《ほた》を鉞《まさかり》をもってかきあげ、これを一般見物または附近にある屋台店までもっていってふりかける。これがために場内はそうぜんとして、役にあたる者は一種の壮快味をおぼえるというが、これは大入系の松火割りに比して、一段とあらっぽいのである。しかもときによって「さかき」自身が当ることもある。

松火割りになると、前から出ていた四ッ舞の舞子が、おのおの装束をつけて松火を手に振り、「さかき」の前後をかこむ、「さかき」は鉞を中段にかまえてこれをわる。しかしわるというのは立前だけで、事実は松火をもって一人が前に立ち、拍子につれて左右にからだをゆすっていて、双方の気合があったところで、松火を鉞に叩きつける、一方がおわると、「さかき」はただちにふりかえって後のものをわる、かくしてこれも五方にくりかえすのである。このとき松火を鉞に打ちつけるたび火花が散るので、場内はやはりそうぜんたるものがある。なお松火割りには、鉞《まさかり》は別のものとりかえるのである。

八　片手舞　これは鉞を高く片手にとって、刃を前方にむけ竈を巡る、これをまた五方をきるともいい、一に悪魔きりともいう。

九　五方舞　振草系で五方舞い、大入系では、一に四方立《しほうだつ》という、すなわち東南西北中央のそれぞれの座で、上段中段下段に鉞を執っておこなうもっとも壮快な舞いである。振草系はすべて鉞を∞字形に振って舞い、上段は目通り中段はややひくく下段は刃を下に向ける、よってこれを一に天地中央を切るともいう。大入系は上段を切る場合は、たかく頭上をこえるまでに鉞をふりあげて舞うのである。なおこのとき方位すなわちおのおのの座の位置が、振草系は竈の中心に四方であるに対し、大入系は四隅の柱の位置である、したがって口伝にも丑寅《うしとら》、未申《ひつじさる》、辰巳《たつみ》、戌亥《いぬい》の四方としている。

一〇　びやっけ煽り　一に「びやっけはらい」ともいう、これも振草系にはない。振草系では「びやっけはらい」は、後の朝鬼（茂吉鬼）の式となっている。舞戸の中央にかざった「びやっけ」を、舞いながら鉞をもってはらい、中央の「ざんざ」すなわち蜂の巣をおとすのである。これも舞いの型でおこなうので、故意に払いおとすことより、鉞がふれて自然におちるのを上好としている。

一一　竈の前後の舞　これは同じ大入系でも土地によっておこなわぬ場合もある。「びやっけ」煽りの型で、竈を一回巡ってきて、竈の前で一回舞い、さらに竈の後で舞い、最後に竈の前で舞うので、これをもって式はおわるのである。

「さかき」「やまみ」における異例

大入系の御園、東薗目、大入などの祭祀は、いずれも古真立または下黒川からつたえたとのいいつたえがあるが、同所における「さかき」と「やまみ」の舞いには、ともに他の地方とはことなった様式がある。もちろん古真立、下黒川とも異なっている。

これを「さかき」の場合でいうと、はじめ神部屋からの出に、根扱《ねこ》ぎにした榊をもっている。これをささげて五方式をすまし、竈を一巡してきて問答のことがあり、これがおわってはじめて鉞《まさかり》ととりかえ「へんべ」にかかるのである。すなわち他の土地のように、最初から鉞をもってはいないのである。このことによって「さかき」の名の由来が、一層明瞭を加える心地がするのである。なお鉞について下津具にある「花祭舞次第」なる口伝書にも、鉞は神座において渡すこととなっているから、これがおそらく以前の形式であろう。しかして榊をもつことの類例を他にもとめると、最初神部屋の出に鉞にそえて榊の小枝を持っているもの（古真立）があり、あるいは腰にさしているものもある。また前とまったくおなじ形式に振草系の中設楽《なかしたら》がある。

つぎに一方の「やまみ」の場合でみると、やはり神部屋の出には鉞は持たず、五尺余の巨大な鉾《ほこ》（剣ともいう）をもっていて、竈を一巡してから、鉞にとりかえるのである。

「さかき」の舞の口伝

「さかき」の舞の口伝は、各所ごとにあったらしいが、現在では、多く聞くことはできぬ、ただ振草系古戸に伝えられたものによると、これにもとふたつの型があるという。そのひとつはどこまでも荒々しく、気むずかしい鬼神の気持の表現にあって、すべて精力全身にみちあふれた感じをあらわすことを教えていて、たとえば鉞のあつかいにおいても、力あまってようやく定めの位置へおきしずめるような気持をみせる。いまひとつの口伝は、どこまでも拍子本位とし、鬼神のあらあらしい中にも、一味の優美さを忘れぬすなわち人形ぶりをみせるにある。これを役の者のこのみによって、適宜用いていたのである。いずれも芸道としての口伝である。それにつけても天保年間、古戸に右衛門助という名代の「さかき」役者があったといういいつたえが思いあわされるのである。ただ何分にも老人は早く死んで、これが以前のままの口伝をきくことを得ぬのは、かえすがえす遺憾である。なお現在自分が知る範囲では、

「やまみ」の扮装の一種
（大入系御園）

古戸の伊藤貝造、足込の神谷徳一氏など、いずれも「さかき」役の上手として、押しもおされもせぬ者で、一は荒事式、一は人形振りでことに後者の「へんべ」には、わすれがたい線の優美さがある。したがって神谷氏などは、その稽古《けいこ》においてもわれわれの想像以上熱心なものがあって、噂によると座敷の中に姿見をおき、祭りの前に二十日近くもはげむとのことである。

「やまみ」の型

大入系の三沢、下津具などのいいつたえによると、「やまみ」がはじめ竈を巡る間、鉞《まさかり》を杖にして、一歩一歩しずかに左顧右眄《さこうべん》するのは、もと山をみる形から出たもので、「やまみ」の名は、すなわち山見からきたものという。しかして一方には「やまみ」を山見立てとよぶこともあったから、その説は相当根拠あるものと解せられる、なにゆえにいずれの山をみるかは現在の次第ではわからぬが、行事はじめの山立てなどの事実から、一方神楽の場合の事実などを考えあわせると、ある点までは想像もおよぶのである。なお振草系でこれを「やまわり」と称したことも、その次第から考えられるのである。

舞いこぎの事

「さかき」「やまみ」の意義について、振草系月の鍵取り森下覚太郎氏が筆録した「うたぐら集」の中に、「舞いこぎ」と称するものがある。「こぎ」は湯立ての「うたぐら」をもかくよんだが、ここにいう「こぎ」は古義の意に解しているらしく、「舞いこぎ」は舞い古義で、舞いの由来を説いたものと解される。これによると、まず「さかき」について

さかきとはいかなる神と問ふならば　　土公神《つちきみがみ》と答へきかせよ

とある。また「やまみ」すなわち「やまわり」については

やまわりとはいかなる神と問ふならば　　須佐之男《すさのお》神と答へきかせよ

とある。なおこのような意味の歌があったことは、他にはまだ聞かぬから、あるいは中途に加えたものとおもうたがわれるが、「さかき」を土公神とし「やまみ」を須佐之男神とする思想は、相当古くからおこなわれていたらしく、古い下津具の口伝書「花祭舞次第」にも左のような記載がある。

一鬼（榊）猿田彦《さるたひこ》ノ命《みこと》の型

天照大神出世以前大日本国支配主の資格。天のうづめの尊に迎へられ鬼の形にて出来る。この有様を見て。うづめの尊よりしらべ問答を致す。鬼問答に敗れてまさかりを戴き。五方遍焙（註　へんばい）を踏む（下略）

とあり、また明治初年、振草系の中設楽の次第が、一部の神道家によって改革された際も、やはり「さかき」を猿田彦神、「やまみ」を須佐之男神としたが、これもかならずしも当時の改革者の独創ではなかったのである。

「さかき」の「へんべ」における特別の例

このことは舞いには本来関係ないが、振草系の月には「さかき」が伴鬼と楽のものをともなって、立願のある屋敷をおとずれることがある。その次第は、まず其の屋敷へ出向いて、奥座敷において「へんべ」をおこなうのである。このばあい、家族の者も、座敷中央に横臥《おうが》して、「さかき」に踏み、または跨《また》いでもらう、ことに病気などの者は患部を踏むことが効験あるとしたので、これに対してその屋敷からいくぶんの奉賽《ほうさい》をしたのである。しかしてこの一行が花宿へ帰還したときを、一に庭いりといって、伴鬼が全部出迎え、いったん神座に礼拝して舞いがある。なお「へんべ」のあとに、「さかき」に患部などを踏んでもらうことがおこなわれていて、「さかき」の威力ある足で踏めば、すべて魔障はしりぞけられるものと信じていた。それで一般「へんべ」のおりに用いた新菰なども、これをあまりに清浄にしてかえってその処置にこまると信じ、川にながしまた焼きすて、あるいは下の土までも掘り取って別にするなどの事実もある。

朝鬼の舞

朝の鬼舞　朝鬼は舞いとしての最後で、すなわち湯ばやしのあとにくる鬼舞である。時刻があたかも朝にあたるところから、一般に朝鬼といったのであるが、別に四ッ鬼ともいい、前に出た「さかき」「やまみ」をはじめ、ことごとくの鬼が顔をそろえる。舞いの特色としてはことごとく鬼が出ることにあった。しかしてこの場面の中心となる鬼であるが、これを一に茂吉《もきち》といっていて、他の鬼が再度の出場であるにたいして、これははじめて顔を出したのである。しかし土地によると「茂吉」の称を用いぬもあり（大入系上黒川、古真立）また「茂吉」はもちろん重要ではあるが、これを別個のものとし、朝鬼と称して別に中心となるものを考えていた場合（振草系足込、中在家）もある。

五色の鬼の説

朝鬼の中心を「茂吉」とする一方に、別に白鬼を見立てて、これを朝鬼といい、この場面の中心と考えた土地も、「茂吉」に、より重要性をみとめていたことは事実である。この白鬼にとくに朝鬼の名を冠していた土地は、すべての鬼の面形を、五色に象《かたど》っていたので、すなわち「さかき」を赤「やまみ」を青、朝鬼を白とし、黄鬼は伴鬼で、（白鬼もまた伴鬼にも使用したが）そうして「茂吉」を黒としたのである。この「茂吉」を黒面とすることは他の五色によらぬ土地にも例があって、一に大黒を象徴するもので、大国主命《おおくにぬしのみこと》ともいっている。

槌を持つ

「茂吉」の舞は、他の「やまみ」「さかき」などに比較して格別の特異性はないが、最初神部屋から出てくるときは、槌を持っていて、これをもって竈の前の五方式をすまし、ついで竈を一巡してきて、そこで鉞ととりかえて舞いにはいるのである。すなわち「茂吉」の表徴はこの槌だったのである。なお振草系では、大入系が一般に「さかき」の行事とする舞戸の「びやっけ煽り」をこの「茂吉」のおこなう式としている。

それについてつぎのような説話がつたえられている。はじめ「やまみ」が出て、釜の湯にうつる妖怪をみとめ、釜割りをなすが、まだ核心にふれぬために、なんの効果もない、ついで「さかき」が出て「へんべ」をもって大地を踏むが、やはり効果がない。最後の「茂吉」は本来大国主命で怜悧《れいり》であったから妖怪の本体が「びやっけ」にひそむことを看破して、これをことなく払い落すというのである。もちろん説話の持つ単純な合理観からきたいいつたえであるが、一面に何物かの理由をもつものとも考えられる。

なお「茂吉」の舞いは、左のごとき順序である。

一　竈の前の五方式　　二　竈を一巡　　三　びやっけ煽り（終って槌を鉞ととりかえる）　　四　五方舞い（五方立）

なお大入系には、「びやっけ煽り」のことは、この場合にはなかったことは、前にいったとおりである。

これだけが儀式で、後は格別きまった作法はなく、他のことごとくの鬼とともに、舞いの最後であり、祭りのおわりであるために、名残をおしむもののように、いつまでも舞って舞って舞いぬくのである。

「ひのねぎ」と「みこ」

場面の梗概

「さかき」の舞の直後か、あるいはその間に四ッ舞がはさまることもあるが、とにかくその前か後に、「ひのねぎ」「みこ」「おきな」と、ひきつづいて出る場面がある。その間にはやはりお伴がそれぞれ出る。その順序は

お伴（二人または一人）「ひのねぎ」――お伴（二人または一人）「みこ」――「おきな」

「ねぎ」「みこ」のお伴（大入系下黒川）

以上は、土地によってそれぞれ別個の次第と考えている場合もあるが、事実上ひとつづきの場面である。ただ「おきな」だけは、いくぶん解釈が異なっていて、これはひとつづきとしても「ねぎ」「みこ」のように密接ではない。すなわちこれをお伴の場合からみてゆくと、「ねぎ」「みこ」の舞いの間は、お伴は連続して舞っているが、「おきな」の出にはいずれもひっこんでしまうからである。

この「ひのねぎ」と「みこ」の場面を一に「おちらはり」または岩戸明けともいう。岩戸明けの意はしばらく別にして「おちらはり」は拍子からいったものらしい。おともは「しおふき」とか「みそぬり」「おかめ」など名称は区々であるが、いずれも滑稽《こっけい》味をもったいわゆる道化面で、扮装《ふんそう》もそれに応じて、男は「ゆはぎ」をつけ、女はただの婦人の衣裳で、あかい腰巻などれいれいしく出して、それに草鞋ばきという妙な恰好《かっこう》である。

最初に出るのは、味噌《みそ》のついた摺古木《すりこぎ》と、めしつぶのついたままの杓子《しゃくし》を持った二人である。これが「おちらはり」に特有な状景をそえるもので、拍子につれてさかんに舞い道化て、ときどき見物の、ことに婦人を目がけて、味噌や飯粒をぬりつける。舞いの手は格別きまった型はなく、四ツ舞の「あほり」または「いもこじ」に似た手を、急調な拍子にあわせて無茶苦茶に舞う、この舞いにあたる者は、ことに舞い上手の者であったから、舞いとしては人気の焦点である。お伴がやく三十分ないし四十分も舞いつづけたころ、「ひのねぎ」の出となる。「ひのねぎ」は「ゆはぎ」に裁著、草鞋ばきで、たから（五色の幣）をかついでいる。これを一に「まうしの御幣」ともいう。型のとおり竈を一巡してきて、そこで検《あらた》め役――「もどき」――とのあいだに問答があり、分郡《ぶんこおり》の言立てをして、一舞いしてひっこむとその後へ「みこ」が出る。このときまたお伴が出て、前からいたお伴と一緒になって、「みこ」をかこんでさかんに舞う。「みこ」の出についてくるお伴は、婆、またはお多福（おかめともいう）などである。これまた土地によって一定していない。

「みこ」もまた竈を一巡してきて問答があり、分郡の言立てをして一舞いしてひっこんでゆく。この場合の問答と分郡の言立ては「ひのねぎ」とまったく同一である。

「みこ」がひっこむと、後にお伴だけがのこって、さかんに舞っておわりになる。この間最初のお伴の出から、やく二時間ほどかかる。以上がこの場面の概略である。なお一部の土地を除いたほか、この後へ「おきな」の出となるのである。

お伴の舞

これは他の鬼舞の場合でもそうであるが、この場合活躍するのはいずれもお伴で、舞いとしてはこれが中心である。「ひのねぎ」にしても「みこ」にしても、舞いとしてはほんの形式だけで、問答すなわち御礼のことと、立住い所、分郡の言立てが主となっている。それで見物としても、舞いとしては「ひのねぎ」「みこ」には期待せず、すべてお伴を的としたのである。これが一面の理由としては、一般に役舞といわれていたものは、一とおりの儀式以外には、ひきとめておくことはできぬが、お伴の方はその点は気持がらくである。そこで舞わせろ舞わせろで、時間を延長する。これは舞いにたいする愛惜とでもいおうか、事情のゆるすかぎり、すこしでも長くその気分にひたっていようとの慾望のあらわれであった。

お伴は、面の形式においても、その数においても、土地ごとで一定せぬが、だいたい「ひのねぎ」と「みこ」とにわかれていて、「ひのねぎ」のお伴はすべて、男性、「みこ」の方は二人でも三人でもことごとく女性である。それが土地によって「ひのねぎ」の出の前に女面が出たり、または「みこ」の後から爺が出たりするので、その間の区別がうたがわれもするが、これは「ひのねぎ」「みこ」を一場面とする、すなわち一個の「おちらはり」としてみれば、格別矛盾はないのである。つぎにこのお伴の数であるが、これは古い口伝書などには、すべて一人あてとなっているが、現在は多く二人で「みこ」のお伴などは三人または四人の場合もある。かりにこれを振草系古戸《ふっと》についてみると、同所は各二人あてで左のようである。

「ねぎ」＜第一　「しおふき」（醜いいわゆるひょっとこ面）
　　　　　第二　「小僧」（黒面、一に鼻垂しともいう）

「みこ」＜第一　おかめ（姙《はら》み女の扮装でいわゆるお多福面である）
　　　　　第二　おかめ（第一のおかめの娘と考えられていて前垂掛けの扮装で面は第一とほぼ同型）

以上のようであるが、古い口伝書には第二のものはなかったのである。あるいは事

「みこ」のお伴の一種
（振草系月）

実あったとしても、わざわざ口伝書に記すことを要しなかったものとみられ、現在においても、この方は格別問題とはしておらぬ。

これを一方その持物からみてゆくと、「ひのねぎ」のお伴は摺古木と杓子でそれに鈴であるが、「みこ」のお伴は扇と鈴ですべて「みこ」と同一である。ただこの三十年来「みこ」の扇を檜扇《ひおうぎ》にかえた事実がある。一方扮装からいうと「みこ」のお伴の姙み女の方は、脊《せ》に風呂敷包をおい、その中には草鞋がいれてある。

古戸を除いた他の土地では、振草系はほぼこれと同一で、ただ「みこ」のお伴において、第一と第二が逆になっていたり、風呂敷包の草鞋が、母子かた方宛になった程度で、また三人四人など、多くなった場合は、持物は扇と鈴であるが、扮装はその場の思いつきで、規定以外のものでは、なるべく滑稽感をそえるため、木枕を腰につるしたり、故意に変った服装などするが、これは面があるから出るという程度で、その面も張子の玩具面さえあり、景物とでもいった気持が濃厚である。これに対する一方の大入系は、「ひのねぎ」のお伴は振草系とほぼおなじであるが、「みこ」のお伴は上下黒川、三沢などは婆一人で、これが鈴と扇を持ち荷をせおった旅仕度、古真立は爺婆で、爺は杖、婆は荷をせおっている。

　これを要するに、一般に「ひのねぎ」のお伴と考えられていたものは摺古木に杓子を持ち、「みこ」のお伴は荷物をおった旅仕度で、一方には姙み女であった場合もあり、その数は多い土地ほど、後にしだいに増加したもののようである。

　こうしてお伴のみが、しだいにその数をましていった過程は、一方「みこ」とお伴の関係にあてはめても考えられる。そのことに関連して、前記古戸では、「みこ」がひっこむときに、持っている檜扇を、第一のお伴にわたしてゆく、すなわちお伴のものととりかえてゆく。それであとにのこったお伴は、「みこ」がひっこむと、脊中の荷をおろして、檜扇と鈴を持って、他のお伴と一緒になって舞う。この事実は一面からいうとお伴が「みこ」の代理すなわち資格をひきついだものとみられ、ひいてお伴が代理することの証明ともなる。このことはさらに一歩すすめては、「みこ」の一分化とする考えも出てくる。しかして一方「ひのねぎ」の場合にもあてはまると思う。

　それについて思い出されるのは、この場面を一に岩戸明けの舞とする説から、「みこ」を天照大神、お伴の第一を鈿女命《うずめのみこと》、一方「ひのねぎ」のお伴の「しおふき」を手《た》力雄命《ちからおのみこと》の象徴とすることである。この説はもちろん後の附会と考えられるが、現在における「みこ」の資格は、前いった理由から、旅仕度をしていること、姙み女とか、道化とか、そうした分子をしだいにその分身たるお伴に持たせてしまって、純粋な、ほとんど神にもひとしいものとして、あえて不思議でないほどの、理想をあらわしていたといえる。これだけを前提として舞いの記述にはいることとする。

舞いの順序

舞いの順序次第は前の説明でほぼわかったはずであるが、一とおりこれをいってみる。この場合「ひのねぎ」と「みこ」は、持物が変るだけで次第は同一であるから、両者共通のものとする。

一 竈の前の五方　二 竈を一巡　三 問答　四 五方舞

以上のうち、第一の竈の前の五方は、はじめ呼出しの拍子で出て竈の前に立ち、前に青少年の舞の条にいった、地固めの舞の「いもこじ」に似た型で五方位にむかって舞う、ついでその型で竈を一巡してくると、そこへ「もどき」が出て問答となり、おわって舞戸の五方位を、竈の前の五方の型で舞っておわりとなる。なお「ひのねぎ」と「みこ」で、舞いの手にいくぶん相違があるが、これは持物の関係で、型としては同一である。

問答

問答は前に「さかき」の条にいったように、これを「もどき」といって、その形式は最初に身分をたずね、つぎに御礼のことがあり、ひきつづいて分郡《ぶんこおり》の言立てがあることは、各所ほぼ同一である。現在おこなわれていたものでは、静岡県地内、磐田《いわた》郡山室のものが、ひとつの型をなしていて、全体の形式を知る上に便宜であるから、こころみにまずこれを挙げて、つぎに三河《みかわ》地内のものにおよぶとする、三河地内のものは、根本となる口伝はあったが、これを役の者の適宜で、ときと場合に応じて筋をはこんでゆくきわめて自由な形式であった。なお山室の場合では「ひのねぎ」の称を用いず、たんに「ねぎ」とよんでいて、その語りの間は、「もどき」役もともにかたるのである。

もどき　（はじめ「ねぎ」の肩を扇でかるく二三度打ち）
　これこれお手前のような　商人《あきうど》かいせんともみえず　また乞食《こつじき》ともみえず　伊勢の梵天《ぼんでん》を見たような物を　ひん昇《かつ》いで歩《あり》くこの街道　礼がなければ通さぬぞや
ねぎ　（最初肩を打たれたとき、一寸おどろいた身ぶりがあり、はじめて人の気配に気づいたように舞いの手をやすめて「たから」を肩にかついだまま）

おれも余程道中もするが　つい街道で礼をしたことがなし　またお手前
（もどき役をいふ）のような者に　出あったこともなし何に礼をするのだ
もどき
祭り祭礼の所ではまず太夫神主　大旦那《だんな》小旦那舞台（太鼓）笛造（笛）に礼
を申す
ねぎ（ここでそれぞれに礼をする。この間礼について「もどき」役との間にせりあい
がある）
もどき
はてさてあっぱれな宜い礼だ　それは宜いがお手前は全体何者である
ねぎ
伊勢渡会《わたらい》の郡《こおり》　みなそこ川の水上《みなかみ》に住居いたす禰宜だ
もどき
はてさて宜い所に住居する禰宜様だ　禰宜なれば祓《はら》いを誦《よ》め
ねぎ（ここにて禊《みそ》ぎの祓いを誦む）
もどき
はてさて宜い禰宜様だ　それは宜いがまだ分郡《ぶんこおり》を誦め
ねぎ（謡いのような調子でつぎの分郡を誦む）

大阪より西も三十三ヵ国《かんこく》　大阪より東も三十三ヵ国　あわせて六十六ヵ国　東《とう》せば東海道南《なん》せば南海道　四国西国《さいこく》北国北陸道《ほくろくどう》　道は七ツにわられ給う　さいたる道は中段の道　中なる道は神の道　静岡県磐田郡佐久間村　小名《こな》にとりては山室《やんぼろ》と申御所《おんところ》に　七福はんや五福神《じん》屋敷ところに　天には白金《しろがね》の花が咲き　地には黄金が座を組んで　空《そら》よりしんぷく降りくだり　とこは草木を中なん　大盤若五福神の屋敷どころに　舞いが所望で立寄った

もどき

舞いが所望なら舞いやれ

これより五方舞にはいる。

問答の二

「ひのねぎ」の問答は、これを一方三河地内のものに就いてみると、前掲と形式においてはおなじである。しかしてこの場合「ひのねぎ」に対する考えは、やはりはるばる遠国から来た者を迎える気持で、問答の内容を前いったようにだいたいつぎの三段に区分している。

一 御礼の事　二 立住居所の事　三 分郡の事

これを第一の御礼のことに就いていうと、まず神々から太夫神主、見物のくもおとな衆《しゅう》女﨟女郎衆から楽造笛造に御礼のことがあって、つぎに「ひのねぎ」に御礼のことがある。そこで「もどき」からこれを慫慂《しょうよう》するが、容易に諾《うけ》がわぬ。よって重ねて、そこもとは今夜「ひのねぎ」と申す者のみちびきでこの場へ出て来たのだ、それが合点できねばお目にかけようこれだとあって、竈の中から火のついた榾《ほた》または松火を足元へ投げ出す。このことは多く大入系でおこなっているが、これに「ひのねぎ」が吃《びっ》驚《くり》して、ただちに足で踏み消す、そこで「もどき」が、なるほどよい礼だとあって、つぎの次第にはいる、この点が前記のものとは異なる。なおこの場合他の礼はすべて頭をさげるいわゆる拝礼であるが、これにかぎり踏み消していたことは、合理観からいうと理窟《りくつ》にあわぬ。しかも「ひのねぎ」がおなじ「ひのねぎ」の誘導によるとして御礼のことは、一層不合理と考えられるが、これを一方の「みこ」の場合でみると、「ひのねぎ」に御礼のことは、なんの不思議もないのである。この点は注意すべきと思う。しかし「みこ」の御礼の場合には、この松火を見せることは多く略している。

つぎに立住居所であるが、これも前掲とほぼ同一で、伊勢渡会郡みなすそ川の川上に立住居いたす禰宜にて候と変る程度であるが、「みこ」の場合は、これまた「みこ」にてそうろうと変えるだけである。

第三の分郡のことは、前掲とはいくぶん異なっていて、たとえばこれを振草系下粟《しもあわ》代《しろ》のものについていうと、大阪より東西六十六ヵ国のことから、つぎのようになっている。

東せば東海道南せば南海道　四国西国北国北陸道とて　道は七ツに分れ給うなり　舟路《ふなじ》どもには八ツのその果八ツの御道《おんみち》　東国東海道へとさいたる道の中段国　三河は八郡に始りたるものなり　設楽郡は六十六郷とも説かれたり　振草七郷は大般若ごしき所に　たてて請じたるものなり　大《おお》名《な》にとりては粟代《あわしろ》村　屋敷どころにとりては□□と申す所に　水の上品《じょうぶん》湯の上品《じょうぶん》花の上品《じょうぶん》あると聞およんで　これまで参りて候　一ッ囃《はや》して給え宮のさむらう

この最後のひとつ囃して給えで舞いになる。ちなみにおなじ振草系でも小林《こばやし》では、舞いの場合は舞戸にかざった御幡《おはた》のひとつをとって舞う、また分郡について、大入系の各地では、最後の水の上品湯の上品を、つぎのようにいっている。

七右半の御湯がたって、それを請じて参って候、
万歳楽々々々

「みこ」のお伴の舞（振草系下粟代）

「みこ」を中心に

これまでの記述が、とかく「ひのねぎ」にかたむいていたから、今度は「みこ」を中心にして一通りいうこととする。第一には「みこ」の称呼であるが、これは各所を通じていちように「みこ」または「みこさま」といっていて、ときに面形を女郎という位のものである。つぎに服装であるが、これはまちまちで、瓔珞《ようらく》の冠に緋の袴（大入系三沢、古真立など）の例もあるが、多くはただの婦女の扮装である。そうしてこれにはかならず介添役が一人ついたのである。

つぎに「みこ」を中心にして、この場面にあらわれた気持である。なにかしら、他の場面とは異なった、興奮と興味を胚胎《はいたい》している、きわめて不適当な比喩《ひゆ》であるが、はやくいえば性的滑稽感ともいうべきもので、見物もことにあたる者も、いちようにそうした気持でのぞんだのである。これをまず「みこ」の出についていうと、何分そ

れまでは、あらあらしい鬼面や老人面のみに接した後ではあり、理由なしにわっと喝《かっ》采《さい》がおこる。「みこさま」だ、よい女ぶりだ、今年の「みこ」はできがよいなどと品定めがつづく。そこへ前々から出ていた「ひのねぎ」のお伴がたわむれたりするのが受ける。それを「みこ」のお伴の婆や「おかめ」が、舞いながら悋気《りんき》ぶったまねをしたり、おたがいがだきついたりしてわらわせる。そんなことから、この場面のかげに、なにがな特別の状景がかつておこなわれたことを思わせる。したがって古真立の次第などがそれでないかと思うのである。

「みこ」（大入系三沢）

古真立の例

古真立では「みこ」の出にはお伴に爺と婆がついて出る、爺は杖、婆は風呂敷包をせおって「みこ」を中心に他のお伴とたがいにもつれて舞う。竈を一巡して分郡の言立てがあり、そのまま「みこ」がひっこんでしまうと、後にのこった爺と婆が、一舞いあってから竈の前に筵をしいて横になる。見物はこれをみてわっと喝采する、ずいぶん露骨な場面である。この場面は近世になって一部の間に干渉の声がさかんであったが、ついに中止のことな

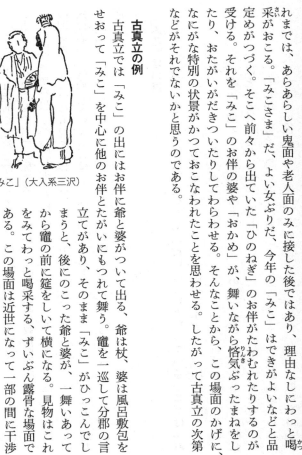

く今日にいたった。これと同一の行事が、花祭ではないが、地を接して長野県新野《にいの》の雪祭りに約十五年前までおこなわれていた。同所ではかんば（神婆）と称する女郎面が中心で、その「おやぢ」と称する杖にすがった尉役（面の製作過程からは女郎も尉もともに区別できぬが）と、同じような場面を見せていて、ともにこうした場面の以前の型をのこしていたものと思われる。なお「かんば」が、花祭の「みこ」と行事の形式においても通じていたことは、一は分郡の言立てをするに対して、これは大社巡りの道筋をものがたったのである。ちなみに新野の雪祭りのこの場面は大正十五年に復活した。

「みこ」は盲目

古真立では、「みこ」の面は盲目のために舞いにくいといっている。これは「みこ」そのものが盲目という意味でなく、「みこ」の面形にかぎって、眼孔がまったくなかったので、そのために役にあたったものは、ぜんぜん前方の見とおしがきかぬのである。この事実を他の土地に例をもとめると、この面にかぎって、いちように眼孔が小さく、ほとんど針のあなほどで、あれどもなきにひとしいのが、大入系の多くの事実である。したがってその舞いぶりにおいても、どことなくその意識があらわれている。これにつきそい役があったのも、この点で意義があった。しかし振草系の「みこ」には、この事実はよくみとめがたい。

「ひのねぎ」と「みこ」

「ひのねぎ」と「みこ」の関係はすべてに密接であったが、しかも表面にとくにあらわれていたわけではない。ただ「ひのねぎ」と「みこ」の場面がひとつづきであったこと、「みこ」の問答を主として考えると「ひのねぎ」によって出現する、となっていたこと、また「ひのねぎ」と「みこ」は、次第がほとんどおなじであったことから、その間特別に関連があると信じられるのである。第一の「ひのねぎ」と「みこ」の場面がひとつづきであったことは、一方にこの場面を「ねぎみこ」の語でよんでいたこともひとつの理由で、かりに「ひのねぎ」は「みこ」の出には、すでに姿を見せていないとしても、順序からみて、その間の関連は考えられ、一方「みこ」の御礼の詞かららも当然理解されるのである。しかしそのことから考えられるのは、一方の「ひのねぎ」がこれまた「ひのねぎ」の誘導によるとした事実である。したがって「ひのねぎ」は、同一の称で呼ぶものがふたつ存在した結果となるのである。しかし一方問答の詞や一部の伝承によると、御礼をなし分郡の立言をするのはたんに「ねぎ」であって、一方の「ひのねぎ」はありのままに榾《ほた》の火または松火であったことにもなる。

かく榾の火または松火をなぜに「ねぎ」の語でよんだかはわからぬが、一方この事

「ねぎみこ」のお伴の舞（振草系中在家）

実は後の「おきな」の場合にもあったのである。しかして榾の火または松火を「ひのねぎ」の語でよんだ一方、これに礼をなす「ねぎ」もまた同一の語であったことは、その間に密接な関連があったことは容易にうなずかれるのである。これについて、黒倉《くろむら》田楽にあらわれた一の鍵取りすなわち「ひのねぎ」と「みこ」の関係は、この間の一面の事実をものがたっていたようである。

黒倉田楽の一の鍵取り

*黒倉田楽については別項に述べたから、ここにはその一部を参照してみると、田楽次第二十三番一の鍵取り、二十四番松風丸、二十五番四寸の鍵取りとなっているが、これは事実はひとつづき、むしろ同一の場面である。しかして同地の伝承および口伝書によると、一の鍵取りは別に「ひのねぎ」といっていたことで、松風丸は「みこ」、四寸の鍵取りは「おきな」の、それぞれ別名であったのである。しかして一の鍵取りであるが、これには格別の次第はなく「みこ」すなわち松風丸をむかえ出し、舞台上

でこれを披露し、ともに由来を語る一種の「もどき」役にすぎなかった。その次第をいってみると、最初舞台への出には、まず一の鍵取りが松火を高くささげうしろむきになって、すなわち後退りに出てくる。つぎにそれとむかいあって松風丸の女郎面が出る、その後に四寸の鍵取り——「おきな」——がやはりむかえ出されたのである。舞台中央にいたったとき、神座からあらため役が出てきて、これになにものかと問をかけ、一の鍵とりが、松風丸とともに由来を語る過程は、花祭の「みこ」の出と同一である。これを前にいった「ひのねぎ」の事実にあてはめて考えると、「ひのねぎ」は、火——松火——を持つことからいったもので、「ひ」は火すなわち火焔《かえん》で、「みこ」をむかえ出すためであったものが、由来をともに語る「もどき」の習慣から、火と人物を別個にして、すべて独立のものと解したといえるのである。

おきな

「おきな」の場面

「おきな」の出は「おちらはり」すなわち「ねぎみこ」の場面の後で、土地によると、この間に別に四ツ舞の一部がはいることもある。

「おきな」は各所おなじように、黒尉《くろじょう》である。服装は「ひのねぎ」の場合とおなじく、「ゆはぎ」に裁著の土地もあるが、多くは平服に「ゆはぎ」だけをはおって、はきものも草履である。「ひのねぎ」が遠国からはるばるやってきたとする感じに対して、これはその点は意味が薄弱である。そうしていまひとつお伴のなかったことである。しかして持物としては左手に「ひいな」をかつぎ、右手に鈴を持っている。なお「ひいな」はそのかたちから、一に蕎麦《そば》屋の看板などともいうが、一種の形代であったことは、前にいったとおりである。はじめ呼出しの拍子で出て、竈の前で五方にむかって舞い、そのまま竈を一巡してくる。この場合の舞戸は「ひのねぎ」の場合とおなじく街道の気持である。竈を巡ってくると、そこへあらための役――「もどき」――が出て、かるく扇で肩をうち、問答のことからひきつづいて、長い長い身の上語りである。この身の上がたりが「おきな」の特色で、それがおわってひとつ囃して給えで舞いとなり、ひととおり舞戸の五方を舞ってひっこむことは「ひのねぎ」とおなじである。なおこの場合の「もどき」をべつに相問《あいもん》または「こてとり」ともいっている。

「おきな」の語り

「おきな」の特色である身の上の語りは、竈の前で「もどき」との間に問いかわされるのであるが、これは「ひのねぎ」または「みこ」の立住い所を語るに対して、生い立ちから婿いりの次第を聞かせるのである。語りの形式は土地によってまちまちであるが、振草系はいちように話す物語り風であるが、大入系はいくぶん韻をおびた謡い風のところがある。しかして「もどき」がこれを一節ごとにうけて復誦《ふくしょう》する場合と、二人が同時に唱和する形式とあるが、一方にはまた語るのは「おきな」で、「もどき」は問いをかけるだけで、たんなる聞役の場合もある。

つぎに物語りの内容であるが、これは前にもいったように、「おきな」の身の上話であるが、その外形はたんなる過去の物語りとか昔話ではなく、これをもっともらしく、そうしてことごとく意表に出て人を笑わせる性質のものである。そして現在各所におこなわれていたものは、物語りとしてあらかじめ順序と区分があったのであるが、それが各所ことなっていたのは、ひさしい口授伝承の間に、前後の転倒と錯誤が生じたことももちろんであるが、ひとつには技芸としての重要な要素である。面白くおかしいことの当然の帰結として、ものごとを正しく秩序立てぬこと、はやくいえば逆に逆にという、そうした形式の影響もあったのである。したがってこれが順序と区分はさして重要ではなかったので、祭文の詞章などとはべつである。しかし各所を通じて、詞章として全体の梗概《こうがい》はほぼ似たものである。以上を前提として、まず振草系の古戸《ふっと》におこなわれていたものを見ると、

「おきな」の舞（大入系下津具）

全章を左の三段にわかっている。

第一　御礼のこと　第二　生まれ所の話　第三　聟入《むこい》りの話

以上のうち、第一の御礼のことは、前の「ひのねぎ」「みこ」における同一のもので、これは語りにはいる一種の前提をなすものであった。したがって身の上語りの内容には関係ないものである。

つぎに同じ系統の下粟代は、これを左の四段にわかっている。

第一　御礼のこと　第二　生まれたときの話　第三　都いりの話

第四　聟入りの話

すなわち古戸が第二を生まれ所の話としているにたいして、これは生まれたときの話となっており、べつに都入りの一条がある。しかしこれはひとつの順序区分をしめしたにすぎぬもので、内容においてはたいした相違はない。一面からいうと、これは「もどき」の問い方によってかく区分ができたともいえる。しかしてこの区分はさらにこまかくわかれていた場合もあるらしく、花祭と縁の深い黒倉田楽の「おきな」すなわち四寸の鍵とりの語りは、左のように全章を九番の物語りとしている。

一番　七社の氏神様御礼　　二番　庄屋万所《まんどころ》。くもおとな衆《じゅう》。御礼　　三番　笛造。楽造へ御礼
　以上御礼のこと
四番　生れ所　　五番　立住い所　　六番　聟入り　　七番　古話《ふる》し
八番　都入り　　九番　…………
　以上身の上話

黒倉田楽における区分は、事実上表題と、内容がことごとく一致せぬ場合もあり、しかも第九番には表題がなかった点から考えると、あるいは記憶の便宜上かく区分をもうけたとも考えられる。これに対して物語りの内容にはなんら区分をもうけなかった土地も、全体をひとつづきに語るわけではなく、それぞれの場合に「もどき」が相の手をいれていたから、結果においてはすべて同一であったわけである。これを一方大入系の各地についてみると、全章をほぼ左の四段にわけている。

第一　御　礼　　第二　生まれ所　　第三　打上り《うちあが》の事　　第四　鎌倉入り

すなわち各番の称呼がことなっていたのである。これは形式としてはあるいは一倍古かったかと考えられるが、さらに古戸田楽の「さんばそ」すなわち黒尉の語りは、全体の形式においても用語においても、いっそう古い形を残していたことをつけ加えておく。

詞章の伝承

「おきな」の詞章は、役にあたる者がすべて暗誦していて、「もどき」の問いに応じてつぎつぎに語ったのであるが、その内容は相当長編であるから、ひさしい年代の間には、口授のみによってきたと信じがたい節もある。しかして現在において多く手控えを用意していたのであるが、しかし一方にはぜんぜんこれがなかった土地もある。(あるいはある時代存在したかもしれぬが)前いった古戸などはその例でどこにも保存されぬのである。現在同所には近在に響いた語りの上手があって、じつは手控えの必要もさまでに感じていない。一方手控えのあった土地でもぜんぜんそれにたよっていたわけではなく、おなじ振草系中在家《なかんぜき》なども、最近なくなった「おきな」役の老人などは、手控えには少しも頼っていなかったようであるから、このことはいずれともいえぬのである。

これを要するに全体的には、一部これに興味を持つものによって保存されていて、口移しの伝承はいまだ生きた存在ということができたのである。

詞章と口伝書

詞章は役の者が心得ていて、その者一代は年々くりかえしていたから、一部語句に前後は生じても、どうやら保存されていたわけで、役を後の者にゆずる場合、その者に口授すればよかったので、伝承のつづくかぎり、口伝書あるいは手控えの必要はなかったわけであるが、祭祀は年一回であり、人間の運命には思いもうけぬことが多かったから、これが手控え口伝書も一面重要なものである。そのための動機から作製されたかどうかわからぬが、大部分の土地に、一種位は用意されてある。たぶん備忘の意が最初であろうが、不思議に他の祭文歌謡におけるように、古いものがすくなかった。自分が見た経験では、大入系の御園、下津具などに伝えていたものは、その紙質保存の状態などから判断して、相当古い時代の作製と思われるが、年代の記載がないからこれらは確実なことはわからぬ。この点においてもっとも古いと断定のできるものは、前記黒倉田楽にもちいられたもので、同所の金田九郎兵衛なる人の筆録になる文政《ぶんせい》五年の奥書あるもので、その他のものはいずれも明治初年前後に作製されていたところをみると、これが筆録は相当後世ともいえるのである。しかしてこの口伝書または手控えのひとつの特色は、他の口伝書とことなって、禰宜屋敷などにはほとんど保存されていなかったことで、かつてこれをつとめた者の屋敷に多く保存されてある。まことに当然のことではあるが、この事実もすべて口伝書の保存と散逸に影響した点であって、これらは禰宜屋敷などにくらべて一般に社会上の地位もひくかった関係もあり、以前にあっては、筆録なども比較的容易でなかったこと、したがって後の保存も十分にゆきとどかなかった点などが、他口伝書手控えに比較して、一段とすくなく、かつ取あつかいも劣っていたかと考えられる。

古戸の例

「おきな」の次第の説明にかねて、振草系古戸の現在のものをあげてみる。これは口伝書などの文字の影響がない、事実上のききがきであることに意義をみとめて、とくにえらんだので、二三意義不明の個所もあるが、すべて聞いたままである。したがってこれはもちろん一形式をしめしたにすぎぬもので、ことに「もどき」の問いは、年により役によって、適宜按配《あんばい》されたので、同一の土地においても年々おなじとはいえなかった。ことにこの次第は、ともに共同の佐々木祐助の口授になるもので「もどき」「おきな」が同一人の関係もあって、両者の間がとかく妥協的のきらいがないではない。このことは前の「ひのねぎ」の問答における静岡県地内山室の事実のように

「おきな」が「もどき」に対して、反目をおびた形式がむしろ一般的であった。しかして本口伝は、記録としてあるいは冗漫のきらいはあるが、物語りとそれにともなう場面をあわせうかがう意味で、全部を記載することとした。

第一　御礼の次第

「もどき」は平服に「ゆはぎ」をはうり。手に扇を持ち。「おきな」の肩を打って問いにはいる。

もどき

やれ爺様《じいさま》毎年よくお出《い》で下されありがたくござります。相もかわらずお壮健《たっしゃ》でお目出度《めでと》う。

おきな

いやどうもはや誠に耄碌《もうろく》してのう。それに今年は特別寒いで。まあ止《や》めいかと思ったが。

毎年来つけている道だし。花（花祭のこと）も好きだしせるわけだで。また出て来たい。

もどき

それはお爺御苦労だ。

おきな
さあ夜も明けるし。こうしておっちゃ花屋へ遅くなるで。ちっとも早くいかにゃならんで。
なあ。
もどき
そりゃお爺。花屋へも忙しいずらが、こうして多勢の人が（見物を指さして）「おきな」が出て来るといって。迎いに出ている所だで。この衆にいちいち礼をいわにゃあ。ここが通って行けぬぞえ。それにお爺がこうして来たのも。一人で来たと思うと大きな間違いだぞえ。
おきな
なあになあに。俺は一人で来たた。
もどき
いやそうじゃねえだ。これには「ひのねぎ」という大切なものがあって。その御影でお爺は出て来ただぞえ。
おきな
そりゃあ困るが。花屋へも忙しで。それじゃあ礼もいはずが。なんて言やあ好いだのう。

（このとき他の土地では、前の「ひのねぎ」の場合のように、松火を見せることがある。）

もどき

そりゃあ世話は無《ね》えだ。俺が教えてやるで。早速言って通らっせ。

おきな

それじゃあなんて言うだ。

もどき

「ひのねぎ」にお礼を申と。こう言やあそれで宜いだ。

おきな

それじゃあ早速。「ひのねぎ」にお礼を申。（礼をして）さあ行くだ行くだ。

もどき

成程いい礼だ。したがお爺。まんだなかなか行けぬぞえ。これで目にかからん所に。くもおとな衆《じゅう》という方々がおいでる。それに礼を言わにゃ通れぬ。

おきな

そりゃあ困るが。行けぬとせりやあ仕方がねへだで。礼も言はずが。教へてくれにゃ言えんだで。

もどき

それじゃあ早速教えずが。くもおとな衆にお礼を申と。こうだ。

おきな　くもおとな衆にお礼を申。さあ忙しいで行くだ。
もどき　いやまんだなかなか行けぬ。それでこのくもおとな衆に相添って、女臈衆といふがおいでる。それにお礼を言わにゃあ通れぬ。
おきな　女臈衆と聴いちゃあ年は老っても悪く無えで。早速礼もいはずが。教えて貰《もら》わにゃあ言えんで。
もどき　くもおとな衆に相添って。かみおい女臈衆に御礼を申と。こうだ。
おきな　くもおとな衆に相添って。かみおい女臈衆に御礼を申。さあさあ行くだ。花屋で待っておるで。
もどき　まんだお爺行けぬぞえ。これにゃあ舞台《ぶたい》（太鼓）というものがあってお爺は出て来たわけだ。それで唯では行けぬだで。行けると思ったら出かけてみさっせ。
（ここで「おきな」が前に出ようとするがからだが動かぬ。「おきな」不審な面持で）

おきな
　こりゃあちと勘考が違った。ほんに行けぬわい。
もどき
　喃《のう》そうずら。
（もどき楽座にむかって、この隠居様なかなか頑固だで。ひとつやっておくれとあい図をする。楽座の者が太鼓を少し打つ。すると「おきな」のからだがかるく動く。そこで感心する身ぶりがある）
もどき
　のうお爺。それで御礼をいった方が宜いずら。
おきな
　成程そうだ。こりゃあ不思議なもんだ。早速礼を言わず。
もどき
　舞台にお礼を申とこういうだ。
おきな
　舞台にお礼を申。さあ行くだ。
もどき
　まんだなかなか行けぬぞえ。舞台に相添って笛造《ふえぞう》という者があって。お爺はその調子でここへ出て来ただで。礼を言わにゃあ行けぬ。
おきな
まあ面倒臭《くせ》え困ったことだなあ。
もどき
なあに悪いことは言わんで。
（もどき笛役にむかって、ひとつ聞かせておくれという。笛役少し吹く。「おきな」の手足急にかるく動く）
おきな
成程こりゃ好い調子のもんだ。それじゃ早速礼を言わず。
もどき
舞台に相添って笛造に御礼を申。こう言うだ。
おきな
舞台に相添って笛造にお礼を申。さあ行くだ。
もどき
まんだなかなか行けぬぞえ。
おきな
そりゃ困る花屋へ急くだで。

もどき
なあにそうはいかぬ。これだけ多勢の人が。宵から「おきな」が来ると言って待っているところだで。この衆に一々礼を言わにゃ行けぬだ。
おきな
何が待っておるどころぢゃ無《ね》え。（見物を見わたして）こんな鼻くそ野郎共が邪魔ばかりせりやがって。礼どころかい。
もどき
なあにそうじゃあ無え。そりゃあお爺はそう言うが。みんなお取持ちで来て居るところだ。悪いことは言わんで。早く礼を言わっせ。
おきな
礼を言うのも大儀だが、行けんとせりゃあ仕方が無え。しかしこんな多勢の人へ一々礼は困ったもんだなあ。
もどき
なあにわけなく言えることがあるだ。教えてやる。
おきな
それぢゃ教えて貰はず。
もどき

しょう座まん座まゐる五百けん。づらありと御礼を申。こう言やあ一々礼を言ったわけになるだ。

おきな

しょう座まん座まゐる五百けん。づらありと御礼を申。さあ行くだ。

もどき

まんだ中々行けぬ。これでみんながお爺の生れ所を聞き度いって待っておるで。それを一通り言って貰うだ。

おきな

まあ困ったことだなあ。生れた所なんざあ誰にも判ったことだが。そう言って此「おきな」も格別ことなった所から生まれたわけぢゃ無《ね》えだで。

もどき

生まれた所はおなじでも。育った所も聞きたいというだで。早速語っておくれ。

おきな

それじゃ花屋で待って居るだで。早速語ってやって貰わず。

以上御礼

これより語りにはいるのである。なお御礼について、「おきな」が礼を言うたび

「もどき」が、いちいち成程よい礼だといっては、見物に披露するのである。

おきな
　このおきなと申するは　遠き天笠須弥山《しゅみせん》の山の麓《ふもと》にて生れたるおきなにて候　十三尋の竹の王とも脊比《せいくら》べ申たり　三十三尋の木の王とも脊比べ申たり　西《せい》峯七ッ谷七ッ十四の山をも這《は》い越えたる　藤の王とも脊比べ申たり　王母《わうぼん》の園の桃千年に茎立ち　二千年に花が咲き　三千年に一度《ひとたび》実りなりこだれた　優曇華《うどんげ》の花を　ごゆはい三度《さんど》手にとり食《た》べ頂いたるおきなにて候　近江の湖《みづうみ》が七度《ななたび》桑原となり　八度竹の林と成ったをもおぼえたるおきなにて候　これより久しいことは覚え候わず
もどき
　成程久しいことを覚えて居たものだ。それ程久しいことを覚えて居たなら。一度や二度生れては居らまい。
おきな
　成程一度や二度生れては居らん　此おきなと申するは一度にかぎらず　二度にかぎらずらい三度《さんど》まで生れたおきなにて候　折しも六月のことなれば　立臼《たてうす》二ッの間に小麦から三把敷き　いがあこがあざんぶりと生まれたおきな

にて候　あるお方の褒めように　扨《さて》もよい子や　頭《つむり》をみればはちつむり　額《ひたい》をみればでびたい　眼《まなこ》をみれば猿まなこ　鼻をみれば龍王鼻　頬をみればだり頬《ほほ》　口をみればわにぐち　首をみれば大猪首《おほゐくび》　肩をみればきり肩　腕《かいな》をみればぎっちょうかひな　胸をみれば鳩胸　腹をみれば大腹《だいばら》　腰をみれば蟻腰《ありごし》　尻をみれば焙烙尻《はうろくじり》　股《もも》をみれば太股　脛《すね》をみればとうの脛　足をみれば鍬《くわ》びら足　どことって良いとこも無い　正二月の味噌《みそ》玉のような御子《おこ》と褒めたものよ　なにがおきなの母も腹を立つまいことがあってこそよ　腹を立った程に立った程に

もどき
それはまた何と立ったものよ

おきな
檀特山須弥山《だんどくせんしゆみせん》の山を　罌粟《けし》粒程腹を立ったものよ

もどき
扨々《さてさて》いかいこと腹を立ったものだ

おきな
又或御方の褒めやうに　扨も良い子やよい子や　玉《たま》も玉《たま》あまたの玉　火とる玉水とる玉　妙理宝珠《はうし》の玉のような御子《おこ》と褒めたものよ　おきな

の母も喜んで　白髪三筋に鬚《ひげ》かいて　前歯二枚に鉄漿《かね》つけて　国国《くにこく》司《し》の主《ぬし》となると喜んで候　鶴の子は生まれて千日と申すには　国の果てを見んとのたまう　亀の子は生まれて千日と申すには　海の果てを見んとのたまう　このおきなと申するは　鶴亀に劣らじや　都を見んと思い立って候　我千代《わがちよ》を打立《うった》って　うっかけ引かけ行程に　田舎の宿《しゆく》へざっと著き　ここはどこだと問うたれば　田舎の宿と答えて候　ある奴の吐《こ》きように　田舎も脊中もひとつだと吐《こ》く　何が田舎も脊中もひとつだらず　田舎はいなか脊中はせなかと答えて候　田舎の宿を打立って　うっかけ引かけ行く程に　堀川の宿へざっと著き　ここは何所《どこ》だと問うたれば　堀川の宿と答えて候　またある奴の吐《こ》きように　えったもほったもひとつだと吐《こ》く　何がえったもほったもひとつだらす　えったは穢多《えった》ほったは堀田《ほった》　堀川の宿《しゆく》とも答えて候　堀川の宿を打立って

うっかけ引かけ行く程に　鎌倉こまへの宿へざっと著き　駒のいはらに七日の逗留《とうりゆう》休息していて見れば　まっこのごとくに（四辺を指さして）よしくしゃいじんじくじという　何を言うかと問うたれば　熊野へ御《み》神楽《かぐら》参らするが　舞台《ぶたい》も無いが笛も無い　何にも無いという処《とこ》だまでよ　なにがこのおきなも稚児や若衆のことなれば　かんちくの横笛《ようでう》　錦の油

単をつっぱずし吹いたものよ

もどき

ふう。それは又何と吹いたものよ

おきな

つっつひっつついつうつきひと吹いたものよ　其かたわらをみてやれば　胴《どう》のようなものを横において　たつくりのような物で　打つ　あれは何だと問うたれば　神の前での舞台遊《ぶたいあす》びと答えて候　びたりびたりと　其かたわらを見てやれば　兎の糞《ふん》のような物を引繋《ひつつな》いで首にかけて居る　あれは何だと問うたれば　神の前でのじゆじやう数珠《じゆず》とも答えて候　其かたわらを見てやれば　栃《とち》の皮のような物ひっ繫いで　がんさりがんさりとする　あれは何だと問うたれば　神の前での舞鈴《まいすず》と答えて候　そのかたわらをみてやれば　ふるごしんめう（古腰布）のような物をひっないで　ぴらりぴらりとする　あれは何だと問うたれば　神の前でのゆはぎ御戸帳と答えて候　のうこれでよかっつら

もどき

なるほどよかった。ときにお爺は都入《みやこい》りということをしたこともあらず。それを話いて聞かせておくれ。聞きたいものだ

おきな
　都入りなんということは知らぬ
もどき
其年になって。都入りということを知らぬということがあらずか
おきな
そんなことは知らぬ知らぬ
もどき
都入りというを知らぬか都入りというは聟入りのことだ
おきな
うむ其聟入りのことか　　聟入りのことならしたこともあった
もどき
それを話いて聞かせておくれ。聞きたいものだ。
おきな
此おきなと申するは　　八十四五より十四五まで　　聟入りもせなんだ
聟入りもせでもなるまいが　　牛も無いが鞍《くら》も無い　　弓も無いが矢壺も無い　　何も無いという処《とこ》だまでよ，なにが借牛に借鞍を置き　　借弓に借矢壺をかりかたにおっ著けて　　しっちぼうしっちぼうというて行くだまで

よ　ある峠へ出たれば　兎が昼寝をしていたものよ　これは射からかいて　舅殿《しゅうと》へよき土産と思いつき　なにが借牛に借鞍　借弓に借矢のことなれば　弓の心も知らず矢の心も知らず　天へあてがい地《ぢ》へあてがい　宜《ええ》かんころをへなへなへたと射てやったれば　兎の下腹へあたり　兎が起きて尻くらえ観音と吐《こ》いて失《う》せたものよ　南無三宝しまうたと思い　なにがまた借牛に借鞍　借弓に借矢壺をかりかたにおっ著けてしっちぼうしっちぼうというて行くだまでよ　なにが或川原へ出たれば十七八なる女臈が　洗濯をして居たものよ　なにがこのおきなも稚児や若衆のことなれば　一首かけたものよ

もどき

ふう。それはまた何と掛けたものよ

おきな

もうちっとしょうやごんしょ　もうちっとしょうやごんしよとかけたものよ

なにがこの女臈も心ある女臈なれば　歌の返歌をかやいたものよ

もどき

ふう。それはまた何と返いたものよ

おきな

うちくる波ももくずなる　おきなもそんなことをいおうより　月に六斎
牛の尻《けつ》をぶったたけと吐《こ》いたものよ　なにが持つたる鞭《ぶち》をおっとりなおし
しっちどうと喰《くら》わせたものよ　なにがこの牛もおどけ牛のことなれば
とんだ程に跳《と》んだ程に
もどき
ふう。それはまたなんと跳《と》んだものよ
おきな
がんさりがんさりと跳んだものよ　ある道端を七八間踏掻いて　馳けた
後《あと》を見たれば　山の芋が四五六十本程　梁杭《やなぐい》立ちに立ったものよ
これら扱《こ》ぎからかいて　舅殿へ宜き土産と思いつき　なにが扱いだもの
よ
もどき
ふう。それはまたなんと扱いだものよ
おきな
ごぼうりごぼうりと扱いだものよ　引掻き集めてどうぞく結え　牛の中
荷にどうと置き　舅殿へ行くだまでよ　舅の太夫喜んで　兄の次郎
弟の太郎　三男の三郎《さむろう》四郎五郎喜んで　天笠の天《あま》のが御酒《ごしゅ》を掻下《かいくだ》し

聟引きのかいり樽にて給わりて　吾家《わがや》へ帰り一家《いっけ》一門《いちもん》呼びあつめ　座を
車座につくり　十二月しょうおしならいて　長柄の銚子をこき出《いだ》し
しいて四十杯《ぺい》はじて八十杯《ぺい》目へ注ぎ鼻へ注ぎ　千秋楽や万歳楽　ひとつ
囃いて給え宮のさむろう

これより舞いにはいるのである。なお「おきな」の語りについては、*べつに口伝欄に、三四の土地のものを採録した。

獅子舞

舞いの最後　獅子《しし》舞は舞戸における最後のもので、舞いのしんがりである。朝鬼がおわると、拍子が変りすぐ獅子の出となるのである。獅子の出には囃しまたは鼻たらしともいう面形をつけた役が、幣束を持って出で、これを神部屋から迎え出すのである。

湯をはやす　獅子舞もまた一種の湯ばやしと考えられていて、舞戸に出て、竈を一巡してきて、そこで神座から湯束《ゆたぶさ》をあたえられ、口にくわえて釜の中の湯を、舞戸から神座、一般の見物にふりかけるのである。振草系の各地では、そのまま囃し面が神部屋へつれこんでおわりになるのである、大入系では、湯をはやした後に、竈の前に寝かして、ここで虱《しらみ》を取るまねをする。すなわち虱とりの次第があった。

二ツ獅子

獅子舞の獅子頭は各所共、一個であるが、土地によって（大入系三沢）二個で、これを雌獅子雄獅子といっている。そうしてこれは舞戸ではおこなわず、座敷の上で舞うので、この舞いをべつに「こわり」という。

なお三沢には、竈祓いの獅子というのがべつにある。「さかき」の舞いの直後で、女の衣裳をつけた者が一人でかぶり、手に鈴と扇を持って舞う、後から素面の才蔵が幕を持って「ささら」で囃しながら舞戸を一巡し、竈の前で五方を舞っておわりになる。*別項に述べた職業者の神楽組の獅子舞の形式に似ている。この後に「おかめ」と称するお多福面の舞いがあるが、これも神楽組の「おかめ」と似たもので、手に幣と鈴を持って、獅子舞からひとつづきのものである。なおこの獅子と「おかめ」は、拍子も他と全然ことなったいわゆる太神楽の拍子である。

獅子舞（大入系上黒川）

魚釣りと「なかとばらい」

この二つの次第は、現在大入系の上黒川と、古真立とに伝えている行事で、ともに狂言の名残りを伝えたと思われる所作事である。上黒川はひさしく中絶していたのを、最近にいたり復活せしめたもので、一方古真立の「なかとばらい」は、例祭にはおこなわず、一力花すなわち臨時の場合にかぎっておこなっていたのである。

魚釣り

魚釣りは、太夫と才蔵の二人で、五色の淵《ふち》に疑した見物席に糸をたれて魚を釣るので、太夫の鈍俗と、才蔵の才覚をあらわしたもので、釣り上げた魚(太根にて作る)を当夜参会の客人衆に、それぞれふるまうという筋である。その間にいろいろ滑稽な所作をして見物をわらわせる。

故老の説に聞くと、これも古い神楽次第におこなっていて、釣上げた魚を奉納金の多少、または平素の生活ぶりによって、はばかるところなく分配の多寡を披露のことがあったという。

なかとばらい

これは一に「へほり禰宜」ともいう。太夫と才蔵と商人《あきうど》の三人が、たまたま上方街道でみちづれになり、太夫が田舎出のうえに烏帽子直衣《えぼしのうし》も持ちあわせぬ裸太夫殿で、長刀は腰に帯んでいるが、さっぱり威容があがらぬところから、才蔵が才覚をもちいて、商人から烏帽子直衣、それに布施袋を手にいれ、天晴《あっぱ》れな太夫に仕立るというすじである。格別台本があるわけではなく、すべて以前の型を追って演出しているだけで、衣裳などもきまっているわけではない。全体が滑稽に、見物をわらわせることを主眼としている。しかし太夫だけは顔をいくぶん扮飾《ふんしょく》して、墨で髯《ひげ》などを描いている。最初の出は、上方街道の心持で、舞戸を巡りながら、

烏帽子かりそまいた　　直衣かりそまいた　　禰宜をしたものよ

などと太夫と才蔵でやって、そのたびに「へほうり」とくりかえしてゆく、商人は後から、おなじ街道をゆく気持である。なお別に

上方街道筆で書くともおよぶまい

などの台詞がある。つまり「へほり禰宜」は、この「へほうり」からいったものである。

さて才蔵が太夫のために、商人が腰につるしている烏帽子（藁製で一般に「やす」という）を買いあたえんと苦心するが、懐中無一文でなんらの代償がない。そこで商人に交渉して、万事都入りの上でつぐなう条件で話がまとまる。そのかわり「いかさま」太夫でないことを証明するために、太夫の前で四《し》方立《ほうだて》（東方立てともいう禰宜の作法のひとつか）をおこなうこととなる。太夫一向わきまえておらぬが、万事承合してつぎのような文句をとなえる。

東方に　とうない入道《にゅうどう》　南方に　なむない入道
西方に　さかなか入道　北方に　ほうない入道

これで烏帽子をまず手に入れ、つぎは直衣である。今度は十干《えと》祭りをやらせることとなる。太夫これまた心得がないが、とにかくうけあって、つぎのような文句をならべる。

甲《きのえ》　きゃにつか　丙《ひのえ》　もえぐい　庚《かのえ》　かまづか　壬《みづのえ》　ひしゃく

戊《つちのえ》　ぼとうり

これで直衣を手にいれ著用する。直衣は実はぼろぼろの古著で見物をわらわせる。しかしこれでやっと裸形を防いだわけだ、さて天晴れの太夫殿になりすましたが、まだ大切の布施袋がない。そこでまた才蔵が才覚してこれも手にいれ、太夫を真中にして商人と才蔵が烏帽子を両方から摑《つか》んで、太夫の頭へかぶせては取り、これで餅搗《もちつ》きのまねをして、左の十二ヵ月の歌をとなえるのである。

正月のみたま（ぐわさんとも）の餅もつく　つくつく餅のつくもうち　二月のにら（初午とも）の餅もつく　つくつく餅のつくもうち　三月の雛《ひいな》の餅もつく　つくつく餅のつくもうち　四月卯月《うづき》の餅もつく　つくつく餅のつくもうち　五月菖蒲《しょうぶ》の餅もつく　つくつく餅のつくもうち　六月祇園《ぎおん》の餅もつく　つくつく餅のつくもうち　七月しょうりよ（精霊）の餅もつく　つくつく餅のつくもうち　八月たなま（ほうぞうとも）の餅もつく　つくつく餅のつくもうち　九月くんち（節句とも）の餅もつく　つくつく餅のつくもうち　十月亥《い》の子の餅もつく　つくつく餅のつくもうち　霜月大師の餅もつく　つくつく餅のつくもうち　師走《しわす》年取りの餅もつく　つくつく餅のつくもうち

現在の次第では、十分に意義の酌みがたい点が多いが、何分伝承者は一二名で、以前のままを知ることのできぬのはまたやむをえない。ちなみにこの「へほり禰宜」は明治初年までは、おなじ大入系の三沢、上黒川なども行っており、現に上黒川では、昭和三年再興したが、いっそう簡略化している。なお黒倉田楽において、次第の第八番に行う「えとくり」は、この場合の十干祭りと同様の文句をとなえる（いくぶんこととなる点もあるが）ことから判断して、二者の間には、関連があるらしい。

音楽と歌謡

祭りの基調

音楽すなわち拍子と歌謡は、舞いをはじめ神勧請《かんじょう》などの場合、その基調をなすもので、舞いと神勧請を祭祀《さいし》の根本とするかぎり、音楽と歌謡の地位はおのずと諒解《りょうかい》されるのである。しかして音楽歌謡の関係は密接ではあるが、そういってこれを同時にとりあつかうことは、不可能であるばかりでなく、それぞれの意義と立場を、公平にする所以《ゆえん》でないと信ずるから、以下別個に述べることとする。

楽と拍子

拍　子

祭りに用いられた音楽は、楽《がく》または拍子といったのであるが、たんに楽といえば太鼓を意味していて、笛を拍子といったから、楽、拍子それぞれべつのわけであるが、一般にはむしろ拍子の名で代表されていたようであるから、以下便宜上、両者をすべて拍子の語をもってよぶこととする。

鈴の一種（振草系足込）

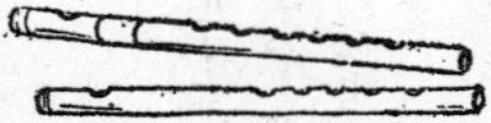

地　笛

楽器

拍子に用いられた楽器は、前にもいったように楽（太鼓）と笛だけである。しかしてこれにあたる者を楽は「がくぞう」笛は「ふえぞう」ともいった。その他楽器のひとつとしては、鈴がある。鈴は舞いの場合には、舞人自身が持っていわゆる楽座のものではなかった。

太鼓は大太鼓で、胴の直径一尺六寸内外のものを使用している。しかし行事によっては、べつに締太鼓の類の小形のものを使用する場合もある。

笛は横笛で、一に伊勢《いせ》笛と称するものを多く用いている。これは伊勢参宮のおりに購《もと》めてきたもので、音孔すなわち「うたぐち」は八個である。現今では伊勢参宮のおり、笛太鼓を土産に購めくることはあまりみかけなくなったが、以前はかならずこれを土産とする風があったのである。したがって近年は伊勢笛の良好のものがえられぬので、地笛《じぶえ》を多く使用する傾向がある。地笛は村人各自の製作になったもので、これは音孔が六個または七個である。あるいは以前はこの種のものがおこなわれたかと思うが、これも土地によって、それぞれ里風があったのである。

なお楽座における笛の数であるが、これは格別の規定はない。人員のつごうで、多いほど賑《にぎ》やかではあるが、三人ないし六人までの程度である。

つぎに鈴であるが、これはいずれも鉄製で、形からいって二種類おこなわれていたようである。一は錫杖《しやくじよう》式のもの、ひとつは鈴玉のついたもので、現在では多くこの鈴玉式のものを使用している。なお鈴は神勧請の場合は重要のもののひとつで、したがって舞子がこれをもつことは、これによって一種の調子をとる一方に、舞い本来の意義にも関係するといえる。

拍子の区分

拍子は、すべて行事によって区別されたわけであって、儀式と舞いを通じて、一般におこなわれていたのは左の三種である。

二拍子　三拍子　四拍子

以上のほか、舞いの場合には土地によって、各種の区別がある。たとえばつぎのようなものである。

呼出し　おちらはり　鬼拍子　湯ばやしの拍子　五拍子

十六拍子　ちうひ（舞拍子）　獅子《しし》舞の拍子

以上土地によってまちまちであるが、多くは名称の相違で、基本はすべて二拍子と三拍子である。

二拍子

神下し湯立てなどの純儀式の場合はすべて二拍子である。しかして舞いの場合にもすべて儀式と考えられていたものはこれである。由来拍子は土地によって、それぞれ土地風があったのであるが、二拍子にかぎって音節が単純のためか、各所ほとんど同一である。今一般におこなわれている笛の口拍子を三四記してみる。

一　ツーフヒツフヒ　ツヒヒホツヒヒ　　二　テーホヘテホヘ　テホホヘテホヘ

三　テーロレテロレ　テロロレテロレ

なお二拍子の口拍子は、このほか各種の形式がおこなわれていたので、口拍子としては、これがもっとも多い。

三拍子

三拍子はすべて舞いの場合にかぎられていて、しかも一般に三ッ舞の拍子と考えられていたが、もちろん他の舞いにもある。二拍子にくらべて一段複雑で、音節にいわゆる「ゆすり」が多いと考えられている。したがってこれは土地によっていくぶんずつ調子がことなっている。口拍子はつぎのようである。

一　ツーフフウ　フーフツーフ　　ツフツフツフゥー　フゥーゥフーフ

二　チーヒイヒイヒイ　ヒリヒリヒリツーフ　　ヒリヒリヒー　ツーフフフフーフ

以上の中、一は振草《ふりくさ》系中在家、二は大入《おおにゅう》系下津具《しもつぐ》の口拍子によったのであるが、これは口拍子としては二拍子のように適切にはゆかぬようである。

四拍子

四拍子は四ッ拍子ともいう。一般に四ッ舞の拍子と考えられているが、土地によると湯ばやしの舞にも使用する。口拍子はつぎのようである。

一　ツヒヒフウツーフ　ツヒチホツーヒ　チウツヒツーヒ　ツーヒホツーヒ

二　ツーフフフウーフ　ツヒヒヒツフフ　チーチフヒーヒ　ツヒヒヒツフフ

一は前とおなじく振草系中在家、二は下津具のものである。なお拍子としては前いった「おちらはり」をはじめ五拍子鬼拍子舞拍子など、それぞれことなっているが、ほぼ二拍子三拍子が基本である。しかし音階に対する鈍感と無智をもっては、これはいかんとも手の出しようがない。

そのうち「おちらはり」は一種の口拍子でべつに「おつるひや」ともいい、「ねぎ」「みこ」の舞いなどに用いられて、もっとも華やかなものと考えられている。この場合、楽と笛を一般に口拍子でまねているところをきくと

オッチラハリヤドンドン　フーゥフーフ

または、ただオツルヒヤドンドンなどで、これは多く振草系である。

五拍子は舞拍子ともいい「ちうひ」といっているものとほとんどおなじで、一般の口拍子は

一　テロレー　テロレ　　二　ヘホヘー　ヘホヘ

三　チウヒー　チウヒ　　四　フーフー　フーフ

以上各種おこなわれているがすべて二拍子で、鬼拍子もまたこれとほとんど同一である。なお舞いの場合の拍子については、歌謡とも関係がふかいから、べつに歌謡の条にあわせのべることとした。

舞いと拍子

舞いの基調が音楽すなわち拍子にあったことはもちろんで、たとえば鬼の舞にしても、漫然としてみているとただ滅茶苦茶《めちゃくちゃ》に飛んだりはねたりするとしか思えぬが、一挙一動すべてこれによっていたので、一方舞いにあたるものとしても、すべての動作がその暗示に俟《ま》ったので、一歩でもこの律外に出ることはできなかった。舞いの高調

にたっした際に、鬼のひとつがあらたに列に加わった場合など、鉞《まさかり》を振ってからだをこきざみにふっている光景をしばしばみるが、これは拍子に乗る機会をたしかめているので、これに乗らぬかぎり手も足も出なかったのである。それで現在でも老人などは拍子を一種神秘なものと信じている。

神々の来臨も拍子の誘惑

拍子が舞いの基調で、一挙一動がすべてこれが暗示によると考えられていたことは、さらに一歩すすめて、神々の上にあてはめて考えることもできた。それで神々の来臨もまたその誘惑によるとなしたのである。したがって神勧請すなわち神下しの根本がこれにあったことは、すでに神下しの条にのべたとおりである。この事実が一般伝承の上にみとめられる例は、現今でも振草系の二三の土地では、行事（舞い）がもっとも高調に達した刻限——ことに「さかき」「やまみ」の出の前後——場内警戒の任にあるものが、かならず鉄砲を打つ、これは天狗《てんぐ》または魔障の物を防ぎ除くとする、以前からのしきたりを、そのままにおこなっていたのである。現今は事実そうした現象はありえないと思われるが、ここ三四十年前までは、そのことがしばしばくりかえされて、鉄砲を打つことは当然な業務と考えられて、一方祭祀が高調に達すると、きまって天狗が来ると信じられていた。たとえば真黒くみえる遠方の山嶺《さんれい》などにひとつの灯となってあらわれ、それがはじめはひとつふたつであるが、見ている中、拍子につれてゆれ動いて、だんだん数がふえて果は峯《みね》から峯につらなって、あたかも松火を振るように拍子にこたえながら近づいてくる。中に間近にせまったものは、猛烈な音響をたてて舞戸に飛来したという、それでやむなく鉄砲を打った。こうして火焔《かえん》の玉が飛来した光景を、眼のあたり見たというものが自分の遇《あ》った中にもいく人かある。そうしてつづけざまに鉄砲が鳴ったと思うと、四辺一面にちらかっていた火の玉はたちまち退散して、はじめのように遠くの峯でなおあきらめきれぬように、拍子にあわせてゆれていたなどといっている。

話はべつであるが、この地方の一般伝承に、深夜山中などで高声を発したり笛を吹き火をもやしたりすると、きまって魔障のものが来たり臨むと信じられていたことも、この間の消息をものがたるものである。

呼出しの拍子

神下しの基調が拍子にあったように、舞いの場合、舞戸における「さかき」をはじめその他の神々の出現も、またこの法則によると考えたことは当然で、これが一種形式化したものがよびだしの拍子である。よびだしの拍子は、現在では仕度部屋に対する一種の相図ともみられるが、これがひとつの神下しの譜であることは一般でも肯定している。それで口伝にも、神々の出現をまず拍子によって誘い促し、松火すなわち火焔をもってこれを導くとするのが、すべて舞戸への出の順序である。したがって一個の伴鬼の出現にも、まず神座において呼び出しの拍子があり、神部屋――仕度部屋――の口から、松火をもって迎え出すことになっている。これに関連したことであるが、振草系の「さかき」が、舞戸に出てきて、まず竈《かまど》の前からこれを一巡して、神座の框《かまち》に片足をかけ、中をのぞきこみつつ拍子をきく身振りがあるが、これを一般伝承には、「さかき」が拍子にさそわれて、松火のみちびくままについふらふらと出てきたものの、さてあの音は何であったろうと、はじめて気がついて不審がる型だといっているのは、意義はとにかく一面から、その間の消息をうらがきするものである。

以上の事実から「おきな」「ひのねぎ」などの神々も、すべてこの理法であらわれるとしている。楽のひびきで体がまずかるくなり、笛の調子が手足で自然にはたらくとする。しかしそうすると、面形をつけぬ、すなわち神でなかったものの舞いにも、呼び出しの拍子があったことは、一面からみて理窟《りくつ》にあわぬといえばいえたが、これはたんに形式として一方の型を踏襲したものとも考えられる。しかしてこれには、べつに舞いの次第を説明した歌謡がともなったのである。

拍子と舞いの関係は舞いの実際からいっても、たんに稽古《けいこ》の際は手さばき足のはこびがまだ十分でないのが、さて神事として舞戸に立つと、拍子が不思議な魅力をもって、つぎつぎの動作にはこんでくれると信じている。

歌　謡

うたぐら

花祭の歌謡はこれをすべて「うたぐら」といったのである。「うたぐら」の語は歌詞そのものをいう場合と、これを音声によって謡《うた》うことの両様の意に考えられているが、いずれかというと謡うことは唱和の方に意義が強かったようである。

歌詞の形式

短歌と長歌

現在「うたぐら」に用いられていた歌詞にはふたつの形式があってそのひとつは五七五七七語のいわゆる短歌の形式で、神下し、刀立て、湯立てをはじめその他舞いの場合のものもすべてこれである。いまひとつは七五調からなる長歌で「とうごばやし」「さるごばやし」などのものである。

謡い方の区分

発声によって

「うたぐら」は発声上の形式からおよそ二様の区分がある。そのひとつはある一方が前半を出し後半をべつのものが受けてつけるもの、いまひとつはだいたいこれと同様であるが、後半をさらに前の者がうけとってむすぶのである。これを行事によって区別すると、第一は神下し湯立てなど、すべて純儀式と考えていた場合である。しかしこれは実際には、両者対立しておこなわぬこともあって、発声から結びまで同一人によってつづけられる場合もあるが、形式としてはどこまでも対立的である。たとえば短歌の形式でいうと（神下しの歌）

アキスギテフユノシキトハキョウカトヨ

これまでを出し、つぎに

キョウカトヨ　カゼモノドカデヤエニサクハナ

すなわち前半を一部分くりかえし、ひきつづいて後をつけるのである。つぎに長歌の場合でいうと（とうごばやし）

ハルキテアキユクツバメドリ

と出すと

タンバノヨドロニスヲカケテ

とつけて、順次つづけてゆくのである。

これに対して第二の場合すなわち最初の発声者がふたたびうけとって結ぶものは、一般に舞いを対照とした場合である。しかして発声を「だし」といい、うける場合を「とる」または「つける」といって、この形式によるものをすべて「とりうた」といったのである。なおこの区分を、「しきうた」と「とりうた」にあてはめて考えることもあるが、「しきうた」の称は、発声の形式からいった名でなかったことは、事実の上にあきらかである。

儀式における歌詞

しきうた

歌詞はその使用される範囲によって、これを「しきうた」とそうでないものとに区分することがある。「しきうた」の「しき」は、ときに季節の意にも考えられているが、いうまでもなく「しきばやし」などの「しき」で、儀式の意である。したがってこれはすべて儀式的に約束あるもので、一にかみうた(神歌)ともいい、神下し、湯立て、加持祓《ばら》いなどあらかじめ歌詞に約束があるものである。これに対して一方そうでないものは、その使用の限界からいうと、一般に舞いの場合である。

以上の結果から「しきうた」とそうでないものは、用いられる範囲によって、それぞれ歌詞に区別があったわけであるが、しかも実際においては、その限界はすこぶるあいまいである。もちろん「しきうた」は、歌詞に約束があるには違いないが、これを各所について比較すると、内容において多くの異同があり、一方これを舞いの場合にあわせ用いることもあえて不合理としなかった。しかも舞いの場合においても一部約束ある歌詞は、これを「しきうた」の名で呼んだのである。

これを要するに「しきうた」は、形式的に約束あるものをいうので、そうでないものとの区別は、ひとつの仮定にすぎなかったのである。元来歌詞はことごとく「しきうた」で、その間に区別はないはずであるが、後に行事の解釈などから区別が生じたもので、一方は舞いという特種の動作があったために、歌詞の方は一段かるく、第二義的のものに考えられてきたのである。このことは延《ひ》いて歌詞の消長と変遷をうながし、さてそのとりあつかいもしだいに複雑化してきて、本来別のもののようにも考えるようになったのである。

舞いにおける歌詞

歌詞の選択は自由

舞いの場合の「うたぐら」は、形式はすべて「とりうた」で、一部分約束のあった以外は、歌詞に厳密な制限はすでになかった。いずれかといえば「だし」の自由である。しかもこれに参与するものも「しきうた」のようにかぎられていなかったことから、たんに「うたぐら」といえばこの場合を指すとも考えたのである。したがっていわゆる「うた」としての興味はこれにあって、問題としてもこの場合のものにもっとも多かったのである。

歌詞の全部

舞いの場合の歌詞は、選択の範囲がかぎられていなかった関係上、神下しなど儀式の場合のものをはじめ、祭祀に関係のある歌は、記憶にあるかぎり用いられたから、すべて歌詞の全部ともいうことができた。しかし記憶にはかぎりがあるから、おのずから程度があったわけである。現に自分がこの数年来、祭祀見物のおりに、一部の土地で書出してもらったものを比較してみると、すべて五ヵ所の中で、もっとも多い土地が六十六種で、七十にはとどいておらぬ。その他もっとも少なかった土地が五十一種で、後は六十一ないし六十五種である。もちろんこの数字は、ひとつの土地を単位として記憶の全部とするには無理であるが、一面の標準とすることはできる。よってその他の土地についてはまだ比較をこころみぬのであるが、ほぼこれに準じてたいした誤りはないと考える。

七十種前後

これを一方村々に保存されている覚え帳の類について見ると、数においてはほぼおなじで、いずれも七十種前後である。中に一ヵ所振草系月《つき》の「うたぐら帳」が、九十六種を数えて群をぬいているが、内容の一々についてみると、その中の約十七八種は、他地方にほとんどおこなわれていなかったもので、しかも事情あって中途で加えたともうたがえるものである。それでこれを別とすると、村々におこなわれていた歌詞の数は、これを七十種前後とすることはあながち無理な推測ではないらしい。しかして一方この数字はなんらか行事に関連して根拠を持ったものとすることもできる。

歌詞唱和の時間

よって歌詞の種類をかりに七十種として、一方実際にこれがくりかえされた回数にあわせて考えるとすると、それにはまず余計な穿鑿《せんさく》であるが、舞いとこれに要した時間をひととおりいうのが便利である。舞いの場合一種の歌詞をうたいおわる時間は、土地によって調子にいくぶんの緩急があって一律でないが、だいたい一種の歌詞に要する時間は四十五秒ないし五十秒で、これは調子のゆるやかな二拍子も、急調な三拍子四拍子においてもほぼおなじである。これにつぎの歌にひきつぐ間の時間を算入しても、一種一分とみればよいのである。

花祭「うたぐら」音譜

㇁ 四分ノ一音下ル
ㇾ 四分ノ一音上ル
〰 ユスリ

三拍子（大入系下津具）

二拍子（振草系中在家）

花祭「うたぐら」の音譜は、村の祭り場において採譜されたものではない。自分が手控えと記憶によってうたい、矢田部《やたべ》勁吉《けいきち》さんに採譜を御願いしたものである。二拍子の方はそうでもないが、三拍子は矢田部さんの説をきいて、はじめていわゆる三拍子の規格をそなえていないことを知った。二拍子の癖が多分に加わっているのである。あるいは自分の記憶のあやまりかも知れぬが、二拍子の癖が加わっていたことは、村においても一面の事実かと思う。

歌詞の繰返される回数

これに対して一方「うたぐら」のはいる舞いをみると、すべて十三折り（土地によりこれに十二折りを増す場合もあるが）で、一折りに「うたぐら」のはいるのはその中の一部分で、土地と舞いによってこれに多少の相違はあるが、かりに地固めの舞を標準にすると、四十五ないし四十七回というところであるから、こころみに四十五回として統計をとると、ことごとく別の歌詞を用いるとすれば、全部で五百八十五種を要する勘定である。しかも歌詞は事実は七十種しかないとすると、不足の分は同一のものをくりかえしたわけである。このように同一の歌詞がくりかえされる以上、何の歌を何回とするような規定がないかぎり、ひんぱんにくりかえされたものと、わすれ勝ちのもののあったのは当然で、そこにおのおの歌詞の消長と変遷があった。事実村々でもっとも多くくりかえされたものは、その中の三分ノ一内外のものである。

歌詞の種類

一ヵ所を標準としての歌詞の数は以上のようであるが、一方これを祭りのおこなわれていた大部分（約十七ヵ所）の土地にわたって、それぞれ形式のことなったものをもとめると、自分が筆録したものだけで五百余種に上る。「うたぐら」の歌詞は、各所ほとんど共通であるにかかわらず、かく多数に上るのは、もちろん一部分あて語句の変化したものの多い結果である。よってこの数字は、さらにいちいち外形のことなったものにわたって蒐録《しゅうろく》を考えれば、まだ一小部分ともいえるが、一方これを系統観による形式からいうと、だいたいを網羅したわけでもある。

なお五百余種の内容は、村々の口伝書覚え帳などにあるものから、直接耳にしたものをことごとく集めたものである。その中口伝書覚え帳のものは、古くは元禄《げんろく》から安《あん》永《えい》、文化《ぶんか》、天保《てんぽう》年間から、さらに明治年間におよんでいるから、時間的の変化と、一方地理的の異同とをあわせ含んだものであった。しかしてこれらのものは、時代と地理上のへだたりはあるが、その間たがいに連絡と統一があることはいうまでもない。

よってこれらの雑然たる中から、当然同一形式と思われるもの、たとえばたんに対照となる語句の一部相違にすぎぬもの、一部の語句が当然唱和の際のあやまちとわかるものを除き、一方変化の事実は明瞭であるが、形式および内容の意義において、まったく別個の形をなしたものはこれを独立のものとみなして分類整理すると、百七十余種がのこるのである。もちろんこの数字中には、覚え帳から得たもので、特種の儀式の場合にかぎられていて、はたして舞いの場合に用いられたか否かを疑うものが数種あるから、かくあいまいな結果となるのである。

さらにこれをひとつひとつについて変化のあとを求め、厳密に分類整理すれば、一層すくない数字を得ることは容易にうなずかれるのである。なおこれについて、五百余種の歌詞が、以上述べた程度の分類整理で、約三分ノ一程度にいたった事実から、あまりにその間のひらきが多いのに不審をいだかせられるが、これは歌詞の形式と唱和の実際をみればすぐにうなずかれることで、別にひとつの理由があったのである。このことは分類の態度にも関係することであるから、一とおりいっておく。

対歌の形式

歌詞を一とおり配列してみると、同一の形式と思われるものがおびただしくある。一部分の語句または対照を替るのみで、ほとんど意義を同じくしている、これは早くいえば対歌ともいうべきものである。これらのものを簡単にあるひとつの変化ときめてしまえば問題はないが、一方謡う場合にもやはりこれがある謡う者自身には一種の習慣ともなっていたのであるが、歌詞の存在といい唱和の形式からも、これは対立的にくりかえされた事実をのこしたものと考えられる。かりに神下しの意を持ったものであれば、神々の対照を替るだけで、形式はまったく同一で、たとえばつぎのような場合である。

氏神は今ぞ御渡《みわた》る長浜《ながはま》へ（七浜へとも）　葦毛《あしげ》の駒に手綱《たづな》よりかけ

これにたいしてつぎに

神々は今ぞ御渡る長浜へ　　九匹の駒に手綱よりかけ

後の歌の「九匹の駒」はやはり「葦毛の駒」と同一にしたものももちろんある。しかしこれなどは対照からいってもあまりに形式的であるが、さらに

宮川をかいつれ上る鮎《あゆ》の子は　　はなさきそろえて御前《ごぜ》へまゐるら　　宮川をかいつれ上る黒がらす　　はがいそろえて御前へまゐるら

これなどはどこまでも対立的のものであった。さらに一方これを分類整理の立場からいうと、つぎのような歌詞は、同一とするよりほかはない。

氏神の御前《おまえ》を飾るおしめ竹　　うらさき栄えてやまとふえ竹
神々の御戸《おみと》帳を飾るおしめ竹　　うらさき栄えてやまとふえ竹

ちなみにこうした形式のおこなわれた事実については、対照による後の変化もあるらしいが、別にひとつの事実の考えられるのは、神座《かんざ》の歌に対する「せいと」の歌すなわち一般見物の謡った模擬歌《もじりうた》である。「せいと」の歌は現在では卑猥《ひわい》一片のものとなっているが、古くは現在のような形式ばかりでなかったと考えられる。

つぎにいまひとつの事実は、歌詞の形式にふたつの種類があったとする伝承である。現在大谷《おおたに》の御神楽《みかぐら》などにはその痕跡《こんせき》があるが、歌詞に「伊勢のはやし」と「ひがしのはやし」とあり、これを交互にくりかえすことで、現在「伊勢」「ひがし」の歌詞の区分はわからぬが、こうした事実の影響も考えに入れてよいと思う。要するに歌詞に類似のものの多かったことには、その奥に働らいていた各種の伝統の影響が思いあわされるのである。

歌詞の変化

口授によるもの

歌詞の数がおびただしい数に上った理由は、前あげた以外に時代とともに新しく採用されたものもあったらしいが、もっとも大きな原因は、記憶の錯誤と、音韻上の変化による別形式の発生である。この事実には、前いった類似歌詞の存在した影響もあって、一部の語句を変改することは、比較的自由に考えられていた習慣性からきたといえる。たとえばここにひとつの歌があるとして、その歌の後半を、記憶のあやまりからもっともらしい他のもので埋めあわせると、そこへもういずれともつかぬ別のものが生まれる。しかも元の形式は依然どこかに残っていたのである。もっとも記憶のあやまりといっても、まるきしの錯誤もあり、あるいは別に他の理由があったかも知れない。こうしてさらに新しいものが、他のものと混交してゆくから、変化の過程には際限がない。

もともと歌の意義が、一般の流行歌などとはことなって、元来単純に諒解されぬ語法になったものだけに、おたがいの記憶の便宜から、一部分の語句または内容の概念によって、外形をとらえておいたものが、これを謡う場合、いつか各人のもつ自由な語法や連想の誘惑によって変ってゆく。しかも新しいものが、音調もすぐれており、意義も単純になっとくできれば、前のものよりはるかに魅力を加えて伝播《でんぱ》したのである。しかも一方には思い出したように、もとの形式はまもられて生命をつづけている。この古いものと新しいものが、雑然といりまじっていたところが、花祭の歌のひとつの特色でもあった。

いまひとつ音調の上で自然に変化したものは、意義の解釈からくることもあったが、難渋な語法のもので、唱和に適しないためもある。たとえば語尾の「なるらん」であるが、これは「うたぐら」の形式上、音調をつよめる関係から「ん」の低音をきらって、「な」すなわち「なるらな」と変化さす。これなどは一小部分の事実にすぎぬが、こうした例は他にもある。つぎは意義の解釈の推移からくる変化である。たとえば

おぶすなの御前《おまえ》に立てるあや杉は　まゐりの衆生《すじょう》のゆはいとはなる

の歌である。脇線を加えた部分がことに変化するので、たとえば「あや杉」であるが、これは別に青杉ともなっている。そうして一方に「あやすげ」として、菅《すげ》とするものがある。つぎは「ゆはい」であるが、これは「いはい」「ゆはれ」などとするものもあるが、一方古い覚え書などには「ゆはぎ」となっている。「ゆはぎ」は祭祀に用いる一種の浄衣であるから、これからだんだん変ってきたことがわかるのである。すなわち

おぶすなの御前に立てるあや菅は　まゐりの衆生のゆはぎとはなる

というのが、以前の形式であったらしいが、おぶすなすなわち氏神の語に対しては菅よりも杉の方がもっともらしくかつ印象的であったことと、一方「ゆはぎ」を菅で作ることは、土地の人々には思いおよばぬ事実であった。しかして衆生の語は他に適

当に意識づける詞がないので、そのままに保存されたと考えられる。こうした例から推してゆくと、さらに以前は、どんな形式であったかもうたがわれてくるのである。合理的意義をもったものが必ずしも以前の形とは断定できぬ。かえって後のものにその事実があった。さらにつぎのような場合である。

庭中に七ツ竈立てわかす湯は　こぜさに召せば氷ひや水

これなどは、全体的に意義も明瞭であるからたいした変化はないが、ただ「こぜさ」の語は、意味がわからぬから、「こざさ」「こずせ」「こうさ」などととめどなく動いている。しかも一方に古い口伝書には、「小笹に召せば」となっているのであるが、「こざさ」といっては、謡う場合音調に変化がすくないことと、たんに詞の上では、笹の小枝とする連想はおこらなかった。したがってそのままの形はたもちがたい。

記録の作製から

しかし歌詞の変化は、これを口授にのみよっている間はよいが、一度丹念なものがあらわれて、覚え帳などを作って文字をうつすと、その者の主観から実際の形とはことなったものに固定させる。かりにその弊がないとしても今度後の者がこれを読むときは、まったくかわった形に解釈した例は何程もある。これは村々にある覚え帳の記載と、実際に謡われていたものを対照すればすぐわかる。たとえば「神道はちみち百綱」の歌の下の句の「神のかよみち」という詞である。これを文字にあらわすと「神の通路」と書きやすい。それで不用意にこれを読む場合「神のかよいじ」と解釈してしまう。これなどはいずれでもかまわぬが、こうした例は他にもある。しかも謡う者にとっては、内容の意義よりも音調であるから、これさえ間違えないかぎり、いかようにもついてゆかれたので、少しばかりの語句の相違は問題でなかったことも、変化を生じた原因である。もともと音調が基本であるために、目前に謡われていたものも、これを合唱の場合、各人がことごとく同一であるとはいい得ない。少し語句の難渋なものは、各人各様に謡っていたことは、しばしば経験するところである。したがって同種の歌詞においても、一地内で、それぞれに語句を異《こと》にし意義を別にしていたようである。その結果前にいったように、音調がすぐれ意義も単純化したものが漸次勢力を得たのである。

いまひとつは覚え帳を伝写の際のあやまりである。歌詞はすべて口授伝承とはいい条、覚え帳による保存の力を無視するわけにはゆかぬ。今日各所を通じて歌詞に共通点があるのは、この覚え帳の伝播が大にあずかっていて、一面にはこれが村々の歌詞の基本でもあったのである。しかしてこれを比較して気のつくことは、各個が単独な動機から筆録したものはごくまれで、多くは一方のものの伝写によったのである。まるきり口授のままを記録したと思われるものは、あってもまれで、多くは一部分をおぎなった程度である。しかして底本と思われるものと、一方後のものとを比較するとき多くのあやまりを発見する。もっともこれには純然たる誤写と、一方伝写の際に、当時謡われていた形によって、いくぶん手心を加えたと思われるものもある。

これを要するに歌詞の変化は、ついに止るところがなかったとはいい条、見方によっては、外部からのはなはだしい影響と変化はおこなわれていなかった、したがって流用された語句にしてもまったくかぎられた範囲であったことで、根本の思想はすべて厳重な儀式の上にあって、祭祀以外にはみだりに謡うことを厭んだほどであるから、もとの型は比較的厳正に保存されていたので、これを他の一般の遊戯歌などにくらべて同日の比ではない。

代表的の歌詞

衆望あるもの

村々を通じて形式を異にした歌詞の種類を、かりに百七十余種として、これを一方個々の土地について見ると七十種内外であるから、後の百種内外のものが、数の上からいうと、余計なものともみられるが、一方七十種前後の種類は、ある意味での必要数であって、内容においても大部分は共通している。これに対して、村々を通じてもっとも多くくりかえされたものは、その中の三分の一または二十種前後で、これまた内容においてもほぼ共通である。よって自分の耳にした感じから、そのうちでもっとも共通性をもっていたものを、こころみに十五種をかぎってえらんでみた。これらは各所を通じてほとんどだれでも心得ていたもので、代表的人望のあるものであると同時に、一面「うたぐら」の歌詞としてのすぐれた要素をそなえていたともいえる。余計な穿鑿ではあるが、厳密な理由はとにかく、これによって歌詞の保存され、あるいは消長の過程を考える資料ともなればさいわいである。なおこの中には、土地により一部の語句に相違があったことはいうまでもない。早くいえばこの形式の歌詞が多く謡われたのである。しかしてその理由と変化の事実も思いついただけはいうこととする。

1　諏訪《すわ》の池みなそこ照すこだま石　袖もぬらさでこぐちゑをかく
2　山の神育ちは何処《いづく》深山《みやま》なる　遠山《とやま》の奥のさわら木のもと
3　尾も白し頭も白し尾長鳥　清めて立つは鴨やおしどり
4　冬来れば渡る瀬ごてに氷橋　かけや渡いた金《かね》のくれはし
5　伊勢の国高天が原が此処なれば　集り給え四方の神々

6　神道はちみち百綱道七ツ　中なる道が神のかよみち
7　氏神の北や東が浜なれば　ざいしよへおりて遊べはまぐり
8　庭中に七ツ竈立てわかす湯は　こぜさに召せば氷ひやみづ
9　秋すぎて冬のしきとは今日かとよ　風ものろかでやよに咲く花
10　峰は雪ふもとはあられ里は雨　雨にまいての時雨《しぐれ》なるらん
11　しらかねの八ツ目の鈴をふりならし　ごぜのためとて舞いやあそぶら
12　氏神のおみとは幾つひだり八ッ　右がここのつ中が十六
13　あったには女《をな》は無いかよ男みこ　あれども舞うよ神のちかいで
14　神々は今ぞみわたる長浜へ　葦毛の駒にたづなよりかけ（再出）
15　湯ばやしの湯もとへ上る湯ごろもは　たけ六尺で袖《そで》が七尺

以上のうち第一番諏訪の池の歌は、振草系で多く謡われているもので、下の句の「こぐちゐをかく」は意義不明のところから、すべて音調のおもむくままに、「こごち」「とぐち」「こぶち」などとさまざまに変っている。これに対して大入系では「諏訪の湖《うみ》」とするものもあるが、下の句は別で、「手には取れども袖はぬらさじ」とうたっている。これも前いったように、もとは二者関連したものらしく、たまたま土地によってその中の一方が保存されたと考えられる。

この歌が各人に親しみのあった理由は、第一には多くの場合神下しのいわゆる「しきうた」のひとつとされていて、くりかえされる機会が多かったこと、つぎに最初の句である諏訪は、信仰関係は別としても、地方的に連想が容易であったこと、その他「こだま石」「袖ぬらす」などの感傷的語句から、延《ひ》いて全体の語調もすぐれていた点にあったらしい。

なお「こだま石」の連想から、意義は別であるが、ひきつづいてくりかえされたものに、つぎのような大峯讃仰《さんぎょう》の歌がある。

おかめ石寄るなさわるな杖つくな　まわりて通れ旅のしんきやく

のぼり岩のぼりて見ればくぶはちぶ　ちゑしておくは後の世のため

「くぶはちぶ」は覚え書などには「九分八分」と記したものあり「ちゑ」はなんのことかわからぬが標の意とも解せられる。

一方諏訪に関連して地理的親しみから、同様くりかえされる機会の多かったものをつぎにあげてみる。これにも一部語句の変化したものは何程もある。

鳳来寺《ほうらいじ》十二ヶ坊で立つ煙　ちはや五色の香《こう》のかぞする

鳳来寺般若ケ滝に立つ鹿は　仏にならんと立ちやたもたう
秋葉山すぎのこそだちおおけれど　やよすが中に思う杉あり

なお鳳来寺を歌ったものには、同一形式で、対照が大峯になったものもある。つぎの秋葉山の歌にも各種の形式がある。

第二番山の神の歌もやはり神下しの「しきうた」のひとつで、山の神という通俗的な語から延いてその在所をといたものだけに、何かしら心を捉《とら》える力があったらしい。なお第二句の「育ちは何処」を「棲家《すみか》は何処」「ありとはどこよ」など変っている。その他語調の似たものに次のような歌もある。

山鳩のすみかは何処《いづく》深山《みやま》なる　若松小枝がすみかなるらん

つぎにこれと類似していたものに

村雀すみかは何処鈴鹿《すずか》山　梅のこずえがすみかなるらん

前の山鳩の歌は、村雀の歌の鈴鹿山に対して、深山を都に変えたものもある。しか

して若松小枝の語は、一方湯立ての歌の

此てらし何処のてらし深山なる　　若松小枝のてらしなるらん

に関連し、さらに

此てらし何処のてらし深山なる　　とやまの奥のさわら木の枝

かくのごとく一部語句の流用は、かぎられた範囲できわめて奔放におこなわれていたのである。

第三番尾も白し頭も白しの歌は、まず最初の語の音調が母音に出発してことにならかであることが、謡う上にも記憶の点からも選まれた有力な理由であるが、ことに最初の「おもしろし」の語は、「うたぐら」の最後につける囃《はや》し詞《ことば》の「おもしろ」に通じていて、前の歌がおわって「やあらおもしろ」と附け、ひきつづいて「おほもしろしかしらも」とくりかえし出してゆく点が、ことに音調が自然だったのである。なお下の句の「清めて立つは」は一方「濁めて立つ」とするものと混交している。つぎの鴨や鴛鴦《おしどり》の語は、一面に憧憬的情緒をそそる上にも有力で、わすれがたい語であった。しかしこれと下の句を同じくするものにつぎの歌があるが、これはほとんど忘られている。

紀の国の音無《おとなし》川の水上に　　濁めて立つは鴨やおしどり

なお全体を通じて上の句にくらべて下の句に変化の多かったことは、「だし」すなわち発声は禰宜《ねぎ》または「みようど」で相当心得のある者があたっていたに対して、下の句は雑然とした多人数の合唱であったこともひとつの理由である。

つぎの第四番は、各所を通じて多く湯立ての「しきうた」であったことが、これまたくりかえされる機会が多かったので、ことにこの歌は意義からいっても村々の地勢からこれに連想をとりいれることが容易で、したがって印象が強かったのである。なおこれと一対と思われるものにつぎの歌がある。

冬来れば御前《ごぜ》の軒端に氷はし　　かけや渡した金のくれはし
冬来れば御前の軒端に氷はし　　よくもかけたよ金のくれはし

なおここにある「ごぜ」の語であるが、他の場合にもさかんに用いられていて、時には後世の意にも解せられていた節があるが、一般的には御前《ごぜん》の語の約《つま》ったものとなっている。

つぎの歌もまたこれと類似していたものである。

冬来ると谷にござしきおく霜は　冬の初とみるめかるらん
冬来ると端山《はやま》をござと降る雪は　冬咲く花とみるめかるらん

祭祀の中心神である「みるめ」の連想があらわれている。しかしてさらに

冬来ると谷に木の葉を八重がさね　一重に拝む富士の御嶽《おたけ》を

などと変ったものもある。

第五番伊勢の国高天が原の歌も、意義が簡明で、全体からうける感動も大きかったためか、誰知らぬ者もないほど有名である。これにはつぎのような形式も同時に謡われていた。

氏神の此処が高天の原なれば（以下同）　ちはやふる此処が高天の原なれば（以

下同）

さらにこれに関連して、伊勢を歌ったものは非常に多い。その中の二三をあげてみる。

伊勢の国天の岩戸を押しひらき　花や神楽を舞ひやあそぶら
伊勢の国あなた此方《こなた》で呼ぶ声は　たいしや（大師共）が呼ぶか鳥がまねくか
伊勢の国阿漕《あこぎ》が浦《うら》で引く網は　度かさなればあらはれたまへ

最後の下の句を「度かさなればあくとなるらん」としたものもある。

第六番神道は千道百綱の歌は、個々の語の意味が、舞戸のかざりつけの叙述であったことが、連想をはこぶ上に容易であったこと、いまひとつ「道七ツ中なる道」の語は、やはり「みこ」の舞いの分郡《ぶんこおり》の言立てと通じていた影響もあるらしい。なおこれと同型と思われるものは

神道は黄道赤道道七ツ　中なる道が神のかよみち

あるいは
　神道はちみち百道多けれど（以下同）
第七番氏神の北や東の歌は、意義としては実にうけとりがたい、多くの変化を経たものであるらしいが、これがさかんに謡われたところをみると、理窟はとにかく、個々の語が通俗で、全体としてあるひとつの状景が、おぼろげながら展開されることにあったらしい。なおこれと同型のものはいく種となくあって、変化の過程も想像されるのである。これと同型のものには
　氏神の北や南が浜なれば　小石におりてあそべ蛤《はまぐり》
　氏神の北の林で鳴く鹿は　ちゑてう声を常に絶やさず
　氏神が二の宮になり高天原となり、鳴く鹿が虫となり、ちえてう声は、一方慈悲てう声となって、はては「父を恋しというて囀《さえず》る」とするものもある。
　第八番庭中に七ツ竈立ての歌も、多く湯立ての「しきうた」で、祭祀の実際状景の叙述に近かったために記憶に容易であった、また下の句の変化した事実は前にもいっ

たとおりである。

第九番秋過ぎての歌も多くの場合、神下しの「しきうた」のひとつであることと、最初の句の音調がすぐれていたために、同一形式ではあるが、つぎの歌に比して多くくりかえされたのである。

冬過ぎて春の初は今日かとよ　　風もぬるかでやよに咲く花

これも春の初が「春のしき」となり、節となり、今日が今となり、風もぬるかは「のどか」という一方に「ぬるかぜ」「のろかぜ」となり、「やよ」は八重とするものも一方にある。なおこれに関連して、季節をよみこんだものは、非常に多いが、いずれも春秋または冬で、夏の歌のすくなかったことは、祭祀の意義からいっても当然である。

第十番峰は雪麓はあられの歌は、別に麓は時雨となったものもある。雪霰《あられ》雨と連想をはこぶところが記憶を助けたのである。

第十一番白銀《しろかね》の八ツ目の鈴の歌は、やはり多くの場合「しきうた」のひとつで、しかも舞いにあたる各人の美しく印象的に叙述されていたことが、忘れがたいものにした大きな理由らしい。

第十二番産土《おぶすな》の御戸帳《おみと》はいくつの歌は、音調のすぐれていたこととあわせて、八ツ九ッ十六などの数字的配列が記憶を助けたらしく、その結果下の句を他に転用した場合が非常に多い。なおこの歌の上の句の御戸帳《おみと》の語は、古い覚え書には「ありと」すなわち在所となったものもある。たとえば

村神《むらがみ》の在所《ありと》は何所《いづく》ひだりやつ　右が九ツ中が十六

第十三番熱田《あつた》には女《をな》はないかよの歌も、意義が単純でしかも興味をそそる点と、叙述からくる連想が、なにかしらおたがいに関係があるように感じさせたことに、心をとらえるものがあったらしい。なおこれなどは古謡の「あづまには女はなきか云々《うんぬん》」の歌からきたらしいが、由来花祭の行事には熱田に連想が多かった関係から、熱田の宮を詠んだものの多かったことから、かく転化したと考えられる。

第十四番神々はいまぞ御渡るの歌も、前いったように多くの場合「しきうた」のひとつであったことと、全体にある鮮麗崇厳な状景を暗示する点において、強い印象をあたえたのである。なおこれには、前にいったように、下の句を「葦毛の駒に手綱よりかけ」とするものと「九匹の駒に手綱よりかけ」とあり、「よりかけ」は「ゆりかけ」「よらして」など共にまちまちであるが、前者は一般に大入系、後者は振草系に

おこなわれていたのも、なんらかの事実を物語るらしい。

第十五番湯ばやしの湯元への歌は、儀式としては湯立て、舞いとしては湯ばやしの舞のものであるが、他の舞いにもさかんに流用されたのである、全体に語調がすぐれていたことが、第一の理由であった。しかして下の句は「丈七尺に袖が六尺」と逆にいう場合もあることは、他の転訛《てんか》の例からみても当然である。なおこれにはつぎのような類歌もある。これも多くの場合「しきうた」として湯立ての場合に用いられていたのである。

湯の母の湯元へ上る湯ごろもは　丈七尺に袖が六尺
湯の父の湯元へ御渡る湯ごろもは　丈七尺に袖が六尺

これまた丈と袖の尺が逆になる場合のあったことはいうまでもない。

節と囃し詞

謡い方

「うたぐら」の調子はすべて喉音による精かぎりの声で、いわゆる美声とか、妙音を目的としてはいない。これは合唱の場合においてことにそうである。しかしてその曲節は、拍子によってそれぞれ区別されている。拍子は二拍子三拍子を主として、舞いにより四拍子五拍子などのあったことは、別に拍子の条にいったとおりで、これは土地によってかならずしも一律でない。

よってまずもっとも多い二拍子の場合についていってみる。これは各所ともほとんど調子は同じである。不完全ではあるが、これがだいたいの節を、語句の配列によってこころみるとつぎのようである。なおことわっておきたいのは、「だし」すなわち発声は楽（太鼓）をうつ者である（歌は前にあげた第一番の類歌による）。

スーワノウーミーミナソコテーラス　コーダマイーシ

これまでを「だし」がうたうと、ひきつづいて全部（楽座）のものが合唱する。

コーダマイーシ　テーニハトレドモ　ソーデハヌラサジ

つぎに「だし」がうけとって

テニハートレドモ　ソーデハヌラサジ　おーもーしーろ

最後にひらがなでしめしたのは囃し詞で、土地により「やらおもしろし」ともいう。なお囃し詞はこれまた拍子によって異なっていたのである。

つぎに三拍子であるが、これは調子がいくぶん複雑であった関係上、土地によってまちまちで、一方囃し詞からいっても、振草系大入系で区別がある。よってまず振草系中在家の例をあげてみる（歌は前掲第六番による）。

「だし」
カミミチワー　チミチーモモヅナよー　さーミチナナツー
合唱
ミチナナツ　ナカナルミーチーイガよーカミノカヨミチー
「だし」にかえって
ナカナルミチガー　カミノーカヨミチえーよーおーん

以上のように中間にも囃し詞がはいるのである。これを大入系の場合でいうと左のようである。

「だし」
えんよーカミミチーハ　チミチモモヅナよー　さーミチナーナーツ
合唱
ミチナナツ　ナカナルミーチィガやーミノカヨミチー
「だし」
ナカナルミチガー　カミノーカヨミチやあらおもしろ

このように囃し詞が前後にもはいるのである。すなわち振草系では最後にだけつけて、しかもおもしろの詞は三拍子にはなかったのであるが、大入系でははじめに「えんよー」の詞があっておわりに「やあらおもしろ」をつけているのである。この事実はちょっと形式が異なるように感じられるが、実際にくりかえされる場合、つぎつぎに後をつづけてゆくと、前後の区分はなくなって、最後の囃し詞がつぎの歌からみると、最後のようにも感じられる。そうした錯誤からこの結果に至ったかと考えられる。なおこの場合最初の囃し詞は、同じ大入系においてもまちまちで「えんよう」とする一方に「じえんよう」または「さんえい」「なんえい」とする土地もある。一方振草系でも「えーよーおーん」の一方に、「えんよほう」とする土地もあって、これまた変遷の事実を物語っている。

つぎに四拍子の場合であるが、これは振草系大入系を通じて調子はほぼ二拍子で、これに三拍子を加味したようなもの、しかして囃し詞は中間がなくて、その他は三拍子と同じである。これは格別記述するまでもないからはぶく。なお「うたぐら」の曲節には、湯ばやしの舞なども振草系では特種のものとしていて、ほとんど四拍子に近いものであるが、こうした記述法では表現は不可能であるからこれまたはぶくこととする。

舞いと場面による区別

舞いの種目

舞いにおける「うたぐら」は、これにきまった順序と規則がある。なんでもかまわず、開始からおわりまできまりもなくつづけるわけではない。これがはいる舞いと場面には約束があった。たとえば一般に舞いといっているものでも、面形をつけた場合、すなわち神格の表現とするものには「うたぐら」はなく、たんに楽拍子だけである。しかしてこれがはいる舞いは左の六種である。

御神楽　　三折り　　花の舞　　三折り
地固めの舞

三ッ舞　　三折り　　四ッ舞　　三折り

湯ばやしの舞

以上の中御神楽は土地によって、これがとりあつかいはまちまちであるから、一般共通のものはこれを除いた五種目十三折りである。その他土地によると（大入系御園など）市の舞にもはいる場合がある。なお歌詞において、湯ばやしの舞と四ッ舞に一部特種のものがあるが、その他はすべて共通である。

場面との関係

舞いにおいて「うたぐら」の唱和される間は儀式と考えられている。したがってひとつの舞いに「うたぐら」のはいる場面は三回あり、べつによびだし（舞かり）と舞い上げがあるから、前後五回となるわけである。しかしよびだしと舞上げは、舞いの開始とおわりに対する説明的のものであるから、儀式としては、やはり三回だったわけである。その順序をしめすとつぎのようになる。

一　呼出し（舞掛り）

二　ふりならし五方式

三　振替り（みやならし）五方式
四　へんべ（反閇）
五　舞上げ

以上の中第一の呼出しは、一方呼出しの拍子に連れて舞子が神部屋から出る時をいう。あるいは舞戸に下り、神座から舞道具をうけとって竈の前に立つ時をいう場合もある。これに説明的な歌詞があるのである。

第二第三はともに五方礼拝の儀式と考えられている間である。この間はいずれも時間にして十五分間位である。第四は反閇式の掛りからその式の間をいう。

第五の舞上げは、舞いが一とおりおわって、いったん竈の前にならび、さらに竈を一巡して神座前にかえる間をいう。このとき神座前にかえらず、ふたたび竈の前に立ち、ひっこむ場合もあるが、要するに舞いがおわって竈を一巡する間で、これにやはり説明的な歌詞がある。

約束ある歌詞

以上の区分にもとづいて現在約束の守られていた歌詞をいってみると、最初の呼出しであるが、これは舞いと舞子の披露ともいうべきもので、たとえば地固めの舞なら

ば

地固めの舞い出る姿花かとよ　　花とさし出て姿見らるる

あるいは下の句を「花とさし出て舞いやあそぶら」とする場合もある。呼出しの歌詞は他の舞いにおいても形式は同一で、ただ舞いの種目によって最初の語を替るだけである。

これに対して最後の舞上げも、呼出しと形式は同一で、これは舞上げだけに、その趣旨をのべたものである。

地固めの舞上げるには千早振　　ちはふる神がうけてよろこぶ

これまた土地によって語句に一部相違するものはあるが、意味はすべておなじである。

以上に対する一方儀式と考えていたものは、歌詞にきまった約束はない。ただ三ツの場面ごとに最初の歌詞だけを舞いの種目と手によってきめている土地がある程度である。たとえば「ふりならし」五方式は、呼出しにひきつづいて謡われる関係から別にきめていないが、土地によると、これを神下しの「しきうた」の最初の歌詞とするものもある。

つぎに振替りすなわち「みやならし」五方式は、各所で一定こそせぬが最初はきまっている。かりに振草系中在家の例でいうと、地固めの舞花の舞は各折りともに前掲十五種中の第一番の歌にはじめて、後は自由である。これに対して三ツ舞四ツ舞の場合は、扇の手は前掲十五種中の第五番の歌詞で、「やちごま」「つるぎ」の手はつぎの歌詞ではじめる。

久方の国ことむけて御剣《みつるぎ》の　やまとの国にながく伝えむ

第三回目の儀式——反閇——は、地固めの舞花の舞はつぎの歌詞からはじめる。

氏神の御前に立てるあや杉は　まゐりの衆生《すじよう》のいわいとはする（再出）

一方三ツ舞の扇の手では

二柱天の浮橋渡り来て　おのころ島をつくりやはする

おなじく「やちごま」「つるぎ」の手では
御剣《みつるぎ》の光は四方に久方の　熱田の宮に鎮《しづ》めまします

これを要するに、舞いと歌詞との関係は、種目による区別と場面の約束とが考えられるが、これはむしろ各所の「しきうた」の種類と順序に、大に関係があると考えられる。すなわち神下し、湯立て、加持などの歌詞を、それぞれの舞いの解釈によって順次出していたもので、かりに花の舞は神下しに関係があるとすれば、神下しの「しきうた」を最初から拾いたててゆく、さらに舞いの手でいうと、「やちごま」「つるぎ」の手は、加持に関係をつけて、加持祓いの「しきうた」をつづけるたぐいである。しかして前にいったように、舞いの場面と、手によって、それぞれ最初の歌詞がきまっていたのは、以上の区分にもとづいて、順次拾っていったものが、たまたま最初のものが形式化して残ったもので、これは各所における「しきうた」の順位から偶然きまったと解せられる。たとえば、前に第何番まですまし、つぎは第何番の歌とする類でなかったかと思う。この事実が考えられるのは湯ばやしの舞で、四ッ舞にも一部分その痕跡がみとめられる。

四ッ舞の歌詞

剣の由来を説く

四ッ舞の歌詞は、前にいったように、現今では他の三ッ舞地固めの舞などと、共通としているが、土地によると（大入系三沢、古真立）別に区別したものがある。もっともことごとく別種のものではなく三四種にすぎぬもので、後は他の舞いと区別はなかったのであるが、そのきまったものはいずれも金山神《かなやま》に関連するもので、かねて剣の製作の過程すなわち鍛冶《かじ》のことを説いたものである。したがってこれはもと加持祓いの場合のものかとも思われる。たとえば大入系の下黒川《しもくろがわ》では、四ッ舞の「つるぎ」の手にかぎって、舞いにかかる前に、太刀を釜《かま》の上すなわち湯の上にいちどわたし、これに湯をそそいで取上ることがあり、また古真立において、舞いながら舞戸の榊《さかき》の枝を切るなどのことである。これなどはことごとく剣の製作を説いた歌詞の意義に関連をもとめるのは無理としても、一面になんらかの伝統をのこしたものと考えられる。なお一説には、この種の歌詞は、四ッ舞にかぎらず、すべて「やちごま」「つるぎ」の手に用いたものというが、この手にかぎって、これに呪術《じゅじゅつ》めいたことがあったのも、まるきり縁のないことではなさそうである。

湯ばやしの歌詞

湯立てに関連　湯ばやしの舞の歌詞は、すべて湯立てに関連した意味をもつと考えられていて、一般に湯立ての過程を説いた歌詞である。「こぎ」または「こぎひろい」と称する九種ないし十四種のものを用いている。しかし一方にはかならずしもこれにかぎることはなく、あるいは湯立ての前に、これがはじめの清め、すなわち一種の神下しとしておこなわれる「しきばやし」の中の歌詞を用いる場合もある。なお湯ばやしの舞は「うたぐら」との関係が他の舞いとはいくぶんことなっていて、舞上げを除いては呼出しから多くひとつづきに出していたのであるが、土地によると区分をもうけていた場合もある。

拍子による区別

舞いの場面に関係　歌詞が舞いの種目と、手によって区別があるとする一方に、別に拍子による区分をいう場合がある。二拍子の歌、三拍子の歌などというのがそれであるが、これは舞いの場面すなわち、五方式反閇《へんべ》などによって拍子に区別があったことから、延いてこの

種目＼場面	（舞掛り）ふりならし	（振替り）みやならし	反閇	舞上げ
地固め　扇	二拍子	三拍子	二拍子	二拍子
同　やちごま	三拍子	二拍子	二拍子	二拍子
同　つるぎ	三拍子	二拍子	二拍子	二拍子
花の舞　扇	二拍子	三拍子	二拍子	二拍子
同　盆	三拍子	二拍子	二拍子	二拍子
同　湯桶	三拍子	二拍子	二拍子	二拍子
三ツ舞　扇	三拍子	二拍子	二拍子	二拍子
同　やちごま	三拍子	二拍子	三拍子	二拍子
同　つるぎ	三拍子	二拍子	三拍子	二拍子
四ツ舞　扇	二拍子	三拍子	三拍子	二拍子
同　やちごま	三拍子	四拍子	四拍子	二拍子
同　つるぎ	四拍子	四拍子	四拍子	二拍子
湯ばやし	二拍子	四拍子	(反閇ナシ)四拍子	二拍子

ように考えるにいたったと解せられる。もっとも歌詞によっては、二拍子に調和するものと、三拍子四拍子などに適当のものがあったことは事実であるが、これはむしろ偶然であろうと思う。

その他土地によると（大入系三沢）三ツ舞にかぎって、拍子は二拍子で「うたぐら」は三拍子の節で歌うことがある。こうした例もあったのである。

なお拍子と「うたぐら」の関係を、一例として大入系下津具の形式によって示すと前頁の表のようになる。この中湯ばやしの舞には反閇はなく、これにあたる場合は湯立てだったのである。しかして儀式以外の場合は、それぞれ特種の拍子であった。

これを要するに舞いの場合の「うたぐら」は、舞いの種目によって、それぞれきまっていたものが、一方舞いの手による共通のもののあるなどのことから、後にしだいに混交して、現在の状態にいたったもので、一部重要と考えている場合だけ、以前の形が保たれていたものと解せられる。これに対して一方村々に保存された「うたぐら」の覚え書の順位は、舞いと関連してなんらかの約束のあらわれが考えられぬでもない、たとえばその順位によって謡ったようであるが、現在ではその点をあきらかにすることはできぬ。

歌詞百三十九種

各種のもの

各所におこなわれていた歌詞の中、やや形式の異なったと思われるもの百七十余種を中心として、前の引用に漏れた分をことごとくあげてみる。これらはすべて舞いの場合の一方、純儀式の中の神下しをはじめ、湯立て加持祓いのいわゆる「しきうた」として用いられていたものであるが、これまた時代によって変遷があったことはいうまでもない。

つぎにこれが配列の順序には、格別根拠があったわけではないが、以前の形を知る上において、五十番程度までは、振草系小林《こばやし》の覚え帳によることとした。なお一部語句の変化したもの、きまった使用範囲のあったものについては、別に註を加えておいた。

1　しきなればしきをば申いつとても　　しきをば神のひとへたまわな

註　いわゆる「しきうた」すなわち神下しの最初のものと考えられていたもので、語句には比較的変化はない。第二句の「しきをば申」を「しきをと申」に、第五句を「ひとへたまわる」と変った程度である。

2　見目《みろめ》こそあらめが浦におりをらめ　　うら吹よせよしかの浦風

註　見目は神名で「見目王子」ともいう。やはり神下しの「しきうた」であるが、この歌詞は現在多くおこなわれておらぬ。

3　月光《げつこう》のおりゐの御座《ござ》を清むとて　　ようらの水は七滝の水

註　月光は見目の日光に対するものとも考えられている。第二句の「おりゐの御座」は「下居《おりゐ》の御座」ともいう。第四句「ようらの水」は「やうら」すなわち八浦とも、また「やうだ」ともいい、一部分対照を変えて「うぶすなのお前の菰を清むには、ようだの潮で七滝の水」などあり、氏神、神々など、対照はさまざまに変っている。なお「月光云々」は現在余りおこなわれていない。

4　七滝や八滝の水を汲《く》みあげて　　日ごろのけがれ今ぞ清むる

註　これには上の句が「津の国のかめゐが水を汲みあげて」とするもの、第四句を「日ごろのけがれ」また「日ごろの不浄」「――けだい」とも変っていて、下の句を「清めればこそしょうじとはなる」とするもある。なおこの歌詞は、多くの場合、前の歌詞からひきつづいてうたわれていた。

5　日月の気高い神を知りながら　　ことなる神はみやのさむらう

註　第四、五句を「かみかとねらうは宮の三郎」または第五句を「宮の侍」とする一方に「宮にさむらう」とするものもある。これは同型のものが四ッ舞の歌詞にあるほか、あまりおこなわれておらぬ。いわゆる覚え帳の歌詞である。

6　伊勢の国まゐるは遠し衣《きぬ》なれば　　下りてたたみて近く拝むら

註　第三句以後を「――御前海うしろは岩《いわう》で前は小田池」とするものもあるが、これは別種とすることとした。

7　紀の国やもらうが林まへばより　いそぎし御用は今ぞまゐるら

註　この歌詞もいろいろの分子が加わっていたようであるが、これが類歌と思われるものをいまだ発見せぬ。

8　熊野山切目《きるめ》が森のなぎの葉を　かざしに挿して御前《おまえ》まゐるら

註　はじめを「ちごの山つづみが森」と変えたもの、第二句「きどとが森」「きるでが森」と変ったもの、第四句を「さがしにさして」とするものもある。

9　愛宕山苔《こけ》の岩谷おしひらき　吾《わが》よかるらな住《すみ》よかるらな

註　第一二句を「伊勢の国天の岩戸」としているものもあって、これと一対のものとも考えられるが、いずれも現在はおこなわれぬ。しかして前いった「伊勢の国天の岩戸をおしひらき、花や神楽を舞ひやあそぶら」の歌が、もっぱらおこなわれていた。

10　宮川にさし渡したる櫓《ろ》かい舟　月の光で棹《さお》やさすらな

註　これには舟、棹などの語から、いわゆる「せいと歌」の猥褻《わいせつ》なものがある。

11　あれを見よ津島ケ沖で漕《こ》ぐ船は　ゆけとは漕がで遊べとよこぐ

註　第一二句を「伊勢の国二見ヶ浦」に変えたものもある。しかしてこの後に前掲十五種中の第十三番熱田には云々の歌をつづける土地もある。

12　猿投《さなげ》山おろすいからがことなれば　くれまつほどの松は久しや

註　第二句「おろすいから」を「おろすいかだ」と変えたものがある。猿投山は愛知県西加茂《にしかも》郡にある。

13 鳳来寺《ほうらいじ》十二ケ御嶽《おたけ》で立つ煙　すはらごしきの香《かう》のかざする

註　第二句を「十二の御滝」「十二の御坊」と変ったものもあることは、前にいったとおりで、べつに「――般若ヶ嶽に立つ鹿は云々」の形式もあることはすでにのべた。

14 御神妻《おかづま》の山の麓《ふもと》に下るる神　神あらはれてげきやうしたまへ

註　神下しの場合「しきうた」として第十三番鳳来寺の歌から、「御秋葉のおりゐの御座云々」と、第三番月光を御秋葉に変えたものをうたい、つぎにこれをつづけた土地もある。御神妻は秋葉にちかく、静岡県磐田《いわた》郡浦川《うらかわ》村字神妻《かづま》鎮座の神、一に「どんたり明神」ともいう。第四五句は、神下しの場合多くくりかえされる形式で「げきやう」は顕形である。

15 東方《ひがしかた》いかなる神のちかひにて　渡る瀬毎は八滝なるらん

16 伊豆箱根かけて照すはてるかがみ　五尺のかづらかたの掛帯

17 神々は今ぞこざます西の海　さがきを申して風をあはせな

註　これも口伝書にあるのみで、余りおこなわれておらぬ。第四句さがきは「さかき」となったものもある。

18 北方《きたかた》の小笹の露は雨かとよ　雨にまいたる時雨こそする

註　第一句北方を「この宮」「おぶすな」「天王」などと変えたもの、第四句「雨にまいたる」は「雨にまいての」「雨にましての」となり、第五句「時雨こそする」を「時雨とはなる」「――なるらん」ともなっている。なおこの形式のものでは、前掲十五種中の第十番峰は雪麓は云々の歌がもっぱらおこなわれていたのである。

19 うぶすなにしほもりかけてをすごろも　みくしをそめて色やますらな

註 第二句「しほもりかけて」を「しもおりかけて」となり、第三句「をすごろも」が「をしごろも」「こしごろも」と変ったものもある。

20 日月のげきやうの帯のももゆすび　御前《ごぜ》より外に誰がとくべし

註 日月を白山「げきやうの帯」を「――の松」と変えたものもある。

21 みだいさまの御前に育つあやすげは　まゐる衆生のゆはぎとはなる

註 これも「みだいさま」を氏神または神々と替て、あや杉青杉などと変っていたことは、前にいったとおりである。

22 八幡の西のとびらにくろおかせ　今日くりそめて千代とこそくれ

註 これも口伝書にあるのみで、ほとんどおこなわれておらぬ。第一句八幡を御八幡とするもの、第三句は「くろうがせ」とあるものもある。

23 観音のねよりきしよりいづる水　あさくいづるを深くたもたな

24 不動尊の西の扉にすむ虫は　智慧《ちえ》てう声をつねにたやさず

註 前二種ともほとんどおこなわれておらぬ。なお第二十四番は、第一二句を「おぶすなの北の林」また「二の宮云々」と変えて、うたわれていたことはすでにいったとおりである。

25 守護《しゅご》神のかざをの松はしげくとも　うらさしわけてみやとかいせな

註 第五句を「ござと参らす」と変えたものもある。

26 村荒神《むらこうじん》のよりとはいくつ左八ッ　右がここのつ中が十六

註　最初を「おぶすなの御戸帳《おみと》」「――ありと」「――みと帳」「神々のありとはいくつ」「神々の御前の折戸は」など変って、さかんにうたわれていたことは前にいった。

27　遠山で太鼓の声のおとづるは　十二が御前《ごぜ》にてあそびをぞする

28　水神《すいじん》のすみかは何処《いづく》河瀬なる　一の柳がすみかなるらん

29　むら神をきよしきよしと行へば　滝より下はにごりけとゆく

註　これは余りおこなわれておらぬ。

30　神々へ今日ぞ吉日綾をはへ　錦を敷きて御座《ござ》と請じる

註　多くうたわれたひとつである。はじめの一二句を「氏神の御渡る道に」「神々は今ぞ御渡る」など変っている。

31　しやうじやのしやうじのおこもは幾重しく　七重も八重もかさねやへしく

註　これも一部分の語句を変て、多くうたわれていたものである。たとえばはじめの句は「お嶽べのしやうじの」または「おぶすなの御前のお菰は幾重敷く」「神々の舞戸のおしめは幾重張る」の類である。

32　馬もそよ鞍《くら》も轡《くつわ》もそなれども　どれが大師《たいし》の御駒《みこま》なるらな

33　伊《い》豆《ず》の国島は七島その中に　まづさし出たは伊豆の大島《おおしま》

註　これもさかんにおこなわれたもので、神下しの「しきうた」とする場合もある。なお下の句にはたいした変化はないが、上の句には各種ある。たとえば「東から島が七島その中に」「三島だに島は七島多けれど」などである。

34 宮川に差せども潮のたまらぬは　御前《ごぜ》のみせばへたまらざるらな

35 宮川のその水上《みなかみ》のせぎ男　そのせぎ七瀬堰《せ》ぎやせぎせな

36 宮川の池のすすきが穂に出《い》でて　いかに駒がた食みよかるらな

註 以上三種宮川はこれを伊勢と変た場合が多い。たとえば「伊勢の国いりごのすすき穂に出でて云々」とする類である。

37 伊勢の国ななをのすすき七ながれ　八ながれ折りてりやうの花菱

註 第三十六番と同型とも思われるもので、このふたつが混交している。

38 伊勢の国橋の上《あて》なる八重つつじ　花のさかりにござへまゐるら

註 あるいは「――二見浦に咲くつつじ、花は咲けども黄金なるらん」などもある。

39 宮川にむれ竹植ゑてもと取れば　うらさきさかえてやまとくれ竹

註 これと対歌とも思われるもので「氏神の舞戸をかざるおしめ竹、うらさき栄えてやまと笛竹」とするものが盛んにうたわれていたことは前にいったとおりである。

40 嶺渡《ねわた》りは嶺をこそ渡れ沢へ下り　みさはへ下りてみさきかひせな

註 これもほとんどおこなわれておらぬ。

41 一と二と加減《かげん》のりやうを比《くら》ぶれば　一に増《ま》いての二こそおほけれ

42 一と二と花と神楽とそなうれば　一に増いての二こそおほけれ

註 第四十一番の変化と見るべきものであるが、前者がほとんどおこなわれなかったに対し、後者はさかんにうたわれていた。なお上の句を「いちとにとかげんと花とくらぶれば」となったものもある。

43　おやまどを下りつ登りつみろうこぎ　はかまはきせずはをりかさねて

44　氏神へ下りつ登りつする御子《みこ》は　袴《はかま》を着せてかさねがさねに

註　第四十三番は覚え帳にあるもので、誤字があるらしく意義もまた判じがたいが、第四十四番の方はさかんにうたわれている。

45　かきたるらしでの葉毎《はごと》に下るる神　神あらはれてげきやうしたまへ

註　「かきたるら」はかき垂るるらしい。

46　神々へおとづる巫女《みこ》は帯もせず　たすきも掛けず御前《ごぜ》へまゐるら

註　以上二種ほとんどおこなわれていない。なお後者の下の句は、覚え帳に「――掛けずまへはほどなる」と訂正したものもある。

47　神々の御前《みまへ》にそだつ玉虫は　ちゑてう声をつねに絶やさず

註　第二十四番と同型のものである。

48　法華経《ほけきよう》のまきゑの中におるる神　神あらはれてげきやうしたまへ

49　よろこびの鳴滝《なるたき》川を渡り来て　いかに大師《たいしや》はうれしかるらん

50　あなうれしやら喜ばしかくあらば　夕立《ようだつ》峯へ飛ぶとこそいへ

註　以上二種共、各所におこなわれていたものである。第四十九番は上の句を「神々は」と変たものが多い。第五十番は上の句を「よろこびややら喜びや斯《か》くあらば」とかわったものあり、下の句は「夕立峯は御座とまゐるら」または「夕立道は神のかよみち」とするものもある。

51 所では所の神ぞおおはすれ　われに増《ま》いたるおほやましります

52 東から五色の雲が西へさす　いかにひがしはさむしかるらん

註 第二句の「五色の雲」が「むらさき雲」と変ったものもある。

53 吉野なる金の鳥居に手を掛けて　花の浄土に入ぞうれしき

54 吉野なる御山《みやま》の奥のかくれどは　本来空のすみかなるらん

註 最初の句が「伊勢の国」と変ったものもある。

55 行者石まわりて見ればあくたにの　死する命は不動くりから

56 しでかけと問ふてたづねて来て見れば　しではなくて神の梵天

57 かねかけと問ふてたづねて来て見れば　金ではなくて神の鳥居ぞ

58 伊勢の国あくるあしたに告げそめて　今は八声の刻《とき》を給はる

59 香具山《かぐやま》の峯より落る滝津《たきつ》川　彼《あ》の世此世の境なるらん

60 大峯の護摩の岩屋で立つ煙　昔の護摩の煙なるらん

註 上の句が鳳来寺に変ったもののあったことは前にいったとおりである。

61 愛宕山おろす嵐のはげしくて　谷なる霧を吹きや払ふら

62 比叡《ひほ》の山太鼓の音のする時は　山王七社がうけてよろこぶ

註 第一句を「稚児の山」第五句の「うけてよろこぶ」を「舞いとなるらん」と変ったものも

ある。

63 津島路《つしまぢ》に八ツある牛が八ツながら　鼻をそろへて御座《ござ》とまゐるら

64 高嶺より港を拝む御前より　うしろは岩《いわう》で前は御在所《ございしょ》

65 熱田こそみなとを拝む前は海　うしろは陸《りく》で中は舞戸よ

註　第六十四番の変化らしいが、別に第五句を「前は小田池」としたものもある。なお第五句の「中は舞戸よ」は後の第六十八番の変化らしい。

66 霜月のあからが霜に逢《あ》はうとて　峯の榊をおりやあそぶら

67 おぶすなの御戸《おみと》帳をござと巻上げて　氏子繁昌《はんじょう》と守りこそすれ

註　はじめの「おぶすな」を神々に変え、第五句を「拝めこそすれ」としたものもある。なお六十六番の霜《しも》の語には特別の意があったらしい。

68 おぶすなの湯殿はどことさし下《くだ》る　下《しも》こそ湯殿中が舞戸よ

註　湯立ての「しきうた」である。

69 三笠《みかさ》山通り天狗が止りて　若松小枝に羽を休めよ

70 剣たつ熱田《あつた》の宮に吾入らば　日頃のけがれけづり清むる

註　加持祓いの「しきうた」でまた四ツ舞の歌詞である。

71 稚児共の神につかへる設楽《したら》舞《まい》　大和の道を古く伝へん

72 わが庵《いほ》は戌亥《いぬい》の隅に神ぞすむ　高天原と人はいふらん

73　ありがたや万の神が入りそめて　入りての後は神や守らん

註　第五句を「福やたまわる」とするもある。なおこれは神下しの「しきうた」として用いられている。

74　霜柱氷の桁に雨たる木　木の間を出づる風はふき萱《かや》

75　神々も花のみゆかに渡り来て　御子《みこ》もろともに舞ひやあそぶら

76　氏神の北の林に松植ゑて　松もろ共に氏子繁昌よ

77　東より小松かきわけ出る月　西へもやらでさよも照さん

註　これもさかんにうたわれていたものである。

78　伊勢の国天の岩戸で立つ霧は　昔の庭火の煙なるらん

79　秋風に松引雲の絶間より　もれ出る月の影のさやけさ

80　春梅に夏はさつきに秋萩の　冬の榊に雪の花咲く

81　宮ならし誰をか請じ伊勢の国　やうだへ通ふじやうの若禰宜

82　伊勢の国高天原の群雀　羽うちそろへてげきやうしたまへ

83　白滝やみしめをあげて落る水　落ちては清むしやうじとはなる

註　別に上の句を「ふじさはやとさはの水をまきあげて」また第二句を「みしめをわけて」とし、下の句を「ひごろのけだい今日ぞきよむる」とするものもある。

84　月も日も西へ西へとおさしやる　いかに東はさむしかるらん

註 第五十二番と同型のものである。なおこれにもいわゆる「せいと」の模擬歌で猥褻なものがある。

85 一月は燈明とぼすおり給へ　しやうじのあらはで回向したまへ
86 あたらしき年の始に年男　年毎まゐる美濃の上品《じょうほん》
87 あたらしき年の始に空見れば　空こそよけれ米《よね》ぞふりくる
88 年男かきがね持ちて御蔵《みくら》にぞ　御蔵の戸明けて富《とみ》やいりくる
89 門はやし松を祝うて立たれば　千歳千代と栄えまします
90 ゆづり葉に歯朶《しだ》とりそへて祝ふ松　ゆはう松には目出度かりける
91 ゆづり葉の若さに似たる吾なれば　われ諸共《もろとも》に常若《とこわか》の尉《じょう》
92 秋の田に染め干す糸の染まらなば　御前《ごぜ》のみそばで染まらざるらな
93 秋山は皆くれないに紅梅《こうば》いろ　衣《きぬの》脱ぎさげて元の羽衣
94 春田打卯月《うづき》種播《ま》き五月《さつき》植ゑ　長き長穂を作りそだつる
95 東向き太郎の神を拝むれば　青馬《しょうば》に乗りておおやまします
96 南向き次郎の神を拝むれば　赤馬《しゃくば》に乗りておおやまします
97 西向きて三郎の神を拝むれば　白馬に乗りておおやまします
98 北向きて四郎の神を拝むれば　黒馬《こくば》に乗りておおやまします
99 中にます五郎の神を拝むれば　黄馬《おうば》に乗りておおやまします

100 天津日の光り照そふ御鏡は　幾世ふるとも曇らざるらん
101 八雲立つ出雲《いずも》の国の大祭り　天津御神の祭りなるらん
102 明けて見よ神の祠《ほこら》に何もなし　祭りし処に神ぞまします
103 ゆるむともよもや切れまじ神道《かみみち》は　結びの神のあらん限りは
104 氏神の前の鳥居のしめ縄は　氏子繁昌《はんじょう》と張った一筋
105 いにしへの神の伝へし式舞ひを　萬代までも踏みてゆくらん
106 天津世の式を忘れずありませる　大和神楽をおこたらずして
107 千早振神の御徳を受けし人　心ゆるさず神につかへよ
108 神々は花が所望か御湯なるか　御湯が所望で渡り来るらん
109 引渡すしりくめ縄に木綿《ゆふ》かけて　真榊立つも神のおしへぞ
110 秋すぎて冬のはじめに花開く　開いた花で神ぞまねくら
111 ひもろぎの尊き伝へわすれじな　萬代までも式を守らん
112 御殿山《ごてんやま》登りて見れば姫神が　千代も八千代も御殿守らん

註　御殿山は御殿《みどの》村振草村の境界にそびえた山である。第九十五番以降これまでは、振草系月の口伝書にあるのみで、ほとんど他におこなわれていない。あるいは近世加えたものかと思う。

113 鶯《うぐいす》は未《いま》だ巣の中に居たかとよ　春はくれどもおとづれもなし

註　第五句を「ぽげる日もなし」と変えたものもある。

114 父母に貰《もら》ひ受けたる唐衣　洗ひ清める吉野川原へ

115 おきなとは如何《いか》なる神と問ふなれば　天の御中と答へきかせよ

註　以下百二十番までの六種は、一に「舞こぎ」の歌と称し、なるべく扇の手に謡うと、振草系月の口伝書には記している。しかし月を除いては、いまだおこなわれていたことを聞かぬ。なおこれには別に舞いの由来を説いたものが五種ある。

116 ひのねぎとはいかなる神と問ふなれば　春日之神と答へきかせよ

117 姫神は如何なる神と問ふなれば　日の大神と答へきかせよ

118 茂吉とは如何なる神と問ふなれば　大国神と答へきかせよ

119 塩吹きとは如何なる神と問ふなれば　手力《たぢから》神と答へきかせよ

120 おおかめとは如何なる神と問ふなれば　鈿女《うずめ》の神と答へきかせよ

121 地固めの踊りはねくる此庭に　悪魔を除けて神ぞ入りくる

122 金山は如何なる神かしらねども　神かどねらうは宮のさむらう

註　これは一に四ツ舞の「やちごま」「つるぎ」の手の歌詞と考えられているもので、すなわち加持祓いの「しきうた」である。以下第百二十五番まで同様である。もちろん他の舞いにも用いる。

123 金山《かなやま》は火の山入りて今日七日　八日といふ日は剣《つるぎ》打つらな

註　下の句を別に「八日といふ日は常にたやさず」とするもある。

124 金山は如何なる神かおきなかに　ほど八ッ立てて加持をしたまふ
125 金山は如何なる神でおおはすれ　われに増《ま》いたる神でおはする
126 このこぎは何処《いづく》のこぎか山越えて　のう山越えて富山のこぎ
註 湯立ての「しきうた」でいわゆる「こぎ」の歌である。以下すべておなじで、これをつぎつぎに数え上げることを「こぎひろい」といったのである。
127 この庭は何処の庭か庭越えて　のう庭越えて伊豆の八重庭
128 この石は何処《いづく》の石か塚越えて　のう塚越えて七塚の石
129 この土は何処の土かくね越えて　のうくね越えて七くねの土
註 下の句の「七くね」を「伊豆の」と変えたものあり、この種歌詞の語句は各所で幾分あて異っている。
130 この寸紗《すさ》は何処の寸紗か藁《わら》越えて　のう藁越えて伊豆の田の藁
131 此釜は何処の釜か国越えて　のう国越えて伊豆の八重釜
132 このまげし何処のまげし飛驒《ひだ》のなる　飛彈のたくみのまげしまげ桶《おけ》
註 「まげし」は桶ともいう。
133 このさし柄何処のさし柄か飛彈のなる　飛彈のたくみの指いたさし柄ぞ
註 「さし柄」は柄杓《ひしゃく》共いう。
134 この水は何処の水か滝越えて　のう滝越えて七滝の水

135 この蓋《ふた》は何処の蓋か山越て　遠山《とやま》の奥のさはら木の蓋

136 このてらし何処のてらし深山なる　若松小枝のてらしなるぞよ

137 この火打何処の火打か熊野なる　三条小鍛冶のむすぶ火打ぞ

138 此かどは何処のかどか沢越えて　のう沢越えて七沢の角

139 この笹は何処の笹か杜《もり》越えて　のう杜越えて二の宮の笹

註　「こぎ」の最後に多く前掲十五種中の第十五番湯ばやしの湯元云々の歌詞を用いるとしている。

祭りにあずかる者

主体となるもの

二派に区分

祭りにあずかる者は、直接行事の遂行にあたる者、すなわちこれが主体をなすものと、一方外部からこれが促進を期する者として一般の見物がある。花祭においては、見物もまた祭祀《さいし》のひとつの要素となっていて、主体に対する複体ともいうべきものである。しかしこれにもまた、それぞれに区分があったのである。まず順序として、主体となるものすなわち直接祭りにあずかる者についていうこととする。

祭りの神人

花祭は一般的には氏神の祭りとなっていて、これにあずかる者は、すべて地内の氏子となっているが、一度祭祀の組織に立入って観察すると、祭祀の形式が歌舞中心にあった関係から、氏子があずかるといい条それは一個の概念に過ぎぬもので、直接祭祀にあたりこれが主体をなすものはあるかぎられた範囲で、延《ひ》いて一種の祭祀団すなわち神人ともいうべきものが存在したのである。これは一般村人なり氏子の意識から一歩進んで、その中からとくに選ばれたもの、または屋敷なり部落がみとめられていたのである。

しかし現在では、この慣習はことごとく一様であったとはいい得ないから、今各所の現状によってこれを類別すると、ほぼつぎにあげた三ツの場合にわかれるのである。

甲　一般氏子中より選ばれし者――禰宜《ねぎ》

乙　特種の家系の代表者――地内の青少年――禰宜

丙　特種の家系の者――禰宜

以上の内、甲と乙の相違はきわめて微妙であって、甲の場合でも、実際上には特殊の家系に類するものの存在を否定するわけでもなかったのである。また乙と丙の場合もそうであって、乙の場合の地内の青少年は、特種の家系に縁をひく者が大部分であった。なお丙の場合は、禰宜がその中にふくまれていたことはいうまでもない。しかしこの特種の家系の者をみ、や、と、よ、うどとよんだのである。さて全体を通じて、禰宜の権能に変りはなかったから、これは別にして、一般氏子の場合、特種の家系すなわちみようどについていうこととするが、その前に、祭りを行う上に、これが役柄において階級のあったことをいう必要がある。

一　禰宜について共に行事にあずかる者
二　行事（舞い）の中とくに重要の役にあたる者
三　一般舞いにあたる者

以上の区分はあるいは適当でないが、ひとまずこの区分によって説明をこころみると、一は多く純儀式――神勧請《かんじょう》――、湯立てなどと、楽人としての場合を指したもの、二と三は舞踊の場合をいうのである。しかして二の、とくに重要の役とは、一般に神格のあらわれと考えている、面形をつける役で、役舞などの称をもって呼ばれているものである。三の一般の舞いは、これは面形を用いることもあるが、その場合は役舞に従属する特別のもので、多く地内の青少年を選定して充てた場合をいうのである。それで当事者を一般に舞子の名でよんでいる。さてこれを前にいった各所の状況によって、すなわち前の甲乙丙の場合にあてはめると、禰宜は別にして、甲の場合では、二から三までをすべて一般氏子から選任するもの、乙の場合は、一と二を特種の家系、すなわちみようどの役とするもの、丙の場合は、一から三までをすべてみようどの役とするものである。以上役柄の担当は、かならずしも分業的に行われていたわけではなく、祭りの次第順序により、また、土地の状況にしたがって、兼任は時におこなわれたのである。これを要するに、祭りにあずかる者は、以前はことごとくみようどと禰宜であったらしいことは、伝承の上からも、また実際の例からも判断されるのであるが、それにもかかわらず、なおこのようにくりかえしていうのは、実は現在の各所の状態を根拠にして、これに対する変遷のあとをいくぶんでも記述に留め、ひいては以前の意義なり形式を索《もと》め、なにによってかくなったかの、手懸りとも思う微意にすぎない。それでつぎには、これに対する実際を見てゆくこととする。

禰宜

禰宜に対する称呼

はじめにまず禰宜についていうと、これに対する称呼は、各地を通じて区々《まちまち》である。禰宜といっている一方に、別に太夫とも宮太夫《みやたいふ》ともいい、通例一個の祭祀に二名をもって充てているので、その場合は一を禰宜、次位にある者を副禰宜ともいう。また現在では他の一般の禰宜と区別するために、とくに頭に花の字を冠し、花禰宜または花太夫ともよんでいる。そうかと思えば先達《せんだつ》などの称を用いる場合もあり、あるいは以前のままに、鍵取幣取《かぎとりへいとり》の名を用いている土地もある。この場合には、鍵取りを単に太夫、幣取りを宮太夫ともいうている。要するに禰宜に対する称呼は、はなはだしく区々であるが、これは各地共通の事実であって、とくにどこの村ではなんの称を用いるという風な、厳密な区別はない。

禰宜屋敷の変遷

現在各地における禰宜の待遇は、大禰宜――鍵取り――を主とすることはもちろんであるが、幣取り――副禰宜――をあわせ重しとする土地もある。また大禰宜――鍵取り――本位の土地でも、現在ではただ屋敷名があるだけで、祭事一切は、あげて幣取りにまかせてしまったものもある。たとえば振草《ふりくさ》系では、小林《こばやし》をはじめ月《つき》、足込《あしこめ》、下粟代《しもあわしろ》などは、在来の鍵取り屋敷が継承されていたから問題はなかったが、古戸《ふっと》をはじめ中設楽《なかしたら》にしても、幣取り――副禰宜――から、さらに縁故の者が変っている。大《おお》入《にゅう》系の上黒川《かみくろがわ》は、正副昔のままにそろってはいたが、現在ではいずれが主位にあるものか、すでに不明になろうとしている。下黒川《しもくろがわ》は在来の禰宜屋敷は依然として存在したが、実際の行事は、これが血縁の者に継がせている。古真立は在来の鍵取り屋敷は、神社脇に厳存していたが、祭事に関する一切の業務は、一代前を最後として今は他の者が当っている。その他御《み》園《その》、西薗目《にしそのめ》、大入なども、行事の実権は在来の禰宜屋敷から離れつゝあったようである。伝説にもしあやまりがなかったなら、現在もなお昔のままに、鍵取り幣取りそろって恙《つつが》なかったのは、大入系の三沢《みさわ》位のものである。

三沢の鍵取り幣取り

三沢における鍵取り幣取りは、字山内《やまうち》にいずれも屋敷があった。鍵取り屋敷を一に「もんばら」といい、昔からの親方屋敷であった。当主を榊原銀太郎といい、先祖というのは鎌倉時代にこの地に隠遁《いんとん》した、藤原の某《なにがし》と名乗る公卿《くぎよう》であるという。当時佩《はい》用《よう》の太刀装束をはじめ、とくに履いて来た木履《きぐつ》を家宝として保存していた。屋敷は谿《けい》谷《こく》にのぞんだ山の中段に、前に段々畑をひかえた構えで、一段下ってさんじやく（参事役）と称する従属屋敷があり、祭りをはじめことある時は、すべて鍵取りの指図で働いていたことは今も昔のままである。しかして屋敷うしろの森には八大龍王と称する神をまつり、家の神であると同時にまた字内の氏神ともなっていた。神影というのはひのう・みずのうと称する二個の面形で、祭りを通じてもっとも重要としたしずめ（鎮め）祭りに用いるもので、これを一にしずめというたのである。これに対して一方の幣取りは、鍵取り屋敷からは谿《たに》ひとつへだてた位置にあって、一に「しも」といっている。屋敷うしろの森に「いづの八天狗《てんぐ》」（いづな共）と称する神をまつっていたこともすでにいった通りである。祠《ほこら》の脇に一本の榊《さかき》が茂っていて、祭事のたびにこの榊の枝を折って神迎えをなし、これによって行事が開始されたのである。しかして

「ひのう」「みずのう」の二個の面形の内、「ひのう」は鍵取り、「みずのう」は、幣取りがかぶることになっていた。その他祭事に際して、一部重要の神事を除く以外は、すべて幣取りの処理であった。一般にいう宮太夫の称は、禰宜——鍵取り——に用いられていたのであるが、同所でとくに幣取りにのみにこれを用いたのは、そのためと考えられる。ちなみに同所においてこのふたつの屋敷を重視したことは、両家のいずれかに服忌があれば、その年の祭事は中止となったのでも想像される。他の土地においても、立て前はすべてそうであったが、一時他の者に変らせるなどの便法も、すでにおこなわれていたのである。

由来花祭の禰宜の行法は、火伏せ、湯立て、神下し反閇など、多く口伝秘密にかかるもので、一面、体験にまつ修法であったから、家系継承の場合、後の者がこれをことごとく修得していれば故障はないが、さもない場合は、とくに重大とする儀式のほかは、自然他の行法を心得た者に変らせたのである。まして村々の鍵取り屋敷は、その部落中でももっとも上級にあって、親方とよばれるほどの者であったから、年をかさねるにしたがって、いわゆる唯《ただ》の親方なり旦那《だんな》になったのであろう。

禰宜の表徴は面形

前述の三沢の場合でもそうであるが、禰宜——鍵取り——の資格として、第一に考者で、はじめて資格があった。ひいては祭祀一般の故実に通じたことももちろんであるが、これが世襲による家系を表徴するものは、第一に面形であった。それは前いったしずめの面形で、一般の称呼や、数に異同はあっても、すべて禰宜屋敷にまつられてあることは各所共通で、これは家系を継いだ者以外はつけることは出来ぬと考えられていた。現今のように、花祭は氏神または村社の祭典で、かねて氏子一般の行事と考えられ、その祭具面形なども、神社あるいは公共の建物内に保管をすることにあらためた二三の土地でも、なおこのしずめの面形だけは、禰宜屋敷が存続したかぎり、そこから分離することは出来なかった。

しずめの面形は龍王

前いった三沢の場合でいうと、しずめの面形はひのう・みずのうの二面からなっていて、これを祀《まつ》る社を八大龍王と称したことはすでに述べたとおりであるが、この面形を一に龍王面とも称したのである。しずめの称は、しずめ祭りを行うことからきたことは当然であるが、一方ひのう・みずのうの称呼が、なんによったものか、一段と面形のもつ意義に近い称とは考えられるが、これをもって直《じか》に面形に象徴された者の名とするにはなんらの根拠はない。むしろ面形に象徴された神の名としては諾冉《なぎなみ》二神のいつたえがある。これはもっぱら三沢を中心におこなわれていた説であるが、これもおそらくは神の名としてもっともらしかっただけで、後の附会説であったろうことは容易に想像されるのである。したがって各地共通する称呼としては龍王または龍神とする説である。この説は面の製作過程とも独立して、いわゆる朱面鼻高の天狗面をも同一の称で呼んでいたところを考えると、その説の根拠は案外ふかいことを思わせるのである。その他祭りの次第を通じて、中心を龍神、または龍王とすることには、各種の根拠もあったのである。

禰宜屋敷の没落による一面

祭りにあずかる者の中心はすべて禰宜屋敷であったことはいうまでもないが、これが没落の場合を考えることも一面必要であった。しかもそこには各種の世相があらわれていたのである。その一例として、長野県地内下伊那《しもいな》郡神原《かみはら》村大川内がある。もっとも同所では祭祀を多く花祭とは呼ばずたんに「まい」といっていたが、祭祀が昔のように盛大にいたらなかった原因は、これが中心であったしずめの面形をつけるべき禰宜屋敷の衰亡にあるという。今一部に伝えられるままをいうと、面形のもつ格式があまりに森厳であるために、これをかぶりこなすだけの有資格者がなくなった。禰宜の系統はあってもなんともすることはできないという。こうなってはそのままにおさめておくよりほかなかった。いたずらに面形のみ残存しても、これを用いることが出来なくてはもうなんともいたしかたがない。しかし一方には、同所のしずめの面形は、昔よりかつてかぶった者はなかったともいうから、その伝承をただちに禰宜屋敷の没落と関係をつけてしまうわけには参らなかったが伝統に忠実であればこうした結果をたどるのは当然考えられることで、この一例から想像しても、現在衰運にかたむき、あるいはすでにほろび去ったものも、一概に信仰のおとろえとのみは断定されない、一面には真にほろぶべき時世にめぐりあわせたものもあったのである。この家運の盛衰と後継者の有無は、いかんともなしがたい運命であったから、現在三河《みかわ》の各地に盛大であるものも、一部の例外を除くほかは、師弟または縁類をもとめて、新たな権限の延長をみとめて、現在に受け継いでいたことは想像できる。要は祭事重きか伝統重きかの帰結にいたるのである。

つぎに祭事継承の上から、ことに同情にたえぬのは、由来の古いとつたえられる振草系の某村である。明治二十年時代、重代の禰宜屋敷の衰運に臨み、後継者はまだ幼年のところから、先代に恩顧を受けた隣村の某禰宜が、一時役柄だけあずかって、面形は村で保管し、後継者の成長を待つこととして日を送ったと聞くが、今はある事情からそれも実現は危ぶまれている。こうした経緯は、現在伝統をほこる土地にも、しばしばくりかえされていたと思うが、いいつたえのないかぎり、あえて穿鑿《せんさく》の必要もなかった。

家権の魅力か

現今の花禰宜または花太夫の称呼には、一種陰惨な呪術《じゅじゅつ》的連想をともなったことは事実である。これは一面には、その行法から受ける印象にもよったらしい、そのためか近世禰宜屋敷の後継者が吾《われ》からこれを厭《いと》う傾向もあった。そうかといってまた一方には、われわれの想像以上に、根強い伝統の力もひそんでいて、かつて祭祀の故事式作法など、一向に頓着なく、次代の禰宜について、村の人々を寒心させた者が、一度その父なり祖父のあとを継いだ場合、家権のもつ魅力とでもいおうか、不思議な執著がよみがえって、翻然態度が変り、故老に糺《ただ》し見聞をたどって、なれぬ手に九字を切り、呪文をとなえつゝある事実も、しばしばあったのである。

なおいい残したが、現今の祭典では、神社における行事は現行法による神職が当り、以後の行事は、すべて在来の禰宜が当っていたのである。

みようど

みようど系《すじ》

花祭の舞は、いわゆる神事舞などのように、型が固定したものとは異なって、技芸として特種の発達をなしつつあったものである。したがって、形式の遂行というよりも巧拙が問題で、面形をつけたものはもちろんであるが、青少年の舞においてはことにそうである。よって、行事の進行につれて、つぎつぎに展開される少年から青年の舞は、舞子の縁者はもとより、一般見物の血をわかせたのである。それで、それらの少年や青年の舞振りに対してさまざまな批評が交されるが、そうした際に舞子を評して、あれはみようど系だからさすがにうまいとか、やれそれにしては下手だなどという言葉をしばしば耳にする。祭りのおこなわれていた土地では、みようど系の者は、舞いの手などがおのずと他の者にすぐれているとは、ほとんど共通の常識であった。かりにみようど屋敷に生れた者でなくとも、そこに血統をひいた者は、どこか体のこなしにすぐれたところがあり、また性格の上からも、そうした歌舞やはやしに対して、特別の感受性をもつと考えていて、延いては顔容までが、他のそうでない者とは区別があるように信じられている。この地方に、近世さかんにおこなわれた地狂言（村芝居）に、芸の巧拙を系統によるといって、いつに狂言系《きようげんすじ》などの言葉があったが、まさにそれに通ずるものであった。一図に、厳粛そのもののように考えようとした祭りの行事にも、やはりこの伝統があった。よって、芸の巧拙が系統を引くということは、あえてみようど系か否かという結果にいたったのである。

そうするとこの歌舞に対して、特別の優越性を持っていると考えられたみようど、またはみようど系というのはなんであるか、これをまず村々の事実について観ると、ある限られた人びとを指して、みようどの名を用いることは、実は花祭の場合に限られていなかった。別に田楽、御神楽《みかぐら》などの歌舞、すなわち一種の技芸を対照とする祭祀には共通に存在したのである。

みようどということ

村々のみようどは前にもいったように禰宜を中心としてこれとともに祭祀に関与して、これが根幹をなすものであるから、祭祀のおこなわれている土地には、いずれもこの名称を持つ屋敷があった。これら屋敷の戸主または一定の年齢に達した男子をみようど衆とも呼んでいる。しかして禰宜もまたみようどの一人である場合もあった。しからばこの名称はどういう意味から出たものかというと、それがまったく判らない。よってまずその称呼について、土地々々の慣習を糺《ただ》して見ると、これがまたまちまちであって、一様でないのである。自分の知る限り各所を通じて、およそ四通りのとなえ方がある。たとえば「みようど」「みようどう」「みよど」「みおど」である。以上土地により人によって、発音も異なっていて、いずれが以前からとなえきたったものかもきめ難い。みようどの名称について、振草系の某地では、みようどを宮人《みやびと》として口伝書などにも記しており、ちょっともっともらしくも聞えるが、なんら根拠があるのでないらしい。一方二三の土地に伝えている、古い祭事の役割帳などを見ると（古真立、中設楽、古戸など）あて字であるから意義に関する点は問題とするに足らぬが、御用人、宮用人または身用ど、などの文字が見えている。これはみようどと読んだらしい。しかして実際においても、最も共通点があったのはみようどと発音するものであるから、一まずこれによることとする。

二つの場合

みようどについて、土地々々の慣習と、祭祀の場合の待遇などから考えると、前にもいったように、現在では、ほぼ二通りの区別がある。そのひとつは、一は祭祀の全般にわたるものでなく、とくに重要と考えている部分に関与するもので、一は祭祀に関与する全部の者をいう場合である。したがって前者の場合には、屋敷を代表する者の意がともなっていて、一個の祭事に何人という風な規定があり、後者はその屋敷内の一定の年齢にたっした男子をも含むのである。よって後者においては戸主を標準とする世襲よりも、もっと広汎《こうはん》に解釈されていて、その屋敷からわかれた者にもおよぼす場合があり、系統をおって同一地内に分家したものもまたみようどである。したがってこの方は、部落すなわちある限られた土地が基準となっている。これを要するに前者においては、在来の屋敷の離散の場合を除くほか、数において変同はなかったわけであるが、後者の場合では、分家別居による権能の延長がおこなわれたので、その数も年とともに増加する傾向がある。たとえば振草系をはじめ、大入系の多くの土地では、一個の「はな」すなわち祭祀に対して、あるきまった数であるが、これに対して大入系の三沢は年々不同があったので、現に昭和四年には二十八戸であるが、これが明治十年前後には二十一戸であった。

みようど屋敷の数

三沢を除いた他の土地のみ、よ、う、ど屋敷は、現在ではこれをことごとく明らかにすることは出来ないが、一部分判明するものをあげるとつぎのようである。

振草系古戸《ふっと》　七戸振草系小林　六戸
振草系足込《あしこめ》　九戸振草系月《つき》　五戸
大入系御園《みその》　三戸大入系上黒川　九戸
大入系古真立《こまたて》　二十九戸大入系下津具《しもつぐ》　十八戸
長野県地内大川内　十六戸
以上花祭

このほか田楽御神楽の場合では

黒倉田楽　九戸（振草村大字平山《ひらやま》）

古戸田楽　七戸

大谷御神楽　七戸（富山《とみやま》村）

以上のように各所ことごとく不同であたかも氏子の数のように、これに対してなんらの統一も連絡もみとめ難いのである。しかし以上の内、古真立の二十九戸、下津具の十八戸については、別に説明を要する点がある。

これをまず古真立についていうと、同所は明治年間にいたって、ほぼ三個の独立した部落を合併の結果なったものである。よって、以前の部落に還元してみようど屋敷の数を索めると、田鹿《たしか》十二戸、小谷下《こやげ》八戸、曽川九戸となるのである。つぎは下津具の十八戸であるが、これは現在何の字に何戸と詳細に知りがたいが、溜淵《たまりぶち》、能知《のうち》、北方《きたがた》などの字に散在していた事実から見て、これまた字によって区分があったものと考えられる。長野県地内の大川内なども、十六戸の数はいくつかの小字に分類することが出来たのではないかと思われる。

今ひとつの問題はこれに禰宜屋敷の算定いかんであるが、これは一戸の場合と二戸の土地とあり、その点において区分をきわめ難いが、前表の中古真立、下津具、大川内を除いた他の土地でいうと、月、上黒川、平山が、ともに二戸の禰宜屋敷をふくんでいて、その他はこれを除いた算定である。

みようど意識の変遷

以上のように、現在各所のみようどは、その屋敷の数とともに権能もまた区々で、いずれが以前の姿を率直に伝えたものか、にわかにきめがたい。よってまず土地々々の実際について、これが変遷のあとをたどって見ることとする。

はじめにまず古戸の事実でいうと、同所には、前にもいったように花祭と田楽のふたつをあわせおこなっていて、ともにみようどがあり、いずれも七戸である。この七戸のみようど屋敷は、双方同一であったか否かがまず問題である。これを一方の花祭について、現在の事実から見ると、現今同所のみようどの制は、大分他とおもむきが変っていて、一年を期して交代制である。すなわち地内を七組の小字《こあざ》にわかって、各組一戸の振合いで祭祀ごとに交代にこれをつとめる。もちろん、この制は近年の改革で、明治初年に、あたかも禰宜屋敷の衰運を機としてかくきめたもので、それ以前は各組に一戸あて世襲の屋敷があったのである。

古戸は土地の開発も古かっただけに、みようど屋敷においても家運に消長をうける期間も長かったと見え、当時すでにみようどとして、祭りの中心に立つことの困難な者もあったらしい。したがって祭祀の遂行に支障をきたすなどの事実も、この改革をうながしたひとつの原因であったと伝えられる。しかしその改革のあとを見ると、従来の世襲から、一挙に各家交代制を用いたことは、極端な権限の解放とも見られるもので、みようど本来の意義いかんによっては、ぜんぜん伝統を抹却するものともあやぶまれるほどであるが、これが改革のあとを見ると、みようどに対してある代表権をみとめることで、小字すなわち一組に一人とする点にあったと解せられる。かりに改革にあたって伝統を生かしたものとすればこの点である。

これに対して一方田楽のみようどについて見ると、同所の田楽は、明治六年を最後にほろびたために、みようど屋敷をすぐにどこと知ることは困難であるが、さいわいに慶応三年筆録の田楽覚え帳がのこっていて、これに各みようどの名前ものっている。それでその名について、現在の屋敷をたしかめると、血統の存続いかんまではわからぬが、どうやら屋敷だけは残っている。記述があまりにわずかに偏するきらいがあるが、これを現在の戸主についてあげるとつぎのようで、この人びとが田楽のみようど屋敷にあたるのである。

大字古戸

小字　下《しも》組　伊藤新助　　小字　折《おり》組　伊藤与作

小字　浅井組　笹竹政十　　小字　寺脇組　伊藤弥平

小字　日向《ひなた》組　金田竹次郎　小字　日陰《ひかげ》組　佐々木祐助
小字　川合組　青山直十

これに対して一方花祭のみようどの改革前の屋敷をたずねて見ると、いずれもこの人びとの屋敷で、実に花祭も田楽もみようどは同一であることがわかった。しかもそれのみでなく、例年陰暦七月におこなわれる地内八幡神社の掛踊りをつとめる少年も、やはりこの屋敷から出ていた（現在は花祭の「みようど」と同じく各組内交代である）。要するに、田楽の方は明治六年を最後にほろびたためにみようどの名は当時のままに残り、花祭（掛踊りも）は、そのまま継続されていたために、現在のように変遷をとげたものであった。ただ花祭の方は、田楽のように、各みようどに階級をつけるなどの截然《せつぜん》たる区別がなかったことと、一方田楽にくらべて、祭祀に参加の人員も多かった関係で、以前からみようど屋敷以外の者も青少年の舞にかぎって採用していた事実はあった。

同所の花祭における現在のみようどは、従来みようどの役としていたいわゆる役舞（とくに重要の面形をつけた舞い）は、改革の際にみようどとは分離して、祭りごとに適任者をえらぶこととし（規定として）その他の一般の舞は、在来のまま地内の青少年をあてることとした。これを結果からいうと現在のみようどは、各組の代表として純儀式のみに当っていたわけである。しかし事実は、純儀式もまた相当の習練を要するので、この形式一片のみようどは、一層具体的にいえば、たんなる氏子代、または組頭という意識が強く、改革の目的もまたそこにあったらしい。したがって、純儀式には自然作法を心得た者があたると見るのが事実の真相に近かった。

つぎに同じ系統の小林について見ると、同所は地勢上にも古戸が街道ぞいであったに対して、一段山深く隔離されていた関係もあってか、従来のみようど屋敷六戸は、ことごとく昔日の面影はなかったにせよ面目だけはたもっていた。ここもまた地内を六組にわかって、各組に一戸あての割合で存在したことは、古戸と同様である。しかして祭りの際は、まずこれら屋敷の主人が最上位にあって、神勧請をはじめ重要な舞いにもあたっている。しかして一般の舞子は、地内全部からとったことは古戸とかわりはない。なおこれによって見ても、一方古戸の改革が、まるっきり根拠のないものでなかったことがわかるのである。

つぎに足込の九戸は、これまた地内九組の小字にわかれ、従前のままに存続していて、その権限においても前の小林とたいした変化はない。しかして、同所のみようど屋敷は比較的順調にあったために、新しく家を継ぐ人びとが、土地としても有力者で、いわゆる新知識への接触者であったためか、かえって、この古風な祭りを煩わしがる傾向もあって、事実上の権能を放棄するさえあった。そういってまだ古戸のように制度を改革するほどにもいたらなかったから、それらの補充は、縁故の者で適任があれば当り、その他の場合はいずれの土地にもある、祭りの愛好者いわゆる「はな好き」が、自然故実などにもくわしいところから出てあたっていた。代理といえば代理であるが、そうした改った解釈をなすにもおよばなかった。なお現在では、各所を通じてこの「はな好き」が一面祭りの維持者であり、事実上の不文のみようどでもあったのである。その他、月、下粟代なども、前記の土地とほぼ同じ状態にあったといえる。現在では村の区劃《くかく》も変ってしまったが、振草系の奈根《なね》なども明治初年の改革以前に、みようどは各小字に一戸あての割合であった事実がある。

つぎに大入系の下津具であるが、同所のみようど屋敷は、前にもいったように、その小字との関係については未《いま》だ正確に知ることは出来ぬが、ここも近世にいたって在来の屋敷との間に変化がおこなわれていた。すなわち同所の十八戸は、ことごとく昔のままに祭りにあずかってはいない。現在みようどとして行事にあたっている者は、従前の屋敷の一部分に、べつに新しく参加したもので、内容においては以前とは異なっていたのである。この改革の動機は、明治初年期にあたかも警察署の干渉などがあった際、一方内部にも祭祀廃止説が擡頭《たいとう》して、一時存続をあやぶまれたことがある。その際、祭祀の根幹である柱石であったはずの禰宜が、事情あってまず廃止説にかたむき、ついには縁を断つにいたった。そこでみようど中の保存論者は、従来よりの血縁をたどって、新たに補充をなし、これらの者が相結束して今日にいたったという。今にいいつたえているところでは、当時この一派の者は、よくよくの旧弊者で、ついに済度すべからずと、一部の者を慨嘆せしめたというが、この機を境に、従来のみようどで有識階級の者は多く縁を断つにいたったという。同所の祭りにおいて、他の者はとにかく禰宜が縁を断ったことは大きな打撃で、そのために祭りの第一の行事である湯立ては中絶のやむなきにいたった。同所の祭りに、舞戸に竈《かまど》のなかったのはそのためで、かくまでにしてもなおつづけねばならぬところに、花祭の大きな謎があった。ちなみに同所の改変の結果、当然考えられるのはその後氏神の祭祀にあたって、この一派のみようどをいかにとりあつかっていたかである。これがすこぶるあいまいで、一面には各所共通の問題であるが、例祭は一般氏子の式典として、新しい法規の下に祠官《しかん》がこれを執行し、従来の祭祀すなわち花祭は、その一派がおこなう一種の余興位に考えて見すごして来たのが真相らしい。

　以上下津具の変遷を、結果から見ると、一種のみようど制の改変であったが、前いった古戸とは、動機がほとんど正反対であったために、別の半面の意義をつたえのこしたものといえる。すなわち古戸がみようどの意義を組（小字）の代表——氏子代——とする点に重心をおき、これを根拠として改革したに対し、これは行事——歌舞——におもきをおき、この点を固執したもので、その結果字または組としての、表面の代表的意義はうしなったが、内実においては伝統を護持したわけであった。この古戸と下津具の改革にあらわれた意識が、軈《やが》てみようどのもつ両面の意義ともいえた。

みようどと役舞

前いったようにみようどの一面の意義が歌舞にあったとして、これと役舞すなわちとくに重要とする面形をつけた舞いの関係から考えて見る。現在各所のみようど屋敷には、その中に「さかき」屋敷「おきな」屋敷などの名がある。「さかき」屋敷は「さかき」の役をつとめる屋敷で、「おきな」も同意義である。これがことごとく屋敷名とともに世襲であったか否かは、村人の説のまま、単純に決せられる問題であるが、しかも以前はこれら重要な役がみようど以外に出なかったことは明らかで、すでに述べた事実でも十分判断される。

大入系の上黒川なども、たしかなことはもうわからぬが、明治三十年前後までは、役舞は、みようどの権限で、ただ「さかき」と「やまみ」（やまわり）の役だけは、禰宜屋敷二軒で交代につとめていたといっている。それでこの二役を除いた役を、後のみようど七人でつとめていたわけであるが、その他の役は、地内の氏子、すなわち青少年からとった。この点は前いった各地となんら変ることはないが、そのことから当然考えられるのは、みようどと氏子の関係、それに一方、舞いの区別である。そのことに関連してひとつの挿話がある。明治初年上黒川の隣地にあたる坂宇場《さかうば》は、出火のため祭具一切を焼いて、一時祭りは中絶していた。当時同所の某は生来の「はな好き」で、土地のみようど屋敷のうまれであるだけに、囃《はや》しの音を聞いただけでもじっとしていられぬほどの性分であるが、わが土地には祭りがないのでなんとしても舞うわけにゆかぬ。そこで上黒川に縁者をたどって、そこに氏子入りをなし、ようやく舞子の列にはいることが出来たという。しかし役舞の方は、そうした形式位ですまされなかったことはもちろんで、現在のようにみようどが一片の形式と化し去ろうとする際でも、役舞だけは、滅多なものにはあたらせなかった。それについて長野県地内新《にい》野《の》の雪祭りなどは、面形をつける役は、ごだつ(後立か)の舞(青少年の舞)を三回以上つとめて、年次にして、舞いにあたってから、七年以上経過せねば資格はないとしたが、花祭においても、この伝統はあって、花の舞(稚児の舞)から、地固め三ッ舞などをつとめて、最後の四ッ舞を舞上げた者でないと、役持ちの資格はなかった。こうして見ると、かりにみようど屋敷をついだ者でも、一定の年限にたっし、四ッ舞を舞上げるまでは、まだ一候補者にすぎなかったのである。以上の事実からみると、役舞は、一定の階梯《かいてい》をふめば、理窟《りくつ》としてはつとめられたわけで、したがって、役舞をみようどの世襲または役権とする伝統は、ある時代の形式をそのまま残したにすぎぬとも考えられる。よって一方部落(土地)土地を基準として、これが数に制限をもうけなかった場合は問題はないが、あるきまった数に限られていた土地は、役舞との関係をはなれて、これにべつの意識の存在があったことも考えられるのである。

祭りの団体として

前いった振草系の多くの土地では、おのおの祭りのおよぶ範囲もせまく、みようどの数もすくなかったから、みようどは祭りの重要な部分を管掌して、その他の一般の行事をその子弟または地内の青少年に当てていたのであるが、一方大入系のように、みようど屋敷のはるかに多かった土地は、祭りにあずかる者はすべてみようどとその子弟に限られていた。たとえば前いった下津具の場合でいうと、従来のみようど時代も、また改革後においても、行事にあずかる者はすべてこの一派の者にきまっていた。現に同所ではみようど以外の者を、舞いに対して一般に素人とさえ呼んでいる。また古真立においても、現在は大分慣習はくずれたが、祭りにあずかる者は立前としてみようど屋敷の者に限られている。さらに三沢《みさわ》の場合では、現在も一層その制は劃然としていたのである。したがって三沢における祭りの次第はみようどの一面を知る上にも必要である。

三沢の祭祀組織

三沢は豊根《とよね》村の一大字で、字内をさらに小字六つにわかっている。しかしてこの大字のいわゆる氏神は、字粟世《あわよ》に祀ってある熊野《くまの》神社であった。例祭の場合は、各々の小字によって役柄に分担がある。そのうち直接行事に当るみようどは、字山内《やまうち》の者に限られていて、その他の字は、すべて間接の事務にのみあたっている。たとえば三沢の本郷である粟世はすべて三面出る獅子《しし》の中の一面と、それを囃す「おかめ」の役があるだけで、他は当日必要の薪の負役である。字牧の島はやはり薪の負役があり、べつに祭場であり花場である花宿の設備と庭燎《せいと》の番役、字樫谷下《かしやげ》及明金《みょうがね》は、必要の筵《むしろ》と履物全部、字浅草は松火の負役である。しかして山内を除いた各字を通じて、各二名宛のせんじ（饌事）役を出すさだめであった。いまこれらの分担を各字の戸数によって示すとつぎのようである。

祭事分担（昭和三年度）

字山内	二十八戸	「みようど」全部。
字粟世	二十三戸	獅子一。その他一戸につき薪約十貫宛。饌事役二名。
字牧の島	二十一戸	一戸に付薪約十貫宛。庭燎番二名。その他祭場の設備及取片附。饌事役二名。

字樫谷下。明金　七戸　筵及履物全部。饌事役二名。
字浅草　　　　十四戸　一戸に付松火十把宛。饌事役二名。

以上のような振合いをもっておこなわれていたのである。しかして祭りの中心となる者は、山内の鍵取り幣取りであったが、なおこのほかに、祭祀全般にわたって、これが代表となり統轄をなす者があった。これを旦那と称し、一と二の二人ある。説明が大分煩雑にわたるが、要するに一二の旦那が統轄して、鍵取り幣取りを中心とするいいいみようどが執行していたのである。その次第をひととおりいって見ると、一の旦那は字樫谷下にあって現在の夏目若平家、二の旦那は字粟世の熊谷喜曽次郎家で、共に三百年以上の由来を持つ旧家である。この二軒の旦那が、交代で各一年間の氏神の管理と祭事を代表したのである。すなわち祭祀当日を満期として、祭祀の開始にあたり神座において、鍵取り幣取り立会の上で、責任の任免をおこなったのである。この時誓約の盃《さかずき》をとりかわしたが、これを「へいじつかい」といっていた。この時誓約に使用する酒は、花宿の主人から出す規定で、量は一升である。ちなみに誓約に使用の残部は、当夜鍵取り屋敷にあって、留守番にあたる者にさげわたされる。留守番の者はこれをまず屋敷裏の八大龍王に献じ、のこりを頂戴《ちようだい》したのである。この留守番は二名の規定で終夜鍵取り屋敷の土間に焚火《たきび》してすごすので、べつに背中あぶりの名があったほどはえない役まわりであったが、このことが唯一の役徳としてあった。

さて前にもどって、誓約によって新たに一年間の代表権を得た旦那は、面形を除く他の一切の祭具など、翌年の祭事まで管理の義務があったのである。説明が大分岐路にはいった感があるが、これを要するに、祭事次第の組織立っていたことと、みようど制の厳守されたことは他に比類がない。

八大龍王の氏子

三沢の氏神熊野神社の祭典に、直接祭祀にあずかる者は、小字六組の中の山内のみようどであったが、山内にはべつに、ここだけの氏神があった。すなわち、鍵とり屋敷の裏山に祀《まつ》ってあった八大龍王がそれで、祭りの場合、もっとも重大とされたしずめの面で表徴されていたことは、禰宜の項にいった通りである。ちなみにこの八大龍王は、同じ豊根《とよね》村坂宇場の「みるめ」明神、振草村古戸の「ひじり」神とともに、花祭の三開祖ともつたえられているものである。一説には、山内部落の者は、この神の氏子なるゆえみようどたるの資格があるといったが、じつはそうばかりもきめられぬふしがあった。山内と山ひとつへだてた樫谷下、明金部落七戸の者はともにこの龍王の氏子であったがみようどではなかったのである。しかしこれも解釈によって、おなじ氏子であっても、土地を変えて住めば、すでにみようどとしての資格はなかったとすれば問題はない。

二ツの観察点

これまでの事実から判断すると、みようどは一個の氏神または神社を中心として、これが祭祀に関与するものであることは各所共通であるが、同時に一般の氏子またはある限られた地域内の者を代表する意味があった。したがって総括的代表の意味の一方には、ある限られた範囲の代表である。よって前者の場合では、ひとつの集団をさしていう意があったとすれば、後者には各個独立したものの意味が濃厚で、集団としての名には意義が一段遠かったのである。

みようどの名について、祭祀の形式がすべて歌舞を基調としていた関係から、土地によっては歌舞を行うこと——すなわち技芸に関連した名のように、解せられる場合も生じたが、代表祭祀にあたるとすることに意義が強かったことは、各所におけるこれが改変のあとに徴《ちょう》しても察知されるのである。

そこでつぎには、べつの事実から、村人のこれに対する意識のあらわれと、さらにその称呼のよってきたったと思われる事例をいうこととする。

中在家《なかんぜき》の一例

各所の祭祀はそれぞれの歴史と伝統によってみようどにおいてもまたいちようでなかった。たとえばみようどは祭祀に離されぬ名であった一方には、これを全然いわなかった土地もある。それは振草系の中在家で、同所は伝来の歴史が新しかったためか、すでにみようどの名はおこなわれていなかったのである。しかしながらみようどの名はなくとも、祭祀組織の関係上これにたいする意識感はやはり持っていたわけである。しかして伝来が新しく、当時の状況が明瞭なだけ、かえって発生伝播《でんぱ》の一模型を見るような興味もあるのである。

同所の「はな」は約六十年前——明治三年——に、当時の奈根村字長峰の花祭が一時衰微した際、同所の熊野神社を奉遷して、同五年からはじめたもので、現在行われつつある中では、歴史はもっとも新しいひとつである。しかし同所にこの祭りのおこる因縁はすでに十分あったので、中在家は当時奈根村の一小字で、戸数十戸あり、内一戸のみようど屋敷によってこれを代表されていた土地であるが、神社合併などのことから村内悶着《もんちゃく》の際に、敢然わが地内に神社を遷《うつ》しむかえると同時に、これまでの関係をたち、あらたに中在家だけの氏神として祀ったものである。花祭もまた、これと共に移したと言えば言えぬこともないが、実はその系統は振草系ではあるが在来の奈根とはべつで、園村足込《そのむらあしこめ》のわかれである。当時神社は移したものの、在来のみようど屋敷はすでに家勢もおとろえつつあってどうすることも出来ぬ。まして当時は、一部に祭祀廃止説も擡頭しつつある時期で、奉遷の動機となった神社合併説もその影響からきていた際であった。そこへ一方の花祭の全盛地である、足込の一みようど屋敷から、地内有力者へ婿養子に来たのが、現在の禰宜屋敷である佐々木嘉一氏の祖父源五郎氏であった。同所における更生の花祭は、この源五郎氏の縁から、足込の庇護《ひご》によって生まれたのである。

このことは当時の関係者で現存する者もありすべて明瞭である。何分当時の中在家はいうにたらぬ小部落であったばかりでなく、部内ことごとく祭祀の更生に共鳴していたわけでもなかったから、多くの隠忍と苦痛がともなったらしい、したがってみようども禰宜も問題にする場合でなかった。最初源五郎氏の説くままに、まずこれに賛しあずかった者は三人であった。しかし三人や四人の人員では、いかに兼務をしても行事の遂行は出来ぬ。一方地内のこれにたいする迫害もあって、舞いの伝授を受けるにしても夜間ひそかに開始したというほどで、たんにこれだけの事実でも一編の物語をなすほどである。それでいよいよ開始の際には、里方である足込から大部分の見舞いをうけ、禰宜もまたまねいて、それらの者の力をかりて遂行したのである。この慣習が今にのこっていて、中在家と足込は祭りごとにたがいに往復している。これを一に「おつきあひ」と称していて、はなしは別になるが、振草系の祭には、各所を通じて、ことにこの風が盛んであるのも、最初の因縁をおもわせるものがある。

中在家の祭の草創数年間は、面形もまだ持ちあわせがなく、足込から借用していたほどで、重要の役は、すべて足込の者があたったらしい。しかもこれもしだいにととのって「さかき」「やまみ」（やまわり）「おきな」と、まず重要の役は、発頭となった者からつとめたという。そんなわけで、役舞だけ決定してしまえば、後は、どうともやりくりはついたのである。その後地内の有力者で、あらたに参加する者があれば、これに重要の役をふりあてる襟度ももちろん持っていた。こうして現在のように、一部落十七戸が、ことごとく参加することとなれば、最初の四人なり五人の者の屋敷を、他の土地の例にならってわけもなくみようど衆などと呼ぶ者もあって、また「さかき」屋敷、「おきな」屋敷などの名もいつとなしに用いられるようになったのである。これと事情が似ていたのが大入系の間黒である。

三みようどのこと

これまでの事実で、みようどがほぼいかなるものかは大体想像されるが、しかもその称呼の由来についてはまだ十分な根拠はない。したがっていずれとも判断はつかぬのであるが、それについて、前いった大入系御園で、これにとくに三の字を冠して三みようどといっていたことは、べつの事実を物語るものとして注意をひくのである。

御園の三みようどは、地内を三ツの小字（組）にわかって、それに各一人とする意味で、前あげた一組一人とするものと共通するのであるが、とくにこれに三の称を冠したことには、これに対してなんらかの意識が働いていたと見るべきで、たとえばこれを一個の単位とするような事実の伏在はなかったかと思うのである。

六名《ろくみよう》のこと

前いった三みようどのことから、注意せられるのは、花祭には直接交渉はないが、この地方におこなわれていた六名の事実である。この六名の名《みよう》が、みようどのみようと、共通であったかいなかが、問題になるのである、よって一通りその事例をいって見る。

六名はあるひとつの土地を、べつに「ろくみよう」の名称をもって呼ぶことで、たとえばここに本郷という土地があったとして、これをたんに本郷とのみいうことなく、本郷六名と、わざわざ六名をつけたのである。このことについて仔細《しさい》に各所にわたってたしかめたならば、あるいはなお多くの類例が発見されるかと信ずるが、現在自分が知る範囲では、この称のつく土地がこの地方に四ヵ所ほどある。第一は今いった郡内の本郷町で、古くはこれを本郷六名といったのである。六名とは地内に六ツの名《みよう》のあることをしめしたもので、名《みよう》は一に小名《こな》ともいい、村に対する大字、または大字に対する小字で、これを本郷の場合でいうと、六名の各一名は現在は多く大字になっているが、以前の本郷村でいうと小字すなわち小名であって、はやくいえば村または土地をさしたので、本郷六名は本郷六村ともいうべきものであった。しかして各小字には、これに年老ともまた組頭ともいうべきものが各一人ずつあったらしい。今各の小名とその年老を記録にあるものから引いて見ると左のようである。

本郷六名	小名	岡本	年老	次郎兵衛
	〃	浅井	〃	右門五郎
	〃	赤屋	〃	五郎右衛門
	〃	頼近《よりちか》	〃	左門五郎
	〃	正広	〃	馬四郎
	〃	則実《のりざね》	〃	右衛門五郎
ほかに				
	小名	別所	年老	慶四郎

以上の記録は、本郷《ほんごう》町浅井の伊藤家すなわちここにいう浅井の右門五郎家に保存されていた本郷の古地図欄外の記事によったもので、地図作製の年代は不明であるが、

自分の実見した感じからいうと、ほぼ徳川末期のもので、各小名の境界を目的に作製されたものである。なお同家は現今伊藤を名乗っているが、古くは浅井姓をいった時代もあったらしい。つぎの小名赤屋は現在赤谷の文字をあてているが、ここの年老であった五郎右衛門家は、今加藤を名乗っていて自分などもよく知っている。しかして正広、則実は飛地であった。なおこの記録によると、六名じつは七名になっているが、その中の別所はその名のように別所であるから、加えなかったかと考える。この六名が事実七名であることについて、弁白を試みたものに、慶応四年六月時の裁判所へさしだした設楽舞由緒書なる上申書がある。そのうつしが、今本郷町三《み》ッ瀬《せ》の原田清氏の家に保存されてあるが、それによると、本郷六名といって、事実は七名であるが、これは一ヶ地だけ人別帳にもれていたために、このようになったといっているが、説として根拠あるものかいなか疑わしい。

註　設楽舞は、花祭の別称と考えられているもので、由緒書起草の動機は、花祭の元設楽舞に端を発していた考証から設楽郡との因縁を説き、本郷の氏神を振草七郷の総社に認定をもとめんとの、一派の者の企図から出発したらしいことは、その全文を通じて充分察知せられるのである。なおその起草者の中井大介氏は、当時本郷諏訪神社にも関係を有し、中設楽の花祭の改造にも間接に参画し、実はその運動の発頭であった人で、三河国神名々帳の著者羽田野翁なども、この人の説を同書中に引用しているが、その説にはにわかに信じがたいものが多い。ことに本由緒書は、全文を通じて牽強附会《けんきょうふかい》のははなはだしいものであるが、たんに六名のことは、この人の想像でないことは前掲の記事でもわかるのである。なお同書中には、六名の事実について六名主《ろくなぬし》の支配下にあった地として、これを左の村々にあて、振草六郷（実は七郷）のある時代の区劃となしている。
別所《べっしょ》村。三ツ瀬村。中設楽村。奈根村。西薗目村。寄近《よりちか》（頼近）村。以上六ヵ村。
しかし本郷六名の区域は、寛保二年に筆録した中設楽の神楽祭文の神名帳にも、また小林の花祭口伝書にも、ともに本郷ろくみようと書いて、たんなる本郷村だけの地域をさしているのである。かりに以上の土地をいったつたえがあるとすれば、諸種の点からいっそう古い時代の事実かと思う。

つぎは、本郷から川ひとつへだてた下川《しもかわ》村下田《しもだ》である。同所はこの地方でも開発の最も古い地であるが、ここもまた六名と称したらしく、下田ろくみようと、やはり神楽をはじめ花祭の神名帳にあり、前記本郷浅井の伊藤家の地図にも、年老の名が記してある。ただここには小名の記載がなく、一二の番号を用いている。

下田六名　一　助右衞門　二　兵衞太夫　三　次郎左衞門
　　　　　四　七郎兵衞　五　太郎右衞門　六　同人

以上の内五と六は同一人になっているが、これは、絶家等のために一方が兼務していたものかと考えられる。なお花祭神楽の祭文神名帳中には、本郷六名下田六名あわせて十二名云々《うんぬん》とする事実もある。

大野六名のこと

花祭のおこなわれていた地とは少しへだたっているが、地理からいえば、相接していた八名《やな》郡大野《おおの》町も、古くより大野六名と称したことが、この地方の口碑を集めた太《おお》田白雪《たはくせつ》の大野辺聞書に記載がある。ちなみに太田白雪は有髪散人と号し、芭蕉《ばしょう》の門人であるが、一方三河国二葉松の加筆をはじめ、三河に関する地誌をも多くのこした人である。

大野六名　大野。井代《いしろ》。野戸瀬。名越《なこえ》。名号《みやうごう》。一色《いっしき》。

なお白雪は、六名あわせて小名のひとつである大野の称を用いたことについて、つぎのように註解《ちゅうかい》を試みている。

タトエバ大和国吉野郷ニ吉野宿アルガ如ク。近クハ名倉（註　北設楽郡）二十四村ニ名倉村ガ入ガ如シ。マタ作手三十六村ハ三十六ノ小名アツテ。作手トイフ名ナシ。此類モアリ。

南設楽郡鳳来寺《ほうらいじ》村大字玖老瀬《くろせ》も、古くは黒瀬六名と称したと見え、花祭祭文の神名帳に、黒瀬ろくみょうには大かめ六社云々とあって、現在の小名にあてると、葛《かずら》、御《ご》領《りょう》、塩谷《しおのや》、金王《こんのう》、栃下、市場にあたるが、もちろんこれが六名の各小名であったか否かは断言出来ぬ。

以上の事実から、前いった各小名の年老は、一面からいって名すなわち小名の頭で、名頭の文字があてて考えられる。これによって、一方祭祀のみようどが、くみまたは小名に一人ずつであった事実とともに、これが一面の意味だけは解ける心地がする。そうすると、つぎは名《みょう》とは何によった語か、祭祀をとりおこなう者を何故に名の代表とおなじ称を用いたかの問題がのこるのであって、これをたんに代表の意にひっくるめてしまえば問題はないが、もちろん事実はそれだけ簡単なものでない。したがって名《みょう》の意義をまずきわめる必要が生ずるわけである。よって全国各所に今も伝えている村の名を「みよう」の称で呼ぶことからまず類例を求め、延いて語原をも知る必要があるが、ここではたんに祭祀にあらわれた事実のみについて事例をもとめるにとどめる。

七人のみようど

みようどの称の半面が名《みょう》すなわち字または組の代表の意があったとして、これに六人を単位とする六名《ろくみよう》のあった一方に、その内容において共通するかいなかは、未だわからぬが、別にみようどを七人とすることがある。花祭の根本である神楽の祭文中の「わかごのしめ」または「神楽申付」などに、みようど七人、または十二人のみようど八人の花の八乙女などのことがあって、六名の事実に対し注意をひくのである。もちろん祭文詞章の性質から、これをたんに唱和を目的とした語調のくせとしてきめてしまえば問題にはならぬが、一方事実にあらわれたみようどの数と比較して見ると、偶然かは知れぬが七人とするものが案外多い。古戸の例をはじめ、大入系上黒川、黒倉田楽、大谷の御神楽など、禰宜を別にした平みようどは各組にわかれて七人であった。この事実を一方六名の事実から推察すると、これに七名の称があってもあえて不思議でない感もあるが、それらについてはいまだ聞いておらぬ。これから考えられることは、ある種の土地を六名の名で呼んだことは、たまたま古くよりの称呼の残存とするよりも、とくに六名をいう必要かまたは理由があったものとも解せられる。したがって六名に対して、七名などの称はあるいは用いずとも、村または部落の単位を七人とするもののあったことが、おのずと想像されるのである。そのことから信濃浪合記（この地方に交渉多い尹良王《ただなが》の伝説を記せるもの）の記事の、吉野から王子の後をしたってたどりきたった武士を「七名字」とすることもなんら七人のみようどに関連を持つように考えられ、ひいてこの地方の村々におびただしくある七人塚の事実もある点までは関連が考えられるが、あまりに一地方の事実によって問題を多くするようなきらいがあるから、ひとまずさしひかえることとする。しかもこの六ないし七の数が、なんらか社会組織上、とくに信仰中心の基調、すなわち単位をしめしたものでないかともうたがわれるのである。

みようどは神の世継

前いった富山村大字大谷の熊野神社の御神楽《みかぐら》に関連して、同所のいいつたえによるとみようどの由来を左のようにいっている。はじめ熊野権現に立願して、やどった子供が成長して、十三歳にたっした暁に、御神楽の神事をつとめ「生まれ清まり」の式をはたした者がすなわち、みようどであるという。「生まれ清まり」の式は、花祭の場合をはじめ、この地方各所におこなわれていた御神楽および神楽におこなわれていた同名の行事と同一で、これを一に氏子入りの式ともいったのであるが、ただ同所でいう立願によりやどるとした点が他の土地とことなるのである。しかして感応あってやどったことのきざしは、なにによって知るかというと、その点もいまだ明瞭でない。

なお「生まれ清まり」の式については、別に御神楽の条に述べたから、ここには便宜上その梗概《こうがい》をくりかえして見ると、式に遇《あ》う者に白の「ゆはぎ」をきせ、舞戸中央の竈の前（あるいは社殿前）に立たせ、「いち」と「おと」の二人がかいぞえに立って舞いをするのであるが、その前に禰宜が湯立てをして、湯束《ゆたぶさ》をもって、釜《かま》の湯をその者の頭にそそぎながら、神の子すなわち神の世継として生まれかわる意味の歌を、楽にあわせてくりかえし唱えるのである。

この場合かいぞえとなる「いち」を一に湯の母、「おと」を湯の父といい、古くは湯あみのことがあったともいうが、いまはそのことはただ湯立ての歌詞にのこるだけである。

なお同所のみようどの由来として伝えられる説は、長野県地内の大川内の祭祀にもまたいっているが、同所のいいつたえには立願によりやどるとする点はやはり欠けている。しかしここに問題となるのは、両所ともにみようどの数はふるくからきまっていたのである。しかも一方年々「生まれ清まり」の式にあって、神の世継すなわち神の子となる者は、その動機は格別として、幾人となくあった事実から考えるとみようどはつぎからつぎにふえたわけであるが、事実は限られていたところからみると、これとはまた別であったか、さもなければ屋敷に限りのあるものはたんにある時代の名残りを止めたもので、以後の者はいわゆるみようどの数にはいらなかったものか、それらの点はともにあいまいである。しかしいいつたえにあやまりのないかぎり、これもまたみようどであったわけで、すなわち神の子または神の世継であらねばならぬ結果となる。

みようど——みやご

前あげた事実からいうとみようどは神の子または神の世継としてあらたに更生した者で狭義のいわゆる氏子であった一方に、字なり組を代表する者の名であったわけであるが、これに対して、意義をおなじくすると考えられるものを、別に「みやご」と称する場合があった。三河八名郡黒沢の田楽をはじめ、さらに国境線につづいた静岡県地内の鎮玉村渋川《しずたまむらしぶかわ》、寺野、おなじく熊村神沢《くまむらかんざわ》などの田楽では祭祀にあずかる者を「みや（よ）うど」という一方これを「みやご」ともいった。そのことから当然考えられるのは「みやご」からさらに「うじこ」の観念である。それで

みようど——みやご——うじこ

この間には、はたして意義に区別があったか否かである。かりに意義は同一として対照神によって区別があったものか——花祭を中心とした御神楽および神楽の伝承によると、仏説のいわゆるなんら結縁ない者でもあるきめられた階梯をふめば、その神の子または世継として、あらたに誕生の道はあったのである。かくして、みようどは村の人すなわち名《みよう》の人、さらに一個の名《みよう》として、神に斎《いつ》き祭りを行うものとなるので

ある。

一般参与の者

神座と「せいと」の客

花祭においては、見物もまた祭りを遂行する上に重要な分子である。しかして、この見物が、かねて祭りの事実上の対照でもあった。見物の種類は、あらかじめきめられた席によってほぼふたつに区分することが出来る。すなわち一般にいわれている神《かん》座《ざ》の客と「せいと」の客である。「せいと」の客はこれを「せいと衆」またはたんに「せいと」ともいって、神座の客にくらべると、いくぶん軽い意味に考えられていたが、そうかといって、けっして粗略にするわけではない。場合によってはこの方がかえって大切である。神座の客がこれを内容的に分類して、第一に一般部落内の婦女子、それに祭事に直接関係をもたぬ有力者——旦那衆——と、その他特別の招待客であるに対して、「せいと」の客は、大部分がいわゆるよそもので、祭りにもなんら交渉のないただの見物である。このよびかたはせいと(庭燎)から来たもので、庭燎のまわりに終夜立ちどおしているところからいった名である。それでこの場所の淋しいか賑《にぎ》わうかで祭りの景気が左右されたのである。したがって「せいと」が賑やかなほど、景気は引立ったのであるが、しかし時によっては、すこし迷惑な場合もある。

敦厚と狂躁と

神座の客が、楽座の後に位置をしめて、静粛に見物していたのに対して、庭燎をかこんだ「せいと」の客は、なんの節制も統一もない群集である。舞子に対してはもちろん、その他神座の客や楽の座に対して、あるかぎりの悪態をあびせる。しかしてそのひまひまには、おたがい同士もまた悪態の吐きあいをやっている。どこの「はな」でもそうであるが、日のくれがた未だ神座で神下しなどの儀式をおこなっているころは「せいと」はいたってさびしいもので、早出の子供たちがあそんでいる程度であるが、さて行事もすすんで、竈に火がはいり、神座には提灯《ちょうちん》や電気がついて、そろそろ舞いがはじまるころになると、羽織を頭からひっかぶったり手拭《てぬぐい》でほほかぶりしたような連中が、中には立派な二重まわしなど着て二三人ずつ一団になって、つぎつぎに表のくらがりから姿をみせてくる。ことに雪でもふり出した時などは花宿にかけこむ早々、まず榾《ほた》の火をかこんで立ちながら、神座の方をみつめている様子など、なんのこともないきわめておだやかな見物衆である。こんな人達が、あの聞かれもせぬ悪態を吐くのかと思うと少々不思議に感ずるほどであるが、時刻の移るにつれて場内がざわついて来ると、まず楽の座の者などを目標にして、突拍子もない声で悪態の口がきられる。土地の人たちはそらはじまったくらいですましているが、事情をしらぬ者はなにごとがおこったかとびっくりするほどである。

悪態の文句には約束がある

「せいと」の客の悪態の文句には一定の型があったようである。たとえば烏帽子《えぼし》狩衣《かりぎぬ》姿の禰宜が祭文をやっていると「やいそこのめんぱを被《かぶ》った爺《じじい》」とかあるいは「文句をごまかすと承知せんぞ」などと、一方太鼓をうつ者には「爺しっかり摺古木《すりこぎ》をたたけ」また笛をふく者には「しっかり竹んつぼをふけ」という類である。すなわち烏帽子を「めんぱ」（曲物にて農家で使用する弁当入）太鼓の撥《ばち》を摺古木、笛を竹んつぼまたは吹つぼなどというのは「せいと」の常套語《じょうとう》である。烏帽子の名をしらぬのでも、撥の名称がわからぬわけでもない。洒落《しゃれ》といえばそうもとれるものである。かつて民俗芸術誌上で、小寺融吉《こでらゆうきち》氏の発表された花祭の見聞記はおもしろく拝見したが、あの中の一二の感想は、少しばかり誤解があったようである。振草系小林の「はな」で、太夫の年配が若く、狩衣の肩の切れているのを見て、一「せいと」の客が「われも嬶《かか》もらわんとかなわんな肩ほころびとる」とやった事実を評して、現代の農村青年は、狩衣の肩を、ほころびと誤解したといっていられるが、実はこの悪態などは、あの童顔の太夫さんにはまさに金的にあたいする諧謔《かいぎゃく》であった。用語は粗末で下品でも、内容としては秀逸である。なんらの意識を用意せぬ、自然にせつなの感想がほとばしり出たところに「せいと」の面目があったのである。こうした舌鋒《ぜっぽう》で、相手により時に応じてきたないことやさもしい生活などのあるかぎりをならべて、満場を笑わせ、へこませることを得意としたのである。

舞子から鬼へ

祭りの次第が進行して、地固めの舞から花の舞にはいる頃には、「せいと」は押せ押せの混雑で、濤《なみ》のようにもみかえしている。その中からたえず悪態の突撃がつづく。舞子がかわるたびに、そのかっこうから舞いぶりまであらんかぎりの酷評をやる。やれその腰付はどうしたの、そんな手振りじゃ嬶が嘆くだろのと、かりに激励としても、はるかに度をこえた文句である。そうかと思うと、ふっと気がかわって「やあれ舞ったよう舞った」とはやし立てて、一緒に舞子の中へとびだして、おどりかつ舞うのである。鬼が出るとまたやる。「さかき」「やまみ」などの重要な役に対してもけっして遠慮はせぬ。しかしこの場合には気持がちょっとかわる。鬼に対する評で、ほとんどきまり文句になっているのは「おそろしく赤い面だな」とか「えらく鼻の高い奴じゃないか」などと、わざとのぞきこんだりして、感心したりさもおどろいたふりをする。そのうちだんだん驚愕《きょうがく》から平静にかえったようすをみせて「変に静かにしてけつかる」とか「えらそうなふりをする」とか何がな難癖をつけて酷評に移る。こうした

「せいとぶり」も、教えるでもまた習うわけでもない。祭りのたびにくりかえされる、ながい伝統の一端であった。

「せいと」のはやし詞

前いったように「せいと」は悪態と、狂躁《きょうそう》をくりかえしていたのであるが、一方また舞いに対して、特有のはやし詞を用いる。ことに鬼が出るとかならずやるのはつぎの文句である。

鬼が出たにたあふれたふれ

この文句をくりかえしながら、拍子にのって舞いの真似をする。「たあふれ」は、べつに「てえふれ」ともいい、鬼の舞には、若者が前後にあって松火を振るところから、たい（松火の略称）またはてえをふれという意味ともいうが、以前の意義は別であったらしい。ついでに「せいと」のはやし詞の二三をあげると

一　ハア鹿でも喰《く》ったかよう飛ぶな　　二　ハア鳥でも喰ったかよう舞うな

三　ハア香煎《こうせん》喰ったかよう飛ぶな　　四　ハア猿でも喰ったかよう飛ぶな

以上のはやし詞は鬼舞よりは、青少年の舞の場合に多く用いられて、言葉の尻《しり》に、ハアよう舞ったよう舞ったとつけては、各自もまた、舞道具のかわりに、御幣餅《ごへいもち》をふったり、二重まわしの袖《そで》を持ち毛糸の襟巻の端をつかんで、拍子にあわせながらそれが千切れるほどおどり狂うのである。

模擬の「うたぐら」

何分簇気で、節制のないのが立前としてある「せいと」のことだから、真面目に舞っている者のそばに立って、手出しをせぬというだけで、あらんかぎりの邪魔をしたり茶化したりする。そうして舞いばかりではない、神座から出る「うたぐら」のまねもやる。ちかごろの「せいと衆」は、流行歌をやったり、神座と同一の歌を出したりしているものも大分見受けるが、古くは模擬の「うたぐら」を盛んに出していたようである。その文句がまた「せいと」一流で聞かれたものでなかった。厳粛な神事の歌をやっている一方で、猥褻《わいせつ》きわまる文句をならべたてるのである。この文句も以前は神座で出す「うたぐら」ごとといってよいほどたくさんに記憶していた者もあったらしいが、現今は大分すくなくなってしまった。

一流の名乗をする

「せいと」の特徴としては、いまひとつ妙な名乗りめいたことがある。さんざん悪態を吐きあいをやった後で、こうみえても阿兄様《にいさま》などは、名古屋の黄金の鯱鉾《しゃちほこ》で逆立ちをしたの、米の飯で御育ちあそばしたとか、ときには藪の影の道陸神などともやるのである。この場合に自己称呼を、いまでは吾輩《わがはい》などというのも出て来たが「にいさま」というのが通例である。もちろん名乗りといっても、われはなに村の某などと、実際生活にからんだものではない、平素はろくろく口もきかないで、むっつりした青年が、ここに立つとまるっきり態度が変って、とんでもないことをいうのである。神座の客から楽座の者、舞子へとさんざんあたりちらして、そんな下手な笛なら「にいさま」にわたせ、扇の持方をしらねば教えてやるのと声をからしていう態度は、承知しつつも正気のさたとは思われぬほどである。自分などもたびたび見物する間には、いくどとなくこの洗礼をうけた。背広など著《き》ているものだから、そんな可怪《おかし》な著物をどこから盗んで来たとか、高い所にすわってえらそうな面をするな、研究なら「にいさま」に頭をさげてこいとか、ときには村方のふるまいの御幣餅に手を出して、東京から御幣餅を食いに来たかなどとやられて、閉口したものである。

いまではそれほどでもないが、ひところ神座の客などに対して、私事をあばきたてる風があってずいぶん迷惑する者もあったという。村の誰様といわれるほどの者が、どこの誰とも知らぬ者から頭から吐き下されても、ただ笑っているよりほか策はなかった。一種の社会制裁の名残としても、こればかりは実際問題として困ったらしい。しかし現在でも、意趣をふくまぬ程度のことは盛んにやっている。

「はな」好きの集り

終夜土間に立ち通しで、悪態に声をからすほどの者は、いずれも「はな」好きのあつまりである。舞子の顔ぶれはかわっても、このほうはいつも同じだから、よく体力がつづくと感心させられる。もっともときおり間をみては、そっとぬけだしてそこいらの露店で酒などあおって元気をつけるのである。それで村方としてはずいぶん手をやくこともあるが、けっしてこれに制裁は加えぬ。よくよく整理のつかぬ場合は、土地の者が中にまぎれこんで、よいほどに按配《あんばい》してゆく。じつはこうしたふるまいをやりたいばかりに、一里二里の山坂をこして来ていることは、おたがいに承知していたから、考え方によってはありがたい客であった。

黎明とともに退散

こうして夜を徹して、あらんかぎりの狂態をつくしているうち、さてだんだん黎明《れいめい》がちかづいて、夜の明けるころには湯ばやしの舞になり、ここでまたひとわたりさわいだはてに、みんな湯ばやしの湯を頭からあびて、ちりぢりに蜘蛛《くも》の子をちらすように退散する。これが最後で、みんなつかれた顔をして村へかえるのである。あたりが明るくなっては、もう「せいと衆」の存在の意義はなかった。土地によると、夜があけても行事はまだ中途にあるが「せいと」の客は、退散しないまでも態度があらたまる。あかるくなって顔中を煤煙《ばいえん》にしているところは、前夜の人とは別であったのも不思議である。

なお前にいいのこしたが、「さかき」「やまみ」の鬼の舞には、伴鬼とも子供ともいう名もない鬼にかぎって、この「せいと」の中からえらんで舞わせることがある。振草系の土地では、だいたいその場の顔触れをみて舞わせるので、ときには辞退するのを、無理にひきあげて面形をかぶせるなどのこともあるが、大入系の多くの土地では、たくさんの希望者の中から、抽籤《ちゅうせん》によってきめたりする、そして舞戸に出たとなると、これに精かぎりへとへとになるまで舞わせたのである。なお「せいと」の客は、ことごとくというほど下駄《げた》履きであること、それから舞いの切れ目には、とくにこれに拍子をいれて舞わせたのである。

祭りにそえて

形式の種々相

祭りの中心にして、一般信者すなわち参会の者のために、祈願の方法は各種の形式があるが、その一面の思想は、前いった一力花に出発していた。一力花の思想をおしひろめて、これが遂行を期するにあったので、したがってその方法形式も、これが中心となるものにむかって、各自の願心をあらわすとしたのである。

「そえばな」すなわち湯蓋《ゆぶた》奉納の祈願である。祭祀の中心を舞戸の中央にかざられた「びゃっけ」と考えたことから、これとほぼひとしいものをそえかざるを目的としたものである。これは前いった一力花が、「びゃっけ」一個をそえることによって、さて一力による祭祀遂行と、同一の結果にいたると考えた事実を出発点とすればわかるのである。

つぎには「花の御串《みくし》」である。これは前の「そえばな」からみると、いちだん軽い意味の簡便法をあらわしたものであった。

「そえばな」「花の御串」の一方には、これに附随して舞い奉納のことがある。これも一力花の意識がかかっているものである。その他「はな」見舞いのこともあるが、これは前いったものとはおのずから別であった。ようするに「びゃっけ」を中心として、善の綱、百綱《ももづな》のつづいていたことは、一般信者の神の世界への道がひらかれていたことをしめすもので、これを出発点として各種の形式がうまれたと考えられる。以下その形式について、現在おこなわれつつあった事実を述べるとする。

そえばな

そえばなは、祭祀当日に立願の者が、幾干《いくばく》の布施を寄進することをいうのである。これを「そえばな」の願いといって、もっとも一般的のものとなっている。「そえばな」の寄進があると、祭祀関係者の方では、べつに一個の湯蓋（前に説明した）をつくって、立願者の名札をつけ、舞戸の天井に「びやっけ」にそえかざったのである。布施を寄進するといい条、この湯蓋の奉納が根本の意だったのである。それで祭祀関係者の方では、この祈願にあてるために、はじめ準備のさいに（さいかづくりに）当日の数を予定して用意しておくのである。

振草系の各所では、この「そえばな」の湯蓋が、三十五十をかぞえることはめずらしくない。それで舞戸の天井は、これらの湯蓋でいっぱいになる。その一方には、前いった一力花の「びやっけ」もいくつとなくかざられていたのである。なお湯蓋の製作はこの「びやっけ」をいくぶん簡略化したもので、以前は、布施の多寡によって、大小精粗の区別があったというが、現今はそのことはなくすべて一様である。

「そえばな」の祈願が、祭りにそえあたえる意味で、一力花を簡略したものであったことは、一方これに対してかならずひと折りの舞の奉納の意をふくんでいたことである。奉納の舞は、これを願主舞《がんぬし》ともまた舞上ともいい、多くは「みかぐら」の舞であったが、立願者の希望により花の舞三ッ舞などをあてることもあった。この場合の舞いはすべて竈の前だけの式である。

つぎに湯蓋であるが、祭祀のおこなわれていた地方では、ことあるごとに神仏にむかって、そえばなすなわち湯蓋奉納の祈願をする風がある。祭場にかざった湯蓋を後にその神仏に奉納するのである。「そえばな」の願をなした者は、翌朝祭りがおわって、「ひいなおろし」に、それぞれ湯蓋をわたされる。そうしてつぎの「花そだて」に、その湯蓋をささげまたはかぶって、先達にしたがって、竈を巡ったことは、すべて花そだての条にいったとおりである。

ちなみにこのそえばなの立願者には、別にふるまいがある。このふるまいをうけて、神座に案内され見物することが、現今一般の慣例である。

花の御串

花の御串奉納の祈願は、前にもいったように、湯蓋奉納より一段簡略の方法と考えられているもので、やはり一種のそえばなで、土地によりたんに「はな」ともまた「みくし」(御串)ともいう。これも花そだてのおりに、杖《つえ》について竈巡り、宮わたりのあったことは、湯蓋の場合と同一である。また土地によって(大入系御園)家にもちかえり、仏壇または神棚にかざっておく風がある。しかして翌年の祭りに、さらにあたらしいものをうけると、前のものを役ずみとして、氏神の境内または屋敷のうらなどの清浄な場所をえらんでおさめたのである。

なお「花の御串」にしても、前の湯蓋にしても、寄進の場合は、別に賽銭《さいせん》として幾干でもそえることが、念のいった作法と考えられていた。

「はな」見舞

「はな」見舞は、一般立願とは意義がことなっていた。祭りの場合、縁故の者が、幾干の金をつつんで関係者におくる。すなわち纏頭《はな》の意をたぶんにふくんでいた。これをやはり「はな」または、はな見舞といったので、一方これをうけた場合は、それぞれの金額と寄進者の名前を書きだして、これを神座に貼りだしたのである。この種の見舞客もまた別席に案内してふるまいがあったことは、湯蓋寄進の場合とおなじである。

こうして金銭寄進の一方には、とくに縁故の深い土地同士は、手助けの人をおくるもあった。そうしてこれをうけた場合は、接待の意味で、鬼舞のひとつか、あるいは立願の舞などをこれに舞わせたのである。以前はこの風が村々に盛んであったというが、いまも堅くおこなっているのは、振草系の土地に多い。

はな見舞の風は、一般に振草系がさかんで、ことに嫁とり婿とりの関係ある者は、かならず欠かすことはなかったので、どこの祭りにも「せいと」がにぎやかであったり、接待の客で混雑するのはそのためもあったのである。

解説

三浦佑之

柳田國男によってはじまり、折口信夫との二人三脚のようにして発展することになった日本民俗学も、すでに百年の時を刻んだ。それは、超音速ジェットのような速さで変貌する近代日本のなかに乗り物もなしに分け入り、人びとの営みに迫ろうとする試みであった。しかしそのお蔭で、前近代と近代とのはざまに置かれたこの列島のありようを、国家とか中央とか権力とか、そうした場所ではないところから見いだせたという点で、いろいろな意見はあるとしても、大きな成果をもたらしたと評価しなければならない。

そして、その百年を超す学問の蓄積を可能にした象徴的な場所として、四大聖地とでも呼ぶべきところが生まれ、そこにはその土地を象徴する人がいた。その一つは、宮崎県椎葉村。明治四一（一九〇八）年の六〇日間におよぶ九州旅行のなかで柳田國男によって発見された山村であり、のちに日本民俗学発祥の地と称される。そこで柳田は村長の中瀬淳《なかせすなお》に出会い、ほとんどが中瀬の手になる『後狩詞記《のちのかりことばのき》』（明治四二年三月、自費出版）が出現した。この書は猪狩りの習俗について記した書物だが、近代の都市や農村とは別の、山の生活にゆたかさがあることを知らしめ、椎葉は後には神楽などの芸能でも多くの知を民俗学にもたらすことになった。

その二つは、椎葉と対になる土地として見いだされた岩手県の遠野。その聖地化は、東京に出ていた遠野の若者、佐々木喜善と柳田との交流によって、『遠野物語』（明治四三年六月、聚精堂）が世に出たところからはじまる。同じ山村の椎葉が生活の場として発見されたのに対して、民俗学にとっての遠野は、後の名づけになるが「民話」の里として発見された。そしてそれは、小説家への途を折って遠野にもどり民俗学へと入り込んでいった佐々木喜善の功績が大きい。

その三つは、沖縄。柳田の沖縄訪問は、大正九（一九二〇）年暮れから翌年二月にかけての一度だけであり、折口信夫もまた大正一〇年夏と同一二年夏の二度しか訪れてはいないが、ともに沖縄から大きな刺激を与えられた。二人の立場には違いがあるが、来訪する神と祭祀《さいし》・宗教に加えて、文学の発生に関する知を手に入れたのが沖縄であった。そして、それを支えたのは、伊波普猷《いはふゆう》をはじめ、島袋源七・喜舎場永珣《きしゃばえいじゅん》といった沖縄の文化人たちである。沖縄は日本とは重なりきらない独自性をもつゆえに、文化的な伝統をになう人びとが多くいたのである。

そして、第四の聖地といえるのが奥三河であり、ここで発見されたのが「花祭り」を中心とした芸能であった。芸能に関しては柳田の影は薄く、もっぱら折口信夫の独壇場といえる分野だが、その折口の芸能論を支えたのが本書の著者である早川孝太郎であったと言っても過言ではなかろう。早川は花祭りの行われる奥三河の人ではなく、南三河の出身だが、まるで土地の人のごとくに奥三河に入って花祭りを調査し、東京から訪れる折口や、本書の成立に深く関与した渋沢敬三をはじめ、多くの研究者や文化人を奥三河に招き入れた。

早川孝太郎は、明治二二（一八八九）年一二月二〇日、愛知県南設楽郡長篠村に生まれ、絵の好きな少年として育ち、豊橋市に出て働きながら学校に通い、明治四一（一九〇八）年には上京して白馬会洋画研究所（黒田清輝主宰）で油絵を学んだ。その後、家督を継ぎながら東京で絵を書き続けるが、大正四（一九一五）年、『郷土研究』に投稿したのをきっかけに柳田國男の知遇をえて、次第に民俗学へと向かってゆく。そのなかで、郷里に近い北設楽郡のいくつもの集落で行われていた花祭りへの興味を深めた。そして、油絵から日本画へと移行して絵筆を執り続ける一方で、各地を歩きながら著書を出し、民俗学関係の集まりに出るというような生活を続けながら三〇代を過ごしていたようである。

そんななかで、大正一五（一九二六）年一月、早川は、折口信夫を案内して新野

（長野県下伊那郡阿南町）の雪祭りと豊根村の花祭りを見学する。折口にとって初めての奥三河採訪の旅であり、沖縄から見いだしていたまれびと論を展開させるとともに、翁《おきな》やもどきなどの折口芸能論の核心にふれることになった。そしてまた、この旅が契機となって渋沢敬三の支援を約束された早川は、花祭りの調査と研究に本腰を入れることになる。それ以降は毎年の正月に、渋沢・折口をはじめ、西角井《にしつのい》正慶《まさよし》・有賀《あるが》喜左《きざ》衛門《えもん》らの学者や文化人を奥三河に案内し、花祭りや雪祭りの見学を行って調査を継続し、昭和五（一九三〇）年四月、岡書院から『花祭』前・後編を出版する。この一五〇〇頁を超す大著は、渋沢敬三の援助と岡正雄（岡書院主）の助力によって出され、巻頭には柳田國男の「序」を、巻末には「一つの解説」と題された、最初の採訪旅行の感動からはじまる折口信夫の長文の「跋《ばつ》」を付す。

なお、柳田の「序」は、「早川孝太郎著『花祭』」と改題して『退読書歴』（書物展望社、一九三三年。『定本柳田國男集』第二三巻、『柳田國男全集』7など）に収められた。一方、折口の「一つの解説」は、「山の霜月舞―花祭り解説―」と改題して『折口信夫全集』第一七巻（中央公論社、一九五六年）に収められている。この昭和五年版『花祭』は稀《き》覯《こう》本となって入手はむずかしいが、『早川孝太郎全集』第一・二巻（未來社、一九七一・二年）に収めるほか、復刻版も出た（国書刊行会、一九八八年）。また、国立国会図書館デジタルコレクションで電子化もされている。

その後も早川は花祭りの調査を続けるとともに、九州帝国大学に留学して研究を続け、各地を調査して歩くなど精力的に活動した。昭和二八（一九五三）年に折口信夫が没して「いよいよ孤立せり。友なし」と日記に書いて悲しんだ早川は、昭和三一年一二月二三日、誕生日を祝った直後に、腫瘍《しゅよう》により没した。享年は、奇《く》しくも折口と同じ六七であった（早川の経歴は、須藤功『早川孝太郎』（ミネルヴァ書房、二〇一六年）、西村享編『折口信夫事典』（大修館書店、一九八八年）、野村純一ほか編『柳田國男事典』（勉誠出版、一九九八年）など参照）。

本文庫版『花祭』は、早川没後の昭和三三（一九五八）年一月、岩崎書店から民俗民芸双書12として刊行された抄縮版を元にする。その抄縮の際に、柳田の「序」と折口の「跋」が外され、巻頭に渋沢敬三の「早川さんを偲ぶ」という文章が置かれた。そのなかで渋沢は、「初版は岡書院主の努力の賜《たまもの》であったが、すでに稀観書に属していたものを、このたび、岩崎書店が抄縮してまた世に提供して下さることとなった」と記している。この抄縮版は、昭和五年の原本に比べると、およそ五分の一の分量に圧縮されているが、その面倒な作業は、当時、文化財保護委員をしていた三隅治雄が、鈴木棠三の口添えによって行ったということを、昭和四三（一九六八）年に出た抄縮再版本の末尾に付された「再版にあたって」に、早川智恵（孝太郎の妻）が記している。

この再版は、出版社を岩崎書店から岩崎美術社に移して出されたものだが、民俗民芸双書というシリーズ名もそのままで（通し番号が12から2に変更）、内容に異同がないばかりか、組版もまったく同じである。なお、原本にはなくて抄縮版に加えられた一二頁にわたる口絵写真と妻・智恵の文章は、本文庫版では省略されている。

花祭りは、もとは旧暦十一月に行われていたが、昭和五年の『花祭』執筆時点では、新暦一二月から一月にかけて、天竜川上流の北設楽郡を中心に、振草《ふりくさ》系と大入《おおにゅう》系との二系統が伝えられており、全部で二三の集落において伝承されていた（ただし、うち三つは北設楽郡以外）。本書では、その二系統の相違などを踏まえながら、大きな枠組みとして花祭りを捉え、概説、祭祀の構成、祭場と祭具、儀式的行事、舞踊、音楽と歌謡、祭りにあずかる者という七章にわけ、画力を生かした挿絵を添えながら、花祭りの次第について丁寧に記述する。わかりやすい文章と、的確な挿絵によって、花祭りという、夕方から始まって次の日の昼過ぎに至るまでの十数時間にわたり、夜を徹して行われる山村の祭りの様子が、大きな枠組みから細部の動きに至るまで把握できるという、じつにありがたい書物である。

早川のあとを引き継ぐと自負する研究者からすると、それぞれの集落の固有性を大雑把にまとめて論じる早川の方法には批判も出されるが、他に参考にする書もない先駆的な仕事としてみれば、その批判は無い物ねだりに近いのではないか。しかも、舞いのひとつずつを、振りや足のはこびに注意しながら記録してゆくという態度には、研究の質の高さが十分に窺《うかが》われもする。それはおそらく、早川が画家でもあったという、その対象に対する視線の当て方がつよく関与しているようにみえる。それゆえに本書『花祭』は、花祭りを研究する者にも、見学する者にも、手許《てもと》に備えるべき第一の資料として、その価値は今も減じていない。

なお、現在（二〇一七年）でも、毎年一一月から三月にかけて、愛知県東栄町および豊根村・設楽町のあわせて一五の地区において花祭りが催行され、見学することもできる（愛知県振興部地域政策課山村振興室のホームページ「奥三河の花祭」に詳細な案内がある）。加えて県境を接する長野県や静岡県でも祭りは続けられている。全国的に過疎化が進行するなかで、奥三河の山村でこれだけの祭りが持続されているのは、早川孝太郎の業績があったからではないかと思えるのである。

（みうらすけゆき　伝承文学・古代文学研究）

一、本書は、一九六八年に岩崎美術社より刊行された『花祭』（抄縮版）を文庫化したものです。なお、抄縮時に省略された文章に派生する記述、当該文章を前提とした記述には、本文中に＊を付しました。

一、本文中には穢多という、今日の人権意識や歴史認識に照らして不当・不適切な表現がありますが、著者が物故であること、また扱っている題材の歴史的状況およびその状況における著者の記述を正しく理解するため、原本のままとしました。

（編集部）

花祭《はなまつり》

早川孝太郎《はやかわこうたろう》

平成29年 10月25日　初版発行
令和6年 12月5日　5版発行

発行者●山下直久

発行●株式会社KADOKAWA
〒102-8177　東京都千代田区富士見2-13-3
電話　0570-002-301(ナビダイヤル)

角川文庫 20611

印刷所●株式会社KADOKAWA
製本所●株式会社KADOKAWA

表紙画●和田三造

Printed in Japan
ISBN978-4-04-400277-0　C0139

角川文庫発刊に際して

角川源義

第二次世界大戦の敗北は、軍事力の敗北であった以上に、私たちの若い文化力の敗退であった。私たちの文化が戦争に対して如何に無力であり、単なるあだ花に過ぎなかったかを、私たちは身を以て体験し痛感した。西洋近代文化の摂取にとって、明治以後八十年の歳月は決して短かすぎたとは言えない。にもかかわらず、近代文化の伝統を確立し、自由な批判と柔軟な良識に富む文化層として自らを形成することに私たちは失敗して来た。そしてこれは、各層への文化の普及滲透を任務とする出版人の責任でもあった。

一九四五年以来、私たちは再び振出しに戻り、第一歩から踏み出すことを余儀なくされた。これは大きな不幸ではあるが、反面、これまでの混沌・未熟・歪曲の中にあった我が国の文化に秩序と確たる基礎を齎らすためには絶好の機会でもある。角川書店は、このような祖国の文化的危機にあたり、微力をも顧みず再建の礎石たるべき抱負と決意とをもって出発したが、ここに創立以来の念願を果すべく角川文庫を発刊する。これまで刊行されたあらゆる全集叢書文庫類の長所と短所とを検討し、古今東西の不朽の典籍を、良心的編集のもとに、廉価に、そして書架にふさわしい美本として、多くのひとびとに提供しようとする。しかし私たちは徒らに百科全書的な知識のジレッタントを作ることを目的とせず、あくまで祖国の文化に秩序と再建への道を示し、この文庫を角川書店の栄ある事業として、今後永久に継続発展せしめ、学芸と教養との殿堂として大成せんことを期したい。多くの読書子の愛情ある忠言と支持とによって、この希望と抱負とを完遂せしめられんことを願う。

一九四九年五月三日

角川ソフィア文庫ベストセラー

古代研究Ⅵ
国文学篇2
折口信夫

〈発生とその展開〉に関する、和歌史を主題とした具体論。「女房文学から隠者文学へ」「万葉びとの生活」など13篇を収録。貴重な全巻総索引付き最終巻。解説・折口信夫研究／長谷川政春、新版解説／安藤礼二

日本文学の発生 序説
折口信夫

古代人が諺や枕詞、呪詞に顕した神意と神への信頼を折口は「生命の指標（らいふ・いんできす）」と名づけ、詩歌や物語の変遷を辿りながら、古来脈打つ日本文学の精神を追究する。生涯書き改め続けた貴重な論考。

日本再発見
芸術風土記
岡本太郎

人間の生活があるところ、どこでも第一級の芸術があり得る――。秋田、岩手、京都、大阪、出雲、四国、長崎を歩き、各地の風土に失われた原始日本の面影を見いだしていく太郎の旅。著者撮影の写真を完全収録。

神秘日本
岡本太郎

人々が高度経済成長に沸くころ、太郎の眼差しは日本の奥地へと向けられていた。恐山、津軽、出羽三山、広島、熊野、高野山を経て、京都の密教寺院へ――。現代日本人を根底で動かす「神秘」の実像を探る旅。

しぐさの民俗学
常光徹

呪術的な意味を帯びた「オマジナイ」と呼ばれる身ぶり。人が行うしぐさにまつわる伝承と、その背後に潜む民俗的な意味を考察。伝承のプロセスを明らかにするとともに、そこに表れる日本人の精神性に迫る。